U0896509

红流涌浪

上海左翼文化运动

—

中共上海市委党史研究室　编
陈彩琴　刘玉杰　柏婷　编著

上海人民出版社

目录 | contents

前　言　1

第一章　左翼文化运动的兴起和左联的成立　1

第一节　左翼文化运动兴起的时代背景　3

第二节　“革命文学”论争和中央文委的成立　11

第三节　左联的筹建及成立　27

第二章　左翼文化运动的组织运作与发展　35

第一节　左联的组织运作与发展　37

第二节　社联、美联、剧联的成立与运作　49

第三节　语联、记联、教联的成立与运作　66

第四节　电影小组、音乐小组的成立与运作　80

第五节　文总对左翼文化运动的指导　87

第三章　左翼文化艺术的蓬勃发展　101

第一节　左翼文学的发展　103

第二节　左翼美术的开拓　118

第三节　左翼戏剧的推进　125

第四节　左翼电影的繁荣　132

第五节　左翼音乐的兴盛　141

第四章 **左翼哲学社会科学的繁荣和发展** 149

第一节 左翼哲学社会科学的论战 151

第二节 世界语的传播应用 167

第三节 左翼新闻出版阵地的拓展 174

第四节 左翼教育的实践探索 186

第五章 **左联的解散和左翼文化运动的后期成果** 197

第一节 左联解散和“两个口号”论争 199

第二节 推动文化界统一联合和救国会运动 211

第三节 左翼文化运动的后期成果 224

第四节 左翼哲学社会科学的后期成果 246

第六章 **左翼文化运动的影响、贡献和时代价值** 259

第一节 左翼文化运动在全国及海外的展开及影响 261

第二节 左翼文化运动的历史贡献 280

第三节 左翼文化运动的时代价值 298

结 语 304

主要参考文献 306

后 记 317

前　言

上海是中国共产党的诞生地、初心始发地、伟大建党精神的孕育地，也是中国左翼文化运动发展的重地。20世纪二三十年代，中国左翼文化运动在世界共产主义运动和中国革命的风云激荡中兴起和发展。它以上海为中心，波及国民党统治区其他大中城市及海外等地，在传播进步思想、促进抗日救亡运动、推进中国近代思想发展进程中发挥重要作用，为中国革命胜利作出了不可磨灭的历史贡献。

中国左翼文化运动不仅是一场涉及文化艺术、哲学社会科学领域的思想文化运动，也是一场深刻的社会革命运动。左翼文化运动时期，在中国共产党的领导下，左翼文化人自觉运用马克思主义立场、观点、方法，探索解决中国革命文化发展和实践问题。他们初步探讨了文艺与生活、文艺与政治、文艺的阶级属性、文艺的内容和形式、文化的服务对象、文化的继承与发展、中国的社会性质等基本理论问题，体现马克思主义中国化的初步成果。中国左翼文化运动作为中国革命文化的重要发展阶段，在推进马克思主义中国化和中国近代文化发展进程中具有承前启后的重要作用。它上承五四新文化运动及大革命时期马克思主义中国化的初步传播和探索；其下影响延及苏区文化、延安文化、国统区的革命文化，以至在新中国成立后的相当长时间内仍然发挥重要影响。

左翼文化运动兴起伊始就不断遭到国民党当局的残酷打压和“围剿”，遭到不同政治文化派别的攻击。但是，这些都不能阻挡左翼文化运动的蓬勃发展。20世纪40年代，毛泽东在论述新民主主义时期革命文化发展的重要篇章中，对左翼文化运动给予高度肯定和评价，指出其历史发展的必然性。

1940年1月，毛泽东在《新民主主义论》中对新民主主义文化进行定义：“民族的科学的大众的文化，就是人民大众反帝反封建的文化，就是新民主主义的文化，就是中华民族的新文化。”[①]他对五四运动以来中国新文化运动进行总结，指出在五四运动以后，“中国产生了完全崭新的文化生力军，这就是中国共产党人所领导的共产主义的文化思想，即共产主义的宇宙观和社会革命论……由于中国政治生力军即中国无产阶级和中国共产党登上了中国的政治舞台，这个文化生力军，就以新的装束和新的武器，联合一切可能的同盟军，摆开了自己的阵势，向着帝国主义文化和封建文化展开了英勇的进攻。这支生力军在社会科学领域和文学艺术领域中，不论在哲学方面，在经济学方面，在政治学方面，在军事学方面，在历史学方面，在文学方面，在艺术方面（又不论是戏剧，是电影，是音乐，是雕刻，是绘画），都有了极大的发展。二十年来，这个文化新军的锋芒所向，从思想到形式（文字等），无不起了极大的革命。其声势之浩大，威力之猛烈，简直是所向无敌的。其动员之广大，超过中国任何历史时代。而鲁迅，就是这个文化新军的最伟大和最英勇的旗手”。[②]其中所说的“文化生力军”以及文化各条线取得的成就中，左翼文化无疑占了最大比重。毛泽东还特别讲到1927年至1937年这段时期文化反“围剿”中取得的令人叹服的胜利：“这一时期，是一方面反革命的‘围剿’，又一方面革命深入的时期。这时有两种反革命的‘围剿’：军事‘围剿’和文化‘围剿’。”但两种“围剿”都惨败了，“作为军事‘围剿’的结果的东西，是红军的北上抗日；作为文化‘围剿’的结果的东西，是一九三五年‘一二九’青年革命运动的爆发。而作为这两种‘围剿’之共同结果的东西，则是全国人民的觉悟。这三者都是积极的结果。其中最奇怪的，是共产党在国民党统治区域内的一切文化机关中处于毫无抵抗力的地位，为什么文化‘围剿’也一败涂地了？这还不可以深长思之吗？”[③]1942年5月，毛泽东在《在延安文艺座谈会上的讲话》中再

---

① 《毛泽东选集》第2卷，人民出版社1991年版，第709页。

② 《毛泽东选集》第2卷，人民出版社1991年版，第697—698页。

③ 《毛泽东选集》第2卷，人民出版社1991年版，第702页。

次指出:“在‘五四’以来的文化战线上,文学和艺术是一个重要的有成绩的部门。革命的文学艺术运动,在十年内战时期有了大的发展。这个运动和当时的革命战争,在总的方向是一致的,但在实际工作上却没有互相结合起来,这是因为当时的反动派把这两支兄弟军队从中隔断了的缘故。”①

“不忘历史才能开辟未来,善于继承才能善于创新。”②20 世纪 80 年代后,随着思想解放,左翼文化运动的研究得以全面展开,左翼文化运动资料得到系统收集,左翼文化研究趋于深入,一些重要左翼文化人的回忆录和文集不断出版;对“左联五烈士”“两个口号”论争等研究一度成为学术热点,产生学术争鸣;研究视野趋于广泛,出现一些研究专著,左翼文化运动的重要意义、历史地位得到充分认识和研究。③20 世纪 90 年代亲历左翼文化运动的胡绳、胡乔木在编写《中国共产党的七十年》时,对左翼文化运动的研究提出了重要的指导意见,指出“文艺、文化运动这部分要好好写”。④2000 年,胡绳谈到“上海左翼文化运动的功绩和经验,是应当深入研究并在党的历史书上大写一笔的”。⑤随之,在《中国共产党的七十年》及其后出版的相关中共党史权威著作中,都有专门讲述 20 世纪 30 年代左翼文化运动的内容。

进入 21 世纪前后,对左翼文化运动的研究更加自觉深入,一些学术空白得到填补,个别重点领域出现新的研究视角。2022 年出版的“复兴文库”第二编第四卷为《左翼文化与思想理论战线》(共 7 册),体现左翼文化运动

① 《毛泽东选集》第 3 卷,人民出版社 1991 年版,第 847—848 页。

② 《习近平在纪念孔子诞辰 2565 周年国际学术研讨会暨国际儒学联合会第五届会员大会开幕会上的讲话》,《人民日报》2014 年 9 月 25 日。

③ 参见朱法娟、张太原:《新中国成立以来的左翼文化运动研究》,《中共党史研究》2008 年第 2 期;胡道俊:《20 世纪 80 年代以来左翼文化运动研究述评》,《哈尔滨学院学报》2016 年第 11 期等论文。《左翼文化运动与马克思主义中国化研究》(崔凤梅、毛自鹏著,人民出版社 2015 年版)的“导论”中对左翼文化运动的研究情况也有概述。

④ 金冲及:《一本书的历史:胡乔木、胡绳谈〈中国共产党的七十年〉》,中央文献出版社 2014 年版,第 121 页。

⑤ 郑惠:《胡绳谈三十年代中期上海左翼文化工作的进步》,《中共党史研究》2000 年第 6 期。

在民族复兴历程中的重要作用。在全国各地，上海作为研究左翼文化运动的重地，在《中国共产党上海史（1921—1949）》中有大量篇幅讲述左翼文化运动，并在近些年出版了“上海左翼文化研究”系列丛书。① 在北京、天津、江苏、湖北、广东、山东、黑龙江等地方党史著作中，都对当地的左翼文化运动有论述。近年在左翼文化艺术、哲学社会科学领域出现不少专门研究论著，对一些地方左翼文化运动也有概述和研究，左翼文化研究呈现更加多元化发展的情形。②

当今站在中华民族伟大复兴的战略高度，回顾距今有近 100 年历史的中国左翼文化运动，对其进行持续深化研究，总结其所凝聚的宝贵革命经验，传承弘扬其所蕴含的精神风范，对新时代推进社会主义文化强国建设，仍具有重要的理论价值和现实意义。然而，由于左翼文化运动牵涉时间长、地域大、领域广、人物多，与国内外革命斗争和政治关系又极为密切复杂，再加上第一手档案资料少，很难对其进行全面准确系统的概括和研究。因此至目前，学界对左翼文化运动具体领域、重要人物、重要大事等方面的研究相对比较充分，而将其作为一个整体进行跨学科的综合研究还很少，需要不断向系统化、学理化、纵深化方向发展。

党的十八大以来，习近平总书记准确把握世界范围内思想文化相互激

① 至 2024 年 6 月已出版有《“文总”与左翼文化运动》《“左联”与左翼文学运动》《“剧联”与左翼戏剧运动》《“美联”与左翼美术运动》《“电影小组”与左翼电影运动》《“音乐小组”与左翼音乐运动》《“教联”与左翼教育运动》《“记联”与左翼新闻运动》等著作，有关左翼社会科学、世界语运动的编撰工作正在推进中。

② 研究著作有中共广州市委党史研究室编：《碧血黄花　中国左翼文化总同盟广州分盟成立 70 年》，广东人民出版社 2004 年版；张绍麟等编著：《青岛左翼文化运动》，中共党史出版社 2005 年版；刘永明：《左翼文艺运动与中国马克思主义文艺理论的早期建设》，中国文联出版社 2007 年版；陈红旗：《中国左翼文学的演进与嬗变（1927—1937）》，中国社会科学出版社 2015 年版；崔凤梅、毛自鹏：《左翼文化运动与马克思主义中国化研究》，人民出版社 2015 年版；张广海：《左联筹建与组织系统考论》，浙江大学出版社 2018 年；等等。研究文章有潘婷、忻平：《中国共产党领导下的上海左翼文化运动》，《近代中国》2019 年第 1 期；王翠艳：《探寻左翼文学运动的“北平路径”与“北平经验”——北平左翼文学运动研究的历史、现状与展望》，《现代中国文化与文学》2021 年第 2 期；王锡荣：《左翼文化运动的历史影响论纲》，《上海鲁迅研究》2022 年第 1 期；等等。

荡、中国社会思想观念深刻变化的趋势，提出一系列新思想新观点新论断，丰富和发展了马克思主义文化理论，形成了习近平文化思想，为推进强国建设、民族复兴伟业提供了强大的思想武器和行动指南。本书以习近平文化思想为指导，尽可能在吸收以往研究成果的基础上，较为系统地考察左翼文化运动在上海的兴起与发展，希望以此对那些想了解左翼文化运动整体情况的读者有所帮助，为在新的起点上继续推动社会主义文化繁荣、建设文化强国、建设中华民族现代文明，提供启迪借鉴。

第一章

左翼文化运动的兴起和左联的成立

一种先进文化思潮出现，通常与社会政治的变迁紧密相关。极具生命力的中国左翼文化运动，是 20 世纪二三十年代国内外社会急剧变化和中国革命发展的产物。1927 年四一二反革命政变后，中国革命形势骤变，革命进入低潮，许多革命作家、进步知识分子从全国各地乃至海外集结上海，探索中国革命道路及无产阶级文化发展方向。他们在上海围绕“革命文学”进行论争，中国共产党对此给以密切关注，在平息“革命文学”论争的基础上，领导成立左联，左翼文化运动的序幕就此开启。

第一节　左翼文化运动兴起的时代背景

左翼文化作为一种具有国际现象的新兴文化，是世界无产阶级革命运动发展到一定阶段的结果。20 世纪 20 年代中期，苏联和日本等国兴起的左翼文化思潮，为中国左翼文化的兴起提供了借鉴和学习的样本。中国革命不可阻挡的发展潮流，为中国左翼文化的兴起提供了内在驱动。大革命失败后许多汇聚于上海的革命作家、进步知识分子，不畏上海白色恐怖的险恶环境，艰难探索中国革命文化的出路，推动“文学革命”向“革命文学”转变，为左翼文化运动的兴起创造了条件。

一、国际左翼文化思潮的影响

20 世纪 20 年代世界范围内蓬勃兴起的左翼文化思潮，特别是苏联和日本左翼文艺思潮的变迁，对中国左翼文化产生了重要影响。早在 19 世纪末，马克思和恩格斯就提出在共产主义运动中要创立反映劳动群众生活与斗争的文化艺术。俄国十月革命前后，列宁坚持马克思、恩格斯文艺思想，提出系列关于建设社会主义文化的具体设想，为十月革命后左翼文化的发展提供了思想理论基础。①

① ［苏］留里科夫：《列宁和社会主义文化》，译文社编：《保卫社会主义现实主义》第 1 辑，作家出版社 1958 年版。

20世纪20年代初期，苏俄内战结束后转入恢复国民经济、进行文化建设的新阶段，与此相应，在文化领域兴起无产阶级文化运动。1922年，在莫斯科出现以“左翼”命名的文学团体——左翼艺术阵线，诗人马雅可夫斯基为领导人，这是较早采用政治上激进派的概念表明革命政治色彩的文学组织。[①]1923年，出现苏联文艺论战。论争主要是在《在岗位上》(全苏无产阶级作家协会的机关刊物，被称为“岗位派”）和大型文艺杂志《红色处女地》两个杂志间展开。论战各方主要围绕无产阶级能否建立自己的文学、无产阶级文学的特性、文艺与现实的关系、文艺创作中的主客观关系，党领导的文艺发展形式、方法、文艺政策，无产阶级文学与前代文学、同路人文学的关系等问题展开激烈争论。论战一直延续到1925年俄共中央召开党的政策讨论会，颁布《关于党在文学艺术方面的政策》决议而结束。其后“岗位派”发生分裂，先后改组为“瓦普”(全俄无产阶级作家联合会)、“拉普”(俄罗斯无产阶级作家联合会)。经过此次苏联文艺论战，反映无产阶级精神活动、政治诉求、道德观念和阶级情感的左翼文学逐渐成为苏联文化发展潮流。受苏联文化潮流的影响，世界许多国家出现左翼文化思潮，其中尤以中、日文艺界所受影响最为显著。

20世纪20年代中期，随着中国大革命形势的高涨，苏联文艺论战及其新兴无产阶级文学引起中国文学界的更多关注，“革命文学”“无产阶级文学”的呼声渐多。诸多新文化界代表人物开始思考苏联文艺论战的基本问题，推动中国新文学观念的变迁。受苏联文艺思潮影响的蒋光慈，较早自觉致力于介绍无产阶级革命与文化的关系。1924年8月，他从苏联留学归国后不久就在《新青年》发表《无产阶级革命与文化》，指出建立无产阶级文化“不但是可能的，而且是必然的”，“整理过去的文化，创造将来的文化，本是无产阶级革命对于人类的责任，这种责任也只有无产阶级能够负担”。他认为，“无产阶级既成为政治上的一大势力，在文化上不得不趋向于创造

① 艾晓明：《中国左翼文学思潮探源》，北京大学出版社2007年版，第5页。

自己特殊的、而与资产阶级相对抗”的文化。[1]1925 年 1 月，他发表《现代中国社会与革命文学》，号召出现能够鼓动社会情绪、激起强烈反抗精神的革命文学家，同时受苏联“岗位派”否定“同路人”思想倾向的影响，展开对一批小资产阶级作家的批判。这被认为是中国“革命文学”论争的先声。[2]

茅盾也敏锐意识到无产阶级文学运动的重要意义。1925 年 5 至 10 月，他在《文学周报》上连载《论无产阶级艺术》，较为全面系统地论述无产阶级艺术及其产生的条件、范畴、内容和形式，提倡学习有用的技术形式，继承革命浪漫主义文学杰作。[3] 为更好地了解苏联文艺思想，1925 年 8 月，在北京大学读书的中共党员任国桢编辑《苏俄的文艺论战》一书，作为鲁迅主编的“未名丛刊”第二种由北京北新书局出版。鲁迅在该书“前记”中写道：“中国至今于苏俄的新文化都不了然”，“任国桢君独能够就俄国的杂志中选译文论三篇，使我们藉此稍稍知道他们文坛上辩论的大概，实在是最为有益的事，——至少是对于留心世界文艺的人们”。“前记”中还出现左翼派、左翼队、左翼战线等术语。书末附有瓦勒松论文《蒲力汗诺夫与艺术问题》，鲁迅说其是“是用 Marxism 于文艺研究的”。[4]

1926 年，冯雪峰翻译日本著名俄国文学研究者升曙梦的《无产阶级诗人和农民诗人》《新俄文学的曙光期》《新俄罗斯的无产阶级文学》《新俄的演剧运动与跳舞》等著作。冯雪峰对无产阶级文学充满信心，认为“无论如何，看无产阶级文学主张者的理论，和政治运动的无产阶级是不能拆开来看的”，“无产阶级文学现在已形成苏俄文坛的主潮了，在社会主义革命的俄罗斯这是极自然的事，但世界不久的将来也许有这样的时期”。他还提醒苏俄除了无产阶级文学外，还有别的文学，如革命同伴者（或译同路人）等。[5]

---

① 蒋光慈：《无产阶级革命与文化》，《新青年》季刊第 3 期，1924 年 8 月 1 日。

② 艾晓明：《中国左翼文学思潮探源》，北京大学出版社 2007 年版，第 20—21 页。

③ 张大明：《中国左翼文学编年史》，社会科学文献出版社 2013 年版，第 68 页。

④ 鲁迅：《“苏俄的文学论战”前记》，《鲁迅全集》第 7 卷，人民文学出版社 2005 年版，第 277—278 页。

⑤ 画室（冯雪峰）：《〈新俄罗斯的无产阶级文学〉译者序言》，北新书局 1927 年版，第 3 页。

1927 年大革命失败后，由于中苏思想文化交流受阻，日本文坛对苏联文学理论的译介和研究成为中国了解苏联左翼文化的主要渠道。很多有留日经历的中国革命作家和进步知识分子，以日文为媒介学习传播苏联无产阶级文化经验。其中最有代表性的是冯乃超、李初梨、朱镜我、彭康、李铁声五位后期创造社[①]主力成员回国后，为推动无产阶级革命文学，以日本当时流行的福本主义[②]作为思想理论斗争的利器，从 1928 年初开始发起为期将近两年的“革命文学”论争。这次论争不仅反映了日本无产阶级文学运动对中国的影响，也代表着一次重大的文化选择——通过对五四新文学的再评价确立以苏联为模式的无产阶级文学。[③]这次论争使中国文艺界在历史转折的重要关头迅速确立中国新文化的发展方向。被批评为“落伍者”的鲁迅奋起直追，通过大量的翻译研究，极力探求马克思主义文艺理论源头，并以自己的人生阅历、艺术修养融会贯通，成为马克思主义文艺理论有力的宣传者和实践者。

1928 年，鲁迅根据藏原惟人、外村史郎的日译本编译《文艺政策》，6 月开始分期发表于《奔流》杂志。《文艺政策》为苏联文艺政策文件的汇集，其中包括《关于对文艺的党的政策》《观念形态战线和文学》《关于文艺领域上的党的政策》，附录为日本冈泽秀虎所作、冯雪峰翻译的《以理论为中心的俄国无产阶级文学发达史》。除了向国内文艺界介绍苏联文艺论战之外，鲁迅希

① 创造社，1921 年 6 月，由郭沫若、成仿吾、郁达夫、张资平、田汉、郑伯奇等人在北京成立的新文学团体。创造社强调文学应忠实于“内心的要求”，创作侧重主观内心世界的刻画，具有浪漫主义、唯美主义倾向。以 1926 年《创造月刊》创刊为标界，创造社转而成为提倡无产阶级革命文学的重镇，被称为后期创造社。

② 福本主义，是日本共产党领导人之一福本和夫的思想理论，1926 年至 1927 年在日本共产党内流行。福本和夫以追求纯粹阶级意识为特点，认为建设思想纯净的马克思主义政党必须通过理论斗争，清除一切折中改良主义思想。福本主义对推动革命文化的发展具有积极意义，但其所包含的思想斗争扩大化、绝对化的激进倾向，对无产阶级文艺运动产生很大负面影响。参见刘柏青的《日本无产阶级文艺运动简史（1921—1934）》，时代文艺出版社 1985 年版，第 49—50 页；刘永明的《左翼文艺运动与中国马克思主义文艺理论的早期建设》，中国文联出版社 2007 年版，第 8 页。

③ 艾晓明：《中国左翼文学思潮探源》，北京大学出版社 2007 年版，第 63 页。

望从“含有各派的议论”的记录中得到借鉴，认为“从这记录中，可以看见在劳动阶级文学的大本营的俄国的文学的理论和实际，于现在的中国，恐怕是不为无益的”。[①] 该书可看作任国桢编译的《苏俄的文艺论战》的续编。同时，冯雪峰重译了日本藏原惟人、外村史郎原译的《新俄的文艺政策》，翻译出版苏联伏罗夫斯基的《社会的作家论》、普列汉诺夫的《艺术与生活》、卢那察尔斯基的《艺术之社会基础》，德国梅林格的《现代艺术论》《自然主义与新浪漫主义》，匈牙利玛察的《现代欧洲艺术及文学底诸流派》《现代法兰西文学上的叛逆与革命》等文艺论著。在“革命文学”论争中，各方都迫切在寻找新的理论，以马克思主义为主的社会科学理论成为译介重要内容。

中国“革命文学”论争开展后，日本左翼文坛发生重要变化，进入“纳普”（全日本无产者艺术联盟）时期，福本主义受到批判，藏原惟人的新写实主义成为新兴思潮。太阳社[②]成员出于创作实践的需求和对文学论争的需要，开始系统地译介刚兴起的日本新写实主义理论。1928 年 7 月，太阳社的林伯修（杜国庠）在《太阳月刊》译介了藏原惟人的代表作《到新写实主义之路》，最早介绍日本的新写实主义。1929 年 3 月，他发表《一九二九年急待解决的几个关于文艺的问题》，提出“大众化”“新写实主义”“艺术运动底二重性”三个问题，引起很大的社会反响。新写实主义的思想理论综合了苏联文艺论战各方观点，有较强的调和色彩，因此中国“革命文学”论争中的各派，都能从藏原惟人的著译中汲取思想源泉。鲁迅、冯雪峰选择译介的苏联文学理论与作品，有不少出自藏原惟人的日译本。

在学习苏、日左翼文化运动经验中，中国左翼文化难免染上苏、日左翼文坛中存在的“左”倾思想。溯其思想根源，主要受当时共产国际“左”倾思想影响。共产国际从 20 世纪 20 年代中期开始，将俄国革命经验绝对化、

① 北京鲁迅博物馆编：《鲁迅译文全集》第 5 卷，福建教育出版社 2008 年版，第 140—141 页。

② 太阳社，1927 年冬成立于上海的新文学团体，发起人为蒋光慈、钱杏邨、孟超、杨邨人等，多为共产党员。太阳社积极提倡无产阶级革命文学，创作上努力表现阶级斗争，以唤起工农大众的革命觉悟。

神圣化，同时排斥社会民主党的左翼，否定中间势力的两面性，排斥“同路人”，使中国革命运动深受影响。这对中国左翼文化产生很大影响。以鲁迅、茅盾、瞿秋白等为代表的一批左翼文艺家，努力克服“左”倾错误思想，及时在理论与实践中吸取马克思主义文艺理论的新成果，使中国左翼文化运动在自我批判中不断摆脱危机，获得向前发展的蓬勃生机。

二、中国革命文化发展的内在动力

文化发时代之先声，文化运动与革命运动密不可分。国外左翼文化思潮的影响，是中国左翼文化运动兴起的重要原因，但更重要的是中国革命不断向前发展的内在需求和动力。

五四运动时期的“文学革命”提出了文学与人性、文学与社会、文学与人生问题，但没有回答文学与阶级、文学与革命、文学与政治的关系等问题。中国共产党在上海成立后，领导无产阶级革命运动快速发展，使这些问题变得日益重要。中国共产党人和进步知识分子在开展群众运动过程中，开始探讨文学如何为革命服务的问题，引领从“文学革命”到“革命文学”的变迁。

1923年5月，郭沫若在《创造周刊》发表《我们的文学新运动》，提出新文学运动中要以“无产阶级的精神”，反抗“资本主义的毒龙”等各种不合理的“文学上的情趣”。郁达夫在《文学上的阶级斗争》中引用马克思的“自有文化以来的社会史，所记录者不过是人类的阶级斗争而已”，说明文学上的阶级斗争是必然的。邓中夏、恽代英、萧楚女等中国共产党人，重点以中国社会主义青年团机关刊物《中国青年》为阵地，号召文学承担改造社会使命、文学家投身现实的革命事业，认为“革命固是因生活压迫而不能不起的经济的政治的奋斗，然而文学却是最有效用的工具”。①

1924年，明确提倡“革命文学”的文章逐渐增多。8月，蒋光慈发表

① 邓中夏：《贡献于新诗人之前》，《中国青年》1923年第1期。

《无产阶级革命与文学》，尝试论述“无产阶级文化”“无产阶级艺术”命题。11月，沈泽民发表《文学与革命的文学》，认为只有走到无产阶级中去，才能创造出真正的革命文学，他说“现代的革命泉源是在无产阶级里面，不走到这个阶级里面去，决不能交通他们的情绪生活，决不能产生革命的文学”。①

1925年五卅运动爆发后，中国大革命风起云涌的斗争推动着文学家与革命群众、与社会现实的接近。在大革命高潮中，随着革命阵营内左、右派斗争的加剧，文化思想界出现大分化。在此分化过程中，革命文化工作者尝试运用马克思主义解释文学，探讨中国新文化运动的正确发展方向。沈雁冰在《文学者的新使命》中，明确提出文学要为无产阶级革命的理想服务。蒋光慈身体力行把主要精力转到革命文艺创作上，先后发表诗集《新梦》、中篇小说《少年飘泊者》《冲出云围的月亮》和短篇小说集《鸭绿江》等革命文学作品，使许多青年受其影响走上革命道路。

创造社成员敏锐地感应到时代的脉搏，在投身大革命浪潮中，逐渐从一个主张“为艺术而艺术”的浪漫主义、唯美主义社团，向关注社会问题、倡导革命文学社团转变。1926年3月，创造社创办重要刊物《创造月刊》，5月，郭沫若在该刊发表《革命与文学》，认为“文学是革命的先驱”，“无产阶级的理想要望革命文学家早点想出来，无产阶级的苦闷要望革命文学家实写出来。要这样才是我们现在要求的真正革命文学”，倡导要到兵间、民间、工厂间、革命的旋涡中去，“我们所要求的文学是表同情于无产阶级的社会主义的写实主义的文学”。② 这篇具有前沿性和先锋性的文章，对于后期创造社的文艺活动具有纲领性意义。③ 同月，郭沫若在《洪水》发表的《文艺家的觉悟》中说道：“我们现在所需要的文艺是站在第四阶级说话的文艺，这种文艺在形式上是现实主义的，在内容上是社会主义的。除此以外的文艺

① 沈泽民：《文学与革命的文学》，上海《民国日报》副刊《觉悟》1924年11月6日。

② 郭沫若：《革命与文学》，《创造月刊》第1卷第3期，1926年5月16日。

③ 陈红旗：《中国现代作家与左翼文学的互动相生》，东方出版中心2015年版，第25页。

都已经是过去的了。”[①] 成仿吾先后发表《革命文学与他的永远性》《完成我们的文学革命》，指出“我们应当仍努力于新的形式与新的内容之创造”来完成文学革命。1927 年 2 月，郁达夫发表《无产阶级专政和无产阶级文学》，指出“真正彻底的革命，若不由无产阶级者——就是劳动者和农民——来作中心人物，是不会成功的”，“真正无产阶级的文学，必须由无产阶级自己来创造，而这创造之日，必在无产阶级专政的时候”。[②] 这些都表明创造社正在全力推进“文学革命”向“革命文学”的快速转变和发展。

1927 年上海工人第二次武装起义失败后，成仿吾、鲁迅等为表明与工农革命斗争站在一起的政治立场，联合发表《中国文学家对于英国知识阶级及一般民众宣言》，指出“我们无产民众底组织，运动意识等正在向前前进，但榨取我们底外国资本家却天天在那儿后退”，“我们的斗争总是向着资本帝国主义，我们只有从榨取的资本帝国主义者手里夺回生活，此外再没有别的目的，也再没有别的生路”。[③] 蒋光慈写成《短裤党》，描写上海工人武装起义，塑造工人运动中的中共党员和先进工人形象。

大革命失败后，中国革命进入艰难发展的低潮。随着中共中央机关迁回上海，许多革命青年和进步文化人从革命前线或海外留学归来，也陆续汇聚上海。一时上海人才济济，文化名人云集。上海是中国经济中心、文化中心，兼有大片租界的特殊政治文化环境，为汇集于此的进步文人和革命青年提供较为便利的社会生存条件。上海众多的文化机构、多样性的商业文化，也为他们从事左翼文学这种具有激进、先锋性质的城市现代文学，提供所需的现代都市文化空间。而国民党实行的反革命政策，加剧国内阶级矛盾的激化，促使进步知识分子以文化为武器进行反抗。鲁迅指出：“当从广东开始北伐的时候，一般积极的青年都跑到实际工作去了，那时还没有什么显著的革命文学运动，到了政治环境突然改变，革命遭了挫折，阶级的分化非常明

① 郭沫若：《文艺家的觉悟》，《洪水》半月刊第 2 卷第 16 期，1926 年 5 月 1 日。

② 郁达夫：《无产阶级专政和无产阶级的文学》，《洪水》半月刊第 3 卷第 26 期，1927 年 2 月 1 日。

③《中国文学家对于英国知识阶级及一般民众宣言》，《洪水》半月刊第 3 卷第 30 期，1927 年 4 月 1 日。

显，国民党以‘清党’之名，大戮共产党及革命群众，而死剩的青年们再入于被压迫的境遇，于是革命文学在上海这才有了强烈的活动。”①

同时，1929 年爆发的世界经济危机导致全球范围的大萧条，而苏联开展第一个五年计划社会经济一枝独秀，进一步彰显马克思主义的科学性，社会主义思潮在中国大潮重起，为左翼文化运动的兴起特别是在马克思主义传播的南方重镇——上海的兴起，奠定了社会心理基础。

第二节　“革命文学”论争和中央文委的成立

1927 年大革命失败后阶级矛盾和民族矛盾突显，为推动无产阶级革命文学，创造社发动“革命文学”论争。“革命文学”论争在扩大革命影响的同时，也造成革命文化阵营内部隔阂的扩大。为凝聚革命力量、团结一致对敌，在中国共产党的干预协调下，“革命文学”论争得以平息。与此同时，中央文委应运而生。

一、“革命文学”论争的发起

四一二反革命政变后，国内革命形势骤变，革命作家和进步知识分子队伍陆续云集上海。茅盾、郭沫若、潘汉年、钱杏邨、孟超、阳翰笙、李一氓、杜国庠、洪灵菲、戴平万等从革命前线辗转来到上海，鲁迅、冯雪峰、柔石等从其他城市转来，夏衍、朱镜我、冯乃超、彭康、沈起予、李初梨、李铁声等从日本留学归来。他们成为上海左翼文坛的主干力量。其中发起“革命文学”论争的创造社成员尤为活跃。

大革命失败后，创造社的重要成员郭沫若被通缉，创造社出版部汕头分部被查封，上海出版部也遭搜查，创造社的力量受到相当大的打击，需要重

① 鲁迅:《上海文艺之一瞥》,《鲁迅全集》第 4 卷，人民文学出版社 2021 年版，第 303—304 页。

新聚集力量。4至9月，创造社成员郑伯奇、成仿吾、潘汉年等回到上海。为扩大创造社力量，10月，成仿吾赴日本招员选才。在他的邀请下，10月底至11月初，冯乃超、李初梨、朱镜我、彭康、李铁声回到上海，成为后期创造社的主力成员。11月，参加南昌起义后加入中国共产党的郭沫若经香港秘密到达上海。翌年初，郭沫若根据周恩来的指示，将参加南昌起义的中共党员李一氓和阳翰笙介绍加入创造社。创造社的其他成员王学文、傅克兴、沈起予、段可情、许幸之等也陆续汇集上海。他们组成后期创造社的基本力量，成为上海文坛的一支重要革命队伍。

同时，鲁迅到上海后壮大了革命文学的阵营。1927年9月27日，鲁迅离开广州，10月3日抵达上海。此前，他在广州中山大学任教期间，与广州的共产党人有密切来往，这对他到上海后积极参加共产党领导的一些革命工作有积极影响。鲁迅到上海后，与众多文化名人联络，发掘培养革命文艺青年，成为上海进步文化界的核心人物之一。特别是他主编的《语丝》影响很大，被称为"《语丝》派"。11月，在郭沫若的支持下，郑伯奇、蒋光慈、段可情专门拜访鲁迅，希望与鲁迅合作。鲁迅"慨然允诺"，并表示不必另办刊物，可以恢复《创造周报》作为共同合作的园地。1928年元旦，他们联合在《创造月刊》刊登《〈创造周报〉复活宣言》，公布以鲁迅领衔的众多特约撰述员名单。

然而不久，情况突变。1927年底刚从日本回上海的冯乃超、李初梨、朱镜我、彭康、李铁声等后期创造社新进成员却另有打算。他们多是学习社会科学、深受日本福本主义影响的革命青年，但并没有亲身经历国内实际革命运动。在他们看来，大革命失败的主要原因是缺乏理论指导，觉得有向中国读者介绍马列主义理论和开展宣传工作的迫切必要。因此，他们怀着"走向战斗、走向光明的满腔热情"，大力提倡具有鲜明的阶级理论和强烈战斗性的"无产阶级文学"（或音译的"普罗列塔利亚文学""普罗文学"）。[①] 但

① 冯乃超：《革命文学论争·鲁迅·左翼作家联盟——我的一些回忆》，《新文学史料》1986年第3期。

是，同时他们又受日本福本主义中机械论思想的影响，不能区分资产阶级构成的复杂性和多样性，在打倒一切资产阶级、小资产阶级文艺的口号下，错误地将鲁迅、茅盾等新文学名家作为批判讨伐的对象。他们反对此前创造社关于联合鲁迅、恢复《创造周报》的提议，认为恢复《创造周报》不足以表现革命精神，要另外创办一个战斗性更强的文艺月刊，并竭力反对联合被他们认为是“落伍者”的鲁迅。他们这种激进主张在得到郭沫若、成仿吾等创造社元老的支持后，迅速行动起来。一方面，他们创办理论性刊物《文化批判》，宣传马列主义学说，担负起指导中国思想界的重任；另一方面，将《创造月报》重点转向文艺理论和批评方面，大力提倡无产阶级文学。①

创造社这番改弦更张的结果，自然是将鲁迅排挤到革命文学阵营外。同时，被创造社忽视的还有与创造社关系密切的蒋光慈以及钱杏邨、杨邨人、孟超等一些有实际革命经验的文化工作者。他们具有强烈革命使命感和政治优越感，赞同创造社发起的“革命文学”主张，但是由于文艺理论来源不同、侧重点不同、对阶级意识的认定不同而涉及创作方法论的区别，都难免与创造社的看法不同，因而被排挤在外。于是，他们就另起炉灶，成立太阳社，创办《太阳月刊》。随着奔波流亡至上海的革命作家陆续加入太阳社，其中形成一支由两个党小组、20余位共产党人组成的无产阶级文化生力军。主要成员有林伯修（杜国庠）、楼适夷、洪灵菲、戴平万、殷夫、冯宪章、任钧、李平心等。当时党的一些领导干部瞿秋白、杨匏安、罗绮园、高语罕、郑超麟也参加了太阳社。②

1928年初，创造社在各项谋划筹定后，首先拉开“革命文学”论争序幕。他们认为“论争可以帮助真理的显露。在这样暗恒的前夜，真有话要说，而同时想要对于时代有点贡献的人们，应该努力理论斗争吧！”③1月1日，郭沫若发表《英雄树》，批判个人主义文艺，提倡无产阶级文艺，号召

① 郑伯奇：《沙上足迹》，黑龙江人民出版社1999年版，第64—65页。

② 钱杏邨：《关于瞿秋白的文学遗著》，《文汇报》副刊《世纪风》，1938年6月9日。

③ 成仿吾：《毕竟是“醉眼陶然”罢了》，《成仿吾文集》，山东大学出版社1985年版，第266页。

进步文化工作者“脱去感伤主义的灰色衣裳，请来堂堂正正地走上理论斗争的战场”，“有笔的时候提笔，有枪的时候提枪”。[①]1月15日，《文化批判》创刊，成仿吾在祝词中说“它将贡献全部的革命的理论”，“它将从事资本主义社会的合理批判，它将描绘出近代帝国主义的行乐图，它将解答我们‘干什么’的问题，指导我们从那里干起”，充满信心地认为“政治、经济、社会、哲学、科学、文艺及其余个个的分野皆将从‘文化批判’明了自己的意义，获得自己的方略”。[②]创刊号还登出冯乃超《艺术与社会生活》一文，集中向一些非“倾向社会主义的文艺”的作家开火，批判鲁迅作品反映的“只是社会变革期中的落伍者”，是“隐遁主义”。[③]

其后，成仿吾、李初梨等创造社成员相继发表重要论文，尝试系统回答文学与阶级、文学与革命、文学与政治的关系，呼吁革命文艺工作者投身革命文学。李初梨指出革命文学兴起的必然性，“革命文学，不要谁的主张，更不是谁的独断，由历史的内在的发展——连络，它应当而且必然地是无产阶级文学”。认为：“文学，是生活意志的表现。文学，有它的社会根据——阶级的背景。文学，有它的组织机能，——一个阶级的武器。”文中还详细论述无产阶级文学的作家问题和形式问题。[④]成仿吾指出：“一个社会的现象必定有它所以必然发生的社会的根据”，“研究文学运动今后的发展，必须明白我们现在的社会发展的现阶段”，“把握着唯物的辩证法的方法，明白历史发展的必然的进展”。[⑤]在意识形态上，他表明要“把一切封建思想，布尔乔亚的根性与它们的代言者清查出来，给他们一个正确的评价，替他们打包，打发他们去”，“把一切麻醉我们的社会意识的迷药与赞扬我们的敌人的歌辞清查出来，给还它们的作家，打发他们一道去”。[⑥]

---

① 郭沫若：《英雄树》，《创造月刊》第1卷第8期，1928年1月1日。
② 成仿吾：《祝词》，《文化批判》第1号，1928年1月15日。
③ 冯乃超：《艺术与社会生活》，《文化批判》第1号，1928年1月15日。
④ 李初梨：《怎样地建设革命文学》，《文化批判》第2号，1928年2月15日。
⑤ 成仿吾：《从文学革命到革命文学》，《创造月刊》第1卷第9期，1928年2月1日。
⑥ 成仿吾：《打发他们去》，《文化批判》第2号，1928年2月15日。

而太阳社成员对于"革命文学"理论自有看法。1928年1月1日，蒋光慈在《太阳月刊》创刊号上发表《现代中国文学与社会生活》，阐述反映论的文学观念，认为"倘若某一个作家要承认自己是一个革命文学者，那我们就要请他拿出证据来，给我们以文学的革命的作品；若空口喊几声时髦的名词'革命文学'……这是没有什么大意义的"。[①]2月1日，他又在该刊发表《关于革命文学》，反对空洞的革命文学理论，说明"与其空谈什么空空洞洞的理论，不如为事实的表现，因为革命文学是实际的艺术的创作，而不是几篇不可捉摸的论文所能建设出来的"。[②]但在对待"同路人"问题上，他们受苏联"岗位派"的思想影响，否认一切非无产阶级出身的作家的创作，坚决与资产阶级"同路人"划清界限，所持立场与创造社基本相同，因此也加入攻击鲁迅等人的行列，旁敲侧击地指责鲁迅是"非革命文学的势力"。钱杏邨在3月1日出版的《太阳月刊》第3期上发表《死去了的阿Q时代》，认为阿Q时代已经死了，说明鲁迅先生"不是这个时代的代表者"，不能代表时代革命的潮流。

创造社成员对太阳社成员流露出的强烈自我优越意识并不认同，认为他们理论基础薄弱，且对其有意争夺"革命文学"大旗的做法感到不满。因而创造社在批判鲁迅的同时，也展开对太阳社的批评。李初梨在2月15日出版的《文化批判》中发表《怎样地建设革命文学》对太阳社进行批判。他认为：一个真正"为革命而文学"的作家，"他就应该干干净净地把从来他所有的一切布尔乔亚意德沃罗基完全地克服，牢牢地把握着无产阶级的世界观——战斗的唯物论，唯物的辩证法"，"他就应该把他把握着的理论，与他的实践统一起来"，所以"我们的文学家，应该同时是一个革命家。他不是仅在观照地'表现社会生活'，而且实践地在变革'社会生活'。他的'艺术武器'同时就是无产阶级'武器的艺术'"。[③]成仿吾在3月1日出版的《创

① 蒋光慈：《现代中国文学与社会生活》，《太阳月刊》创刊号，1928年1月1日。

② 蒋光慈：《关于革命文学》，《太阳月刊》第2期，1928年2月1日。

③ 李初梨：《怎样地建设革命文学》，《文化批判》第2号，1928年2月15日。

造月刊》发表《全部的批判之必要——如何才能转换方向思考》，结合文学发展历程，展开对蒋光慈重视创作、忽视理论的革命文学观及文学反映论的批判。

对于创造社的批判，太阳社也毫不示弱，迅速进行反击。钱杏邨在《太阳月刊》第3期发表《关于“现代文学”》，为蒋光慈的观点进行辩解。他还在“编后”中对创造社成员进行讽刺：“太阳社不是一个留学生包办的文学团体，不是为少数人所有的私产；也不是口头高喊着劳动阶级的文学，而行动上文学上处处暴露着英雄主义思想的文艺组织”。这种回应激化了双方的论争，促使论争朝向非理性的方向发展。3月15日，李初梨在《文化批判》发表《一封公开信的回答》进行反击，指出蒋光慈的看法是“非马克思主义的说法”，“完全忽略了社会的阶级关系”，“忽略了文学的阶级背景，尤重要的是他忽略了作家的实践的要求”，“未曾注意在这样阶级对立，意识分裂的时代，就是对于同一的社会事象，阶级背景及实践的要求要是不同的时候——即有产者与无产者的见解，完全是不同的”。[①] 双方由此毫不相让，各自据理力争，论争激烈程度加剧。

这两个革命文化团体内部的论争，不久就引起中共党组织关注，认为双方是同一战线的友军，应避免做无重大意义的论争，就通过派人干预、召开联席会议等方式迅速进行调解。太阳社成员因基本是党员，自然要遵从党的指示和调解；而锋芒毕露的创造社新入主力成员此时正向党组织积极靠拢，且不久都加入中国共产党，也愿意听从党的意见和劝解。

1928年4月15日，创造社成仿吾在《文化批判》的卷首栏目“卷头寸铁”发表的《知识阶级的革命份子团结起来》，号召“知识阶级的战斗的份子团结起来！”其后该刊不再刊登集中攻击太阳社的文章。5月1日，太阳社在《太阳月刊》“编后”中也进行反思检讨，指出：“过去的本刊没有注意系统的理论的建设，缺乏重要的介绍与翻译，描写的范围狭小单调，札记

① 李初梨：《一份公开信的回答》，《文化批判》第3号，1928年3月15日。

通信随笔缺乏友谊的态度。灰色的思想仍不免偶尔流露，创作时没有顾到读者的意识，技巧缺乏暗示的力量，许多地方表示了本刊忽略了对于负的使命。丛书方面有时表现的行动太浪漫，缺乏深刻的描写与暗示的力量，有的还没有充量的劳动阶级意识的表现。决定以后改正以上所有的错误，特殊的注意充实本刊及丛书的内容，尤其要避免无重大意义的及非文学的理论的争辩，重要的讨论完全以友谊的态度出之。”①

为协调这两个社团之间的论争，5 月中共党组织还领导成立我们社，以潮汕籍党员杜国庠、洪灵菲、戴平万等为主，此前他们均在太阳社活动，与创造社也多有交集。我们社设立晓山书店，成立中共晓山书店支部，创办《我们月刊》，创造社和太阳社成员均在上面发表文章，如此使持续数月的两大团体的论争很快缓和下来。其后双方的理论观点渐趋统一，创造社提倡的以明确的阶级意识和立场的文艺理论观，被太阳社所吸纳；太阳社重视现实描写和创作方法的文艺主张，也被创造社所吸收。

而在另外一条重要战线，猝不及防被卷入论争的鲁迅，对于创造社、太阳社突如其来的批评，坚决进行反击。鲁迅坚信革命文学发展的必然趋势，但反对将文艺等同于宣传的主张，强调文学有其自身的发展规律和价值，并批判革命文学提倡者一些不切实际的肤浅理论。3 月 12 日，鲁迅在《语丝》上发表《“醉眼”中的朦胧》，批判创造社理论主张的“朦胧”和不彻底性，指出只强调将艺术作为武器的战斗作用、“不革命便是反革命”提法的荒谬之处。4 月，他在《致李秉中》信中写道，那些大讲“革命文学”者，脱离中国实际，“专挂招牌，不讲货色”，难免拾人牙慧，“令人发笑”。② 鲁迅的回击使论战进一步升级，遭到更为猛烈的批评。

创造社成员集中发表了一组文章，包括成仿吾《毕竟是“醉眼陶然”罢了》、钱杏邨《死去了的阿 Q 时代》、冯乃超《人道主义者怎样防卫着自

① 《编后》,《太阳月刊》5 月号，1928 年 5 月 1 日。

② 《致李秉中》,《鲁迅全集》第 12 卷，人民文学出版社 2005 年版，第 114 页。

己?》、彭康《“除掉”鲁迅的“除掉”》、潘梓年《谈现在中国的文学界》等文进行反攻。鲁迅又发表《文艺与革命》《我的态度气量和年纪》等予以回击。与鲁迅观点相同或相近的作家以《语丝》为阵地给以声援，同属北新书局发行的《北新》等刊物也发表支持鲁迅的文章。而此时因被通缉流亡日本的郭沫若也十分关注这场论争，先后发表《留声机器的回音——文艺青年应取的态度的考察》《桌子的跳舞》《文艺战线上的封建余孽——批评鲁迅的〈我的态度气量和年纪〉》等文章，为创造社加油助威。

虽然鲁迅此前已接触过不少西方文艺理论著作，了解一些马克思主义理论，但此次论争使他意识到对方在马克思主义文艺理论上欠缺的同时，也认识到自身理论的不足，以此激起他彻底系统研究苏联文艺理论著作和马克思主义文艺理论的决心。他在《〈三闲集〉序言》中说：“我有一件事要感谢创造社的，是他们‘挤’我看了几种科学底文艺论，明白了先前的文学史家们说了一大堆，还是纠缠不清的疑问。并且因此译了一本蒲力汗诺夫的《艺术论》，以救正我——还因我而及于别人——的只信进化论的偏颇。”[①] 为更深入地思考和研究无产阶级文学的核心问题，他把更多精力放在新兴文艺理论的译介上。他说：“多看些别国的理论和作品之后，再来估量中国的新文艺，便可以清楚得多了。更好是绍介到中国来；翻译并不比随便的创作容易，然而于新文学的发展却更有功，于大家更有益。”[②]1928 年 8 月，鲁迅发表《革命的咖啡店》《文坛的掌故》《文学的阶级性》等一组短文。其后，鲁迅更加注重对文艺的阶级性问题和唯物史观理论进行深入研究和探讨。双方的论争也逐渐舒缓下来，论争的焦点也逐渐回归文学本身，主要就无产阶级革命文学的定义、范围、创作主体、意义进行论争。

1928 年至 1929 年，鲁迅通过译介普列汉诺夫《艺术论》、卢那察尔斯基的《艺术论》《文艺与批评》，联共（布）关于文艺政策讨论会记录与决

① 鲁迅：《〈三闲集〉序言》，《鲁迅全集》第 4 卷，人民出版社 2005 年版，第 6 页。

② 鲁迅：《现今的新文学的概观》，《鲁迅全集》第 4 卷，人民出版社 2005 年版，第 140 页。

议的《文艺政策》等众多文艺论著，系统接受马克思主义在美学、文艺理论和文艺批评等领域的基本观点。这使他对文艺的阶级性、文艺自身的特点、文艺与革命的关系，以及苏联各派文艺的不同观点有了全面的了解和掌握，并在此基础上确立自己对无产阶级文艺的见解。这对他其后引导青年创作、被尊为左翼文化运动旗手起到重要作用。

鲁迅与创造社、太阳社之间的论争渐趋缓和后，茅盾与这两个团体因文艺观不同而产生的争论逐渐突显出来。1928 年 1 月，茅盾在《文学周报》发表《欢迎〈太阳〉》，祝贺《太阳月刊》创刊。他对太阳社要努力创造出表现社会生活的新文艺表示赞赏，对蒋光慈的一些基本观点也表示赞成。但是，他并不认同只有描写工农大众生活的小说才被认作是革命文学的观点。同时，他对直接文艺生活体验和间接生活体验的关系、现实材料与文艺作品的关系、作家的主观能动性、革命艺术创作的多样性等问题，也有不同看法。他批判“革命文学”倡导者“单调而仄狭”的理论格局和倾向。

而创造社、太阳社对于茅盾在大革命失败后陆续创作的《蚀》三部曲（《幻灭》《动摇》《追求》）流露出过于悲观消沉的情绪也不满意，认为茅盾政治思想消沉而给以批判。蒋光慈在《太阳月刊》发表《论新旧作家与革命文学——读了〈文学周报〉的〈欢迎太阳〉以后》，反驳茅盾，并进一步阐述自己的文艺观。钱杏邨连续发文批判，判定茅盾的意识“不是新兴阶级的意识”，“完全是一个小布尔乔亚的作家”，指出他所表现的“大都是下沉的革命的小布尔乔亚对于革命的幻灭”，没有写出健全的革命党形象，“不健全的革命新产生的只有不健全的革命党人，这是我们对于这部小说里人物的最后结论”。文中还批判了小资产阶级在经历政治上的几次分化后表现出的游移不定和对革命幻灭的特性。①

1928 年 7 月，茅盾流亡到日本后发表长篇论文《从牯岭到东京》进行辩解。该文在批判革命文学创作、强调文艺技巧等方面有积极意义，但也存

① 钱杏邨：《茅盾与现实》，《阿英全集》第 2 卷，安徽教育出版社 2003 年版，第 168、177 页。

在消极偏激和政治立场后退的思想倾向。因此他的这一文章发表后，傅克兴发表《小资产阶级文艺理论之谬误——评茅盾君底〈从牯岭到东京〉》，钱杏邨发表《从东京回到武汉——读了茅盾的〈从牯岭到东京〉》《中国新兴文学中的具体问题》，李初梨发表《对于所谓“小资产阶级革命文学”底抬头，普罗列搭利亚文学应该怎样防卫自己？——文学运动底新阶段》等文章给以批判。他们批评茅盾把小资产阶级当成“革命的重心”和革命文艺的“天然对象”，批判他站在小资产阶级立场、透露出的小资产阶级意识，提问：“一个真正的代表着时代的作家，他是应该做‘大勇者，真正革命者’的代言人呢，还是做‘幻灭动摇的没落人物’的代言人呢，究竟应该怎样才能完成这时代的作家的任务呢？”进而回答道：那些所谓“大勇者，真正革命者”，“他们是必然的代表着时代的进展，必然的是代表着有着前途，有着希望的向上的人类，他们是创造着新的时代的角色”。[①] 这些问答促使对革命作家对无产阶级文学的任务和本质进行深入思考。

在这番论争中，双方紧紧围绕着革命文学由谁创作、创作什么、为谁创作、文艺要不要揭示革命阵营内部的阴暗面，要不要真实以及什么样的真实等一系列有关无产阶级文学的重要问题进行论争。1929 年 5 月，茅盾发表《读〈倪焕之〉》，阐明无产阶级世界观的形成并不如想象的那样简单，进一步批判“革命文学”倡导者概念化、公式化创作倾向。同时，他在论争中修正了自己的一些观点，在思想理论上迅速向“革命文学”提倡者靠拢，文学创作观也由抒发内心情绪向表现进步时代精神和无产阶级意识转变。同样，茅盾提出的关于“标语口号文艺”“革命文学”对象等问题，也是年轻的左翼文艺理论家们不得不给予回应且不断加以纠正的问题。双方的论争持续至左联成立前停止。

在“革命文学”论争中，冯雪峰认识到在文艺批评要用真正的马克思主

---

① 钱杏邨：《从东京回到武汉——读了茅盾的〈从牯岭到东京〉以后》，《阿英全集》第 1 卷，安徽教育出版社 2003 年版，第 343 页。

义文艺理论的重要性。1928 年 9 月，冯雪峰发表《革命与智识阶级》，总结“革命文学”论争的意义并指出其存在的缺点和不足。他充分肯定创造社、太阳社对于“无产阶级文学之提倡”和“辩证法的唯物论之确立”，同时指出对于那些内心向往革命但又纠结徘徊、敏锐痛苦的知识分子要“尽可以极大的宽大态度对之”。他尽力为鲁迅辩护，认为将鲁迅这样“不是诋毁革命者强要当做诋毁者，是只有害处没有益处的”，“革命必须欢迎与封建势力继续斗争的一切友方的势力，革命自己也必须与封建势力继续斗争的”。① 该文对改变革命阵营内对“同路人”的态度、促进团结起到一定作用。时人称其“对于这一次中国文艺界所起的波动以及知识阶级在中国革命现阶段上所处的地位，都下一个持平而中肯的论判，实在是一篇这一次论战的很公正的结语”。②

日趋激烈的“革命文学”论争，也引起其他各种不同政治思想派别学者的关注与参与，致使论争的影响和范围不断扩大。为维护资产阶级文学观，1928 年 3 月“新月派”的代表人物徐志摩在《新月》创刊号发表《〈新月〉的态度》，梁实秋在该刊先后发表《文学与革命》《文学是有阶级性的吗》，攻击无产阶级文学运动，认为文学并无阶级的区别，所谓“革命的文学”这个命题根本就不能成立，在文学上只有“革命时期中的文学”，并无所谓“革命的文学”，“资产阶级文学”“无产阶级文学”都是实际革命家造出来的口号标语。对此彭康《什么是“健康”与“尊严”——“新月的态度”底批判》、冯乃超《冷静的头脑——评驳梁实秋的〈文学与革命〉》等文给予严厉批驳。同为革命阵营的鲁迅，发表《新月社批评家的任务》《“硬译”与文学的阶级性》等文相呼应，开展对“新月派”批判。致使“新月派”以及紧随其后其他反对无产阶级文学的资产阶级文艺派别，几无招架之力，难以对广大青年产生影响力。越来越多的文学青年受无产阶级革命文学影响，走上

① 冯雪峰：《革命与智识阶级》，《无轨列车》第 2 期，1928 年 9 月 25 日。

② 李何林：《中国文艺论战》“序言”，北新书局 1930 年版，第 3 页。

革命道路，成为中国左翼文化运动中的重要力量。

左翼文学的兴起，引起国民党和租界当局的恐惧和打压。1928 年，《太阳月刊》《文化批判》《我们》月刊等期刊都被迫停刊，9 月春野书店被封。1929 年 1 月，国民党政府通令查封《创造月刊》《思想》等 10 种刊物，封闭创造社。2 月，创造社出版部和我们社的晓山书店相继被查封。然而，进步文化人不畏打压，进行不懈奋斗，又创办乐群、大江、春潮、南强、水沫、辛垦等书店，出版《新思潮》《新兴文化》等刊物，表明左翼文化运动不可阻挡的发展之势。

二、中央文委的成立及“革命文学”论争的平息

中国共产党创立伊始就极其重视思想文化宣传工作。党在创建时期改办的《新青年》、创办的《共产党》《向导》等期刊都发挥了重要的引领导向作用。1923 年 11 月，中共中央在《教育宣传问题议决案》中，特别强调“文化思想上的问题亦当注意，这是吸取知识阶级，使为世界无产阶级革命之工具的入手方法”。① 一些共产党人早期关于“革命文学”的个人言论，预示着无产阶级新文学的到来。1927 年大革命失败后，在中国革命处于低潮的艰难时期，如何组织文化战线参与革命斗争成为中国共产党人必须要思考的重大问题，因此不断重视和加强进步文化界的党团组织建设和具体革命文化实践。

为壮大创造社的革命力量，1928 年初经周恩来指示，中共党员阳翰笙、李一氓由郭沫若介绍加入创造社，与潘汉年在创造社内成立党小组。同时，将彭康、朱镜我、冯乃超、李初梨、李铁声等先后吸收入党，使创造社有了更为强大的战斗力和凝聚力。至此，创造社已不仅是“同人文学社团”，而且是党的秘密组织的重要组成部分。太阳社的党员众多，在其内设立两个

① 《教育宣传问题议决案》，中共中央文献研究室、中央档案馆编：《建党以来重要文献选编》第 1 册，中央文献出版社 2011 年版，第 354 页。

党小组。其中一个党小组一共 5 人，孟超、钱杏邨先后任组长，洪灵菲代表区委、支部领导该小组。创造社、太阳社内的党小组，都被编入闸北区第三街道支部，潘汉年为该支部书记。①

创造社和太阳社之间的论争兴起后，引起中共江苏省委注意，开始介入文学领域活动，干预创造社、太阳社之间的论战。②1928 年 5 月，江苏省委宣传部在创造社、太阳社、我们社等社团中，设立文化工作党团。文化工作党团最初有 5 位委员，潘汉年为书记，成员有潘梓年（济难会）、孟超（太阳社）、李一氓（创造社）、戴万平（我们社）。为解决文化界内部矛盾，文化工作党团先派李一氓出面，召集创造社成员谈话，后又召集创造社、太阳社双方举行联席会议，解决他们之间相互攻击的问题。③

1928 年 6 月，中共中央通告要求“对于左倾的文学团体，应设法影响他们，使他们联合发表政治的宣言，如反帝及要求言论集会自由等”。④7 月初，中共江苏省委领导的文化工作党团，创建文化工作者支部，潘汉年任支部书记，归江苏省委宣传部领导。该支部的第一次报告，详细记录全部支部成员的分组和名单。支部成员共 21 人，共分 4 个小组，基本上根据社团划分，上海当时的党员作家大多被涵盖在内。第一小组，基本是创造社成员，李一氓任组长；第二小组是我们社成员，洪灵菲任组长；第三小组、第四小组基本是太阳社成员，由杨邨人、侯鲁史分别任组长。支部设干事 3 名：潘汉年（任书记）、孟超、李一氓。上海文化工作者支部规定：“每组准每周开会一次，干事会派人参加”，“干事会每周开会一次，请省委派人参加。组长联席会议每两周开会一次，由支部书记召集”。每小组均于 7 月初召开第一次会议，除少数请假外，绝大部分成员都参加会议。文化工作者支部计划

① 李初梨：《六届四中全会前后纪事》，《中共党史资料》第 73 辑，中共党史出版社 2000 年版，第 43 页。

② 张广海：《左联筹建与组织系统考论》，浙江大学出版社 2018 年版，第 68—71 页。

③ 刘文军：《“左联”成立前党对文化工作的领导》，《中共党史研究》1991 年第 1 期。

④ 《中央通告第五十二号》，《中共中央文件选集》第 4 册，中共中央党校出版社 1989 年版，第 264 页。

7月9日举行第一次干事会，分配工作及讨论经常工作之进行。①

1928年6至7月，在莫斯科召开的中共六大确定中国现阶段革命性质仍然是反帝反封建的民主革命，通过《宣传工作的目前任务》明确要求党员参加“各种科学、文学及新剧团体，并在这些团体的会议中提出马克思主义的报告、建议以及报告苏联状况等等——这一切，地方党部都必须利用以为扩大自己宣传工作与利用一切公开可能的基础”。②在中共六大上当选为中共中央领导成员的周恩来、李立三从莫斯科回国后，认为“革命文学”论争批判的对象有误，他们先后指示或传话给有关人员，要求停止攻击鲁迅，团结起来，共同对敌，推动建立进步文化界联合战线。

1928年12月30日，在中国共产党人的领导下，经过两个月筹备，中国著作者协会成立。到会代表90多人，以创造者、太阳社、我们社、引擎社的作家为主。郑振铎、郑伯奇、夏衍、李初梨、彭康、周予同、樊仲云、潘梓年、章锡琛9人当选为执行委员，钱杏邨、冯乃超、王独清、孙伏园、潘汉年为监察委员。③当时虽与鲁迅公开论争的高潮已过，但因“双方隔阂还有”，发起者没有主动同鲁迅商量此事。由于协会成立仓促，缺乏统一思想认识，成立不久就无形消散了，但它是大革命失败后共产党人联合文化界的一次尝试，对其后成立左联积累了经验教训。潘汉年在领导筹建左联过程中，强调“要吸取中国著作者协会告吹的教训，这次准备工作做得要充分一些，并说打算以创造社、太阳社和鲁迅周围的一些作家为基本队伍，再扩大一点”。④

面对日渐兴起的左翼文化，国民党加紧实施打压，逐渐加强“审查”制度。1929年1月，国民党公布《宣传品审查条例》，规定“宣传共产主义

① 《上海文化工作者支部第一次报告》，中央档案馆、江苏省档案馆编：《江苏革命历史文件汇集（上海市委文件）》(1927年3月—1934年11月)，1988年4月印行，第13—15页。

② 《宣传工作的目前任务》，中共中央文献研究室、中央档案馆编：《建党以来重要文献选编》第5册，中央文献出版社2011年版，第487页。

③ 荣太之：《中国著作者协会成立的报道和宣言》，《新文学史料》1980年第3期，第261页。

④ 吴泰昌：《阿英忆左联》，《吴泰昌散文选》，花山文艺出版社1985年版，第433页。

及阶级斗争者”为反动宣传品，应“查禁、查封或究办之”。4月，国民党制定《查禁伪装封面的书刊令》。6月，国民党中央宣传部召开的“全国宣传会议”，通过《确定适应本党主义之文艺政策案》《规定艺术宣传方法案》，明确组织艺术委员会、举办文艺展览、制定三民主义文艺奖励制度、经济补助、审查和取缔“反动”流行艺术等具体执行办法，要求“取缔违反三民主义之一切文学作品（如斫丧民族生命，反映封建思想、鼓吹阶级斗争等文艺作品）”。国民党文艺政策初步形成，标志国民党以“国家干预的形式介入文艺领域，引导和管理文艺的开始”。①

针对国民党不断升级打压的严峻形势，以及对革命长期性和艰巨性认识的加深，中国共产党一方面从政治意识形态的高度认识到文化艺术的特殊作用，进行制度化建设；另一方面认识到联合中间力量、扩大统一战线的重要性，逐渐调整文化工作策略，尽量利用公开合法的形式开展群众团体工作。

1929年6月，中共六届二中全会决定组建多种多样的文化团体、健全宣传机构、建立文化领导机构，有组织地开展理论宣传斗争。全会通过的《宣传工作决议案》指出：“为适应目前群众对于政治与社会科学的兴趣，党必须有计划地充分利用群众的宣传与刊物，以求扩大党的政治影响，党应当参加或帮助建立各种公开的书店，学校，通讯社，社会科学研究会，文学研究会，剧团，演说会，编译新刊等工作。”指出中央宣传部是全国宣传教育工作的最高指导机关，“本身必需有健全的组织，应当建立各科各委的工作”，要建立审查科、翻译科、材料科、统计科、出版科、编辑委员会以及文化工作委员会7个部门。文化工作委员会的任务是“指导全国高级的社会科学团体、杂志及编辑公开发行的各种刊物书籍”。②

---

① 车泽雄：《民族主义与国家文艺体制的形成：国民党南京政府时期（1927—1937）的文艺政策研究》，云南人民出版社2013年版，第44—45页。

② 《宣传工作决议案》（1928年6月25日），《中共中央文件选集》第5册，中共中央党校出版社1990年版，第273页。

1929 年 10 月，在中共中央领导下，成立以中央宣传部干事潘汉年为书记的文化工作委员会（简称中央文委），委员有吴黎平、杜国庠、李一氓、彭康、朱镜我、杨贤江、王学文、彭芮生、冯乃超、孟超。由于环境不断变化和中央机关不断被破坏，先后任中央文委书记的还有朱镜我、冯乃超、祝伯英、王学文、冯雪峰、阳翰笙、周扬等。[①] 中央文委既是中央宣传部下设的执行机构，也是党直接领导文化团体的机构，它的成立标志着党从组织上加强对革命文化工作的直接领导。

为了尽快结束革命文艺队伍的分裂局面，1929 年 10 月中央文委书记潘汉年在《现代小说》“十月扩充纪念特号”上发表《文艺通信——普罗文学题材问题》，其后在《拓荒者》发表《普罗文学运动与自我批评》，纠正“革命文学”论争中的一些错误。他认为“革命文学”不仅应该描写工人、农民，也应描写资本家、小市民、地主豪绅，“凡是有关普罗列塔亚地解放有关的一切”都可作为创作的题材。这对纠正当时“把普罗文学限制于普罗生活的描写”的“左”倾思想起到重要作用。同时，他还召集创造社、太阳社等团体党内负责人，传达中央对结束“革命文学”论争的意见，要求团结鲁迅、停止论争，加快筹建左联的步伐。由此，历时近 2 年的“革命文学”论争结束。

在“革命文学”论争中，不同文学派别参与其中，阐述各自的文艺立场和观点，共在 30 余种文艺期刊发表相关文章近 300 篇。进步青年李何林意识到这场激烈论争的重要意义，在论争将近结束时收集不同派别的代表性论文 47 篇，编为《中国文艺论战》，并将冯雪峰的《革命与智识阶级》排在前面，作为“论战的导言或者结论”，由上海北新书店出版。他在该书序中评价这场论争的意义：“中国自新文化运动发生以来，文艺界所起的波涛，除了第一次的‘文言白话’‘新旧文学’之争外，这一回可以说是第二次了；这两次论争的情调虽然不同，但是这一次的论争在中国文艺的进程上占到一

---

① 张广海：《左联筹建与组织系统考论》，浙江大学出版社 2018 年版，第 106—107 页。

个很重要的位置，这是大概可以被承认的。”①

虽然“革命文学”论争中存在诸多不足，如夸大文艺作用、忽视文艺发展的独特规律、一些概念沦为空洞的口号、对小资产阶级知识分子心里苦闷缺乏同情和理解、无视他们的革命要求等，但是通过论争，对于无产阶级文学理论的一些核心问题，比如无产阶级文学的性质、任务，文学与政治、文学与革命、文学与阶级的关系，革命作家世界观改造问题、艺术技巧问题、小资产阶级文艺等重要问题都有深入讨论，推动了中国无产阶级文化艺术的发展。经过“革命文学”论争，初步确立中国无产阶级艺术哲学体系、文艺理论框架以及以革命现实主义为核心的创作方法体系，马克思主义文艺理论初步形成，并作为指导思想得到广泛传播；党的文艺政策开始孕育实施，左翼文艺界对资产阶级文艺思想展开第一次正面交锋并取得完全胜利，有力配合了中国共产党领导的革命武装斗争。②通过此次论争，初步统一了思想，团结了朋友，打击了敌人，出版了一批有影响的革命文艺著作，锻炼和培养了一批革命文艺队伍，为左联的成立做了思想、组织的准备。

第三节　左联的筹建及成立

为化解革命文艺队伍内部思想隔阂、促进进步文化界的联合统一，中共党组织在领导和平息“革命文学”论争的同时，还进行了一系列筹备左联的组织活动，直接推动左联的成立。

一、左联的筹建

左联的成立经历了较长时间的筹建过程。1929 年五六月间，潘汉年同

① 李何林：《中国文艺论战》“序言”，北新书局 1930 年版，第 2 页。

② 刘永明：《左翼文艺运动与中国马克思主义文艺理论的早期建设》，中国文联出版社 2007 年版，第 74—91 页。

钱杏邨谈论过中央打算成立一个组织，联合左翼文化界。其后由于国民党的两次搜捕行动，钱杏邨等一些左翼作家和文学青年被捕，影响了左联的筹建工作，直到当年中央文委成立前后，才正式推进。①

中央文委成立后，加快了左联筹建的步伐。谁可以扛起左联的大旗，成为筹建左联的一个重要问题。鲁迅在文化界和青年群众中具有极高声望，有强大的影响力和号召力；他不是中共党员，可以为左联公开活动提供便利；他的思想日益转向马克思主义，具有敢于斗争、毫不妥协的革命斗争精神。这些都使他成为左翼文化旗手的绝佳人选。因此，团结鲁迅、设法争取鲁迅，对成立左联而言是一项极其重要的工作。中共中央领导人周恩来、李立三对此都给以多方面的指示。

1928 年周恩来参加中共六大回国途经哈尔滨时，从鲁迅给中共满洲省委任国桢的信中了解到鲁迅被“围攻”的情况，以及鲁迅让其给他提供学习马列主义文艺理论外文书籍的情况，说道，“围攻和责怪鲁迅是不对的，应该团结、争取他”，鲁迅在国内文化界及青年学生中有相当的影响，要把他争取过来，为革命斗争服务，并表示回到上海后对鲁迅的工作是会考虑和安排的。②

1929 年秋，中共中央政治局常委兼宣传部部长李立三，对在宣传部工作并参加中央文委领导工作的吴黎平（吴亮平）提出三点意见：一是文化工作者需要团结一致，共同对敌，自己内部不应该争吵不休；二是攻击鲁迅是不对的，要争取鲁迅，团结在鲁迅的旗帜下；三是要团结左翼文艺界、文化界的同志，准备成立革命的群众组织。他还要求吴黎平与鲁迅联系，征求他的意见。③ 吴黎平向潘汉年传达党中央的决定，潘汉年表示赞同，并相互交

---

① 吴泰昌：《阿英忆左联》，《吴泰昌散文选》，花山文艺出版社 1985 年版，第 433 页。

② 参见复旦大学《鲁迅日记》注释组：《访问楚图南同志》，北京鲁迅博物馆鲁迅研究室编：《鲁迅研究资料》第 5 辑，天津人民出版社 1980 年版；楚图南：《鲁迅与党的联系之片段》，《鲁迅研究月刊》2000 年第 12 期。

③ 吴黎平：《长念文苑战旗红》，《左联回忆录》（上），中国社会科学出版社 1980 年版，第 75 页。

换工作设想。[①] 同时，中共江苏省委宣传部部长李富春与创造社党小组成员阳翰笙谈话，指出创造社、太阳社的同志花那么大的精力批评鲁迅是不正确的，“一定立即停止论争，与鲁迅团结起来”，强调“像鲁迅这样一个老战士、一位先进思想家，要是站在党的立场方面来，站在左翼文化战线上来，该有多么巨大的影响和作用”。[②]

为快速推进左联筹建事宜，潘汉年与阳翰笙专门召开会议，创造社的冯乃超、李初梨，太阳社的钱杏邨、洪灵菲，以及夏衍、冯雪峰、柔石参加。会议决议停止批评鲁迅，对鲁迅要尊重。会后还派冯雪峰、夏衍、冯乃超专门拜访鲁迅，得到鲁迅的谅解后，矛盾得以消除。同时，鉴于夏衍与创造社、太阳社的人员都很熟悉，又没有直接参加“革命文学”论争，潘汉年指示夏衍加强与鲁迅关系密切的冯雪峰、柔石等人合作，“为消除创造社、太阳社和鲁迅先生之间的隔阂做一点工作”。[③]

10月，潘汉年在公啡咖啡馆主持召开左联筹备会议，冯雪峰、夏衍、阳翰笙、郑伯奇等左联主要筹建者参加。潘汉年会上传达中央主张停止文艺界内战，组成包括鲁迅在内的左联的意义，确定左联筹备小组的主要任务：一是拟出左联发起人名单，二是起草左联纲领；还决定这两个文件初稿完成后，先送鲁迅审阅，再由潘汉年转送中央审定。[④] 同时从创造社、太阳社、我们社及鲁迅周围等一批作家中，确定左联筹备小组成员12人，有鲁迅、郑伯奇、冯乃超、彭康、阳翰笙、钱杏邨、蒋光慈、戴平万、洪灵菲、柔石、冯雪峰、夏衍。[⑤]

为了进一步争取鲁迅对筹建左联的支持和加盟，潘汉年让冯雪峰专门同鲁迅讨论成立左联的问题。对于团体名称“中国左翼作家联盟”是否用“左

---

① 吴黎平:《同国民党文化“围剿”进行坚决斗争的潘汉年同志》,《新文学史料》1983年第2期。

② 阳翰笙:《风雨五十年》，人民文学出版社1986年版，第133—134页。

③ 夏衍:《懒寻旧梦录》，中华书局2016年版，第91页。

④ 夏衍:《懒寻旧梦录》，中华书局2016年版，第95—96页。

⑤ 关于12人名单，不同回忆中说法不同，可能是由于左联筹备会开过多次，每次参加的人员有变动，导致个人所记不一致。本名单参考《中国共产党上海史》上册，上海人民出版社1999年版，第716页。张广海的《左联筹建与组织系统考论》中对12人名单有较为详尽的分析。

翼”两个字，也取决于鲁迅。鲁迅完全赞成成立一个这样的文学团体，同时认为“左翼”两字旗帜鲜明，赞成用它作为旗号。①吴黎平还到内山书店拜访鲁迅，传达党的意见，希望鲁迅在组织左联工作中多参加、多指导。

鲁迅同意参加组建左联后，参加了一次左联筹备会，大约有二三十人参加，由潘汉年主持。鲁迅在会上表示要大家联合起来，共同对敌，打破国民党反动派的文化“围剿”，为推进中国革命文艺而努力奋斗。②在争取鲁迅的同时，潘汉年还派钱杏邨、蒋光慈等去做文艺界知名人物田汉、洪深的工作，争取他们对筹建左联的支持，以扩大文艺界联合战线的范围。

1930年2月16日，在公啡咖啡馆举行“上海新文学运动者底讨论会”，这是左联成立前的一次重要会议。会议的主题是“清算过去和确定目前文学运动底任务”。会议一致认为，“有将国内左翼作家团结起来，共同运动的必要”，并宣布左翼作家的组织不久即将出现。会上检讨了过去文学运动中存在的四点不足：小集团主义及个人主义、未能应用科学的文艺批评方法及态度、不注意真正的敌人、忘却文学推进政治运动的任务，确定今后文学运动的三项主要任务：严厉破坏旧社会及其一切思想的表现、宣传新社会的理想促进新社会的产生、建立新文艺理论。③会议研究左联成立大会议程、报告、人选、安全等各项具体事宜，决定由冯乃超起草左联纲领。24日，冯乃超专门征求鲁迅对左联纲领草案和发起人名单意见，鲁迅表示同意，并推荐郁达夫为发起人之一。

党在筹建左联的同时，还发起成立艺术剧社、中国自由运动大同盟，以进一步扩大革命力量和群众基础。1929年秋，利用上海话剧运动活跃、群众基础好的有利条件，党在国统区成立第一个公开的剧团——上海艺术剧社。艺术剧社公开提出“普罗列塔利亚戏剧”（无产阶级戏剧）的口号，不

---

① 冯夏熊：《冯雪峰谈左联》，《新文学史料》1980年第1期。

② 参见夏衍的《“左联”成立前后》、吴黎平的《长念文苑战旗红》，《左联回忆录》（上），中国社会科学出版社1980年版，第40、76页。

③ 《上海新文学运动者底讨论会》，1930年3月1日《萌芽月刊》第1卷第3期。

少革命文艺工作者参加剧团的工作，实际上成为“一个进步戏剧工作者的统一战线组织”。[①] 郑伯奇任社长，夏衍、冯乃超、沈叶沉、许幸之、陶晶孙、钱杏邨、孟超、杨邨人等众多文艺人士参加。艺术剧社在众多革命文学团体先后被封，左联尚未成立之前，在团结革命作家和活跃左翼文艺运动等方面起到一定作用，为其后左联、剧联的成立打下一定基础。[②]

在潘汉年的发动和主持下，1930 年 2 月 13 日，中国自由运动大同盟成立，发起人有 51 人。鲁迅、郁达夫、田汉以及其他带有左翼色彩的作家大都参加，潘汉年任大同盟的执委会委员和负责宣传工作的常委。[③] 该同盟是一个政治团体，发表反对国民党反动派的残酷镇压、大家团结起来争取自由的宣言。它与稍后成立的左联关系密切，人员多有重叠，对于左联的组织和成立无疑地“发生推进作用”。[④] 大同盟发行机关刊物《自由同盟》，陆续在各城市设立 50 多个分会，是左翼文化活动的重要平台。

左联筹备小组商讨开会的时间和地点，并由潘汉年最终决定。3 月 1 日，开会前一日，潘汉年、夏衍、戴平万等到开会地点——中华艺术大学（窦乐安路 233 号，今多伦路 201 弄 2 号），查看左联成立大会的会场，提前做好安全工作。中华艺术大学原是一所民办大学，因经费和生源困难，1929 年初由中共党组织接办，学生大部分都是进步青年，请陈望道出任校长，夏衍做教务兼文学科主任。冯乃超、郑伯奇、钱杏邨、沈起予、阳翰笙、彭康等在文学科任教，许幸之、沈叶沉、王一榴等在西洋画科任教，是党组织开展左翼文化活动的重要中心。1930 年 1 月，中共党员韩托夫在校内建立上海文艺研究会。2 月 21 日，鲁迅第一次到该校演讲《绘画杂论》，希望青年美术家成为“为社会而艺术”的写实派，即现实主义画派。2 月，许幸之、沈叶沉、王一榴等发起的时代美术社在该校成立。

---

① 夏衍：《难忘的一九三〇年——艺术剧社与剧联成立前后》，田汉等编：《中国话剧运动五十年史料集》1，中国戏曲出版社 1985 年版，第 145 页。

②④ 郑伯奇：《左联回忆散记》，《新文学史料》1982 年第 1 期，第 15 页。

③ 冯夏熊：《冯雪峰回忆中的潘汉年》，《新文学史料》1982 年第 4 期，第 194 页。

左联成立前一天，《大众文艺》"新兴文学专号"发行，重点介绍各国新兴文学、讨论文艺大众化问题，发表鲁迅、郭沫若、夏衍、冯乃超、陶晶孙、郑伯奇、王独清 7 人专门探讨文艺大众化问题的文章，以及有 11 位左翼作家出席的文艺大众化问题座谈会的讨论记录，表明大家对该问题的思想认同。

二、左联的成立

在党的领导下，革命文学团体及个别作家之间的误会得以消除，思想认识得到统一，为成立左联创造了有利条件。1930 年 3 月 2 日，在中华艺术大学底楼一间教室秘密举行左联成立大会，50 多人与会，大多是创造社、太阳社、我们社、引擎社、艺术剧社、时代美术社等进步团体成员。这天是星期日，不上课，南国剧社、中华艺术大学一些学生也闻讯赶来。

大会主席团事先由发起人协商，经中央文委向大会推荐，代表举手通过，由鲁迅、夏衍、钱杏邨 3 人组成主席团。在大会上，潘汉年代表中央文委作了重要讲话，冯乃超报告筹备经过，郑伯奇对《中国左翼作家联盟理论纲领》作了说明，鲁迅、彭康、田汉、阳翰笙相继演说。

潘汉年在讲话中，首先说明左联成立的背景及左翼文化的发展进入新阶段，指出左联成立的意义是："一、这联盟的结合，显示它将目的意识的有计划去领导发展中国的无产阶级文学运动；二、加紧思想的斗争，透过文学的艺术，实行宣传与鼓动而争取广大的群众走向无产阶级斗争的营垒"。它的任务是进行正确的马克思主义文学理论的宣传与斗争、确立中国无产阶级文学运动理论的指导、发展大众化的理论与实际、革命阵营内自我必要的批判。① 他的讲话为左联指明了发展方向。

鲁迅在会上做了《对于左翼作家联盟的意见》的演讲，总结几年来革命文艺运动的经验教训，指出新文学发展应注意的观念和策略问题。他强调左翼作家一定要深入生活，要"和实际的社会斗争接触"，"明白革命的实际情

① 潘汉年：《左翼作家联盟的意义及其任务》，《拓荒者》第 1 卷第 3 期，1930 年 3 月 10 日。

形”，对革命不能抱着罗曼蒂克的幻想和空谈，否则“左翼”作家是很容易变成“右翼”作家的。他指出今后应注意的几点：对旧社会和旧势力必须坚决、持久不断地进行斗争且要注重实力；革命文艺战线应该扩大；应当造出大群的新的战士，同时在文学战线上的人要有“韧”的精神；联合战线是以有共同目的为必要条件的，联合战线目的“都在工农大众”，不能“只为了小团体”或“为了个人”。[①] 鲁迅的讲话是对左联理论纲领的重要补充，对加强团结，提高左联的战斗力起到重要作用。

大会选定夏衍、冯乃超、钱杏邨、鲁迅、田汉、郑伯奇、洪灵菲 7 人为常务委员，周全平、蒋光慈 2 人为候补委员，组成常务委员会，领导开展日常工作。这份常委名单，也事先由中央文委提名，经中央同意后提交大会投票选举通过，具有一定代表性。如冯乃超代表后期创造社，钱杏邨代表太阳社，鲁迅代表《语丝》社系统，田汉代表南国剧社，郑伯奇代表创造社元老，洪灵菲代表我们社。这个名单考虑到党与非党的比例，也考虑到除了文学以外其他文艺战线的组成，反映左联最初组成不仅包含文学界，也包括戏剧界的代表。[②]

大会通过 17 件提案，主要有：组织自由大同盟的分会，联络国际左翼文艺团体，成立马克思主义文艺理论研究会（又称理论研究委员会），文艺大众化研究会（又称大众文艺委员会），国际文化研究会（又称国际联络委员会），漫画研究会，与各革命团体紧密联系，发动组织左翼艺术大同盟，出版机关刊《世界文化》（由上海泰东书局发行），参加工农教育事业等。

大会通过左联理论纲领及所附行动纲领。《中国左翼作家联盟理论纲领》指出，作为解放斗争的武器，诗人、艺术家要站在历史的前线，为人类社会的进步负起解放斗争的使命；作为国际左翼作家联盟的组成部分，要致力于世界无产阶级的解放运动，向国际反无产阶级的反动势力斗争。纲领规定：

---

① 鲁迅：《对于左翼作家联盟的意见——在左翼作家联盟成立大会上的演说》，《萌芽月刊》1930 年第 1 卷第 4 期。

② 吴泰昌：《阿英忆左联》，《吴泰昌散文选》，花山文艺出版社 1985 年版，第 441 页。

“我们不能不站在无产阶级的解放斗争的战线上，攻破一切反动的保守的要素，而发展被压迫的进步的要素。”“我们的艺术是反封建阶级的，反资产阶级的”，又反对“稳固社会地位的小资产阶级的倾向”。纲领后面还附有《行动总纲领》，说明左联的宗旨任务：“（一）我们文学运动的目的在求新兴阶级的解放。（二）反对一切对我们的运动的压迫。同时决定了主要的工作方针，是：（一）吸收国外新兴文学的经验，及扩大我们的运动，要建立种种研究的组织。（二）帮助新作家之文学的训练，及提拔工农作家。（三）确立马克思主义的艺术理论及批评理论。（四）出版机关杂志及丛书小丛书等。（五）从事产生新兴阶级文学作品。”[①] 虽然左联纲领在思想上还欠成熟，马克思主义理论水准不高，对中国社会现实情况缺乏一定了解，存在将小资产阶级的倾向与封建阶级、资产阶级的意识形态等同反对等不足，但它毕竟是经各方集体讨论，被各方认可的左联第一份纲领性文件，具有重要指导意义。

左联的各刊物对大会的胜利召开分别作了报道，对未来都充满信心。3月10日《拓荒者》详细报道左联成立的消息及左联的各项工作计划。《萌芽月刊》指出“对于左翼作家联盟，我们期待以马克思主义文化的伟大前途！”《大众文艺》期待“中国的普罗文学将因此而更加飞跃到一个开展期”。《沙仑》期待“左翼作家联盟，马克思主义文化来推进社会的变革伟大前程”。

左联的成立，标志中国共产党从思想上、组织上对革命文化开始全面领导，标志着五四运动以来文化工作者在历史新条件下的分化和组合。中国左翼文化运动从文学领域开始，进而影响到哲学社会科学各个领域。左联成立后，其他文化战线的左翼文化团体相继成立，左翼文化界大联合初步形成。中国左翼文化从分散混乱走向团结联合，成为五四运动以来又一次大规模的进步思想文化运动。

---

① 《中国左翼作家联盟的成立》，《拓荒者》第1卷第3期，1930年3月10日。

第二章

左翼文化运动的组织运作与发展

继左联成立后，中央文委认为有必要在其他文化领域建立党领导的文化团体。于是，相继成立左翼戏剧家联盟、左翼美术家联盟、左翼世界语联盟、左翼新闻记者联盟、左翼教育工作者联盟以及电影小组、音乐小组等各条战线上的左翼文化团体，形成完整的文化阵线。1930 年 10 月成立中国左翼文化界总同盟（简称文总），以统一左翼文化团体的领导，凝聚斗争力量。

第一节　左联的组织运作与发展

左联是在中国共产党直接领导下建立的革命文化团体，基层组织、分支机构、外围团体众多，力量强大，是左翼文化运动发展中的核心力量，在团结引领进步作家和革命文艺青年中发挥了重要作用。

一、左联的领导机构

在左联成立大会上，选举产生执委会和常委会。首届执委会 13 人，常委会 7 人，常委之间各有分工。左联执委会和常委会经过多次改选，成员变化很大，人数也不恒定。如鲁迅作为左联成立大会上选出的七名常委之一，从 1930 年下半年起就不担任常委职务了，而胡也频 1930 年 5 月参加左联，随即就被选为执行委员。中央文委在左联设中共党团，确保党对左联在政治上的领导。冯乃超、阳翰笙、冯雪峰、钱杏邨、耶林、丁玲、周扬等先后担任过左联党团书记，夏衍、楼适夷、穆木天、叶以群等担任过党团成员。①

在左联，真正负责日常事务的是秘书处。秘书处在左联执委会、常委会的领导下，负责协调各部门、各委员会（研究会）的工作，直接组织、指挥

① 张广海：《左联筹建与组织系统考论》，浙江大学出版社 2018 年版，第 128—130 页。

盟员开展各项活动，是左联主要的常设机构。“秘书处仍由书记、组织、宣传三人组成”。① 秘书处书记也被称为“秘书”“常会秘书”“行政书记”，周全平、茅盾、丁玲、胡风、任白戈、徐懋庸等担任过此职。组织、宣传相当于组织干事、宣传干事，也被称为组织部部长、宣传部部长，但有时没有什么机关，基本就是一个人。②

左联进行过多次组织机构调整。不同时期，左联下设部门也有变化。左联成立之初设立国际文化研究会、马克思主义文艺理论研究会、工农通信运动委员会以及编辑部等部门。丁玲回忆说，她和胡也频 1930 年 5 月到上海加入左联后，胡也频随即被选为左联执委兼工农通信运动委员会主席。8 月 4 日，左联执委会决议《无产阶级文学运动新的情势及我们的任务》指出，要坚决地开始工农兵通信运动工作。1930 年 5 月 1 日出版的《萌芽月刊》第一卷第五期《五月各节纪念号》有《左翼作家联盟消息》，其中报道，国际文化研究会开过两次集会，把研究部门细化分为欧美文化研究会、日本文化研究会、苏联文化研究会、殖民地及弱小民族文化研究会，并把“各国文化的现状及其经济及政治的关系”作为第一次研究题目。马克思主义文艺理论研究会把研究部门分为中国无产阶级文学作品及理论的发展、外国马克思文艺理论的研究、中国文学的唯物史观研究、文艺批评的研究等六种，研究方式暂分为讨论会形式和个人研究两种，分别把“文艺大众化问题”“二年来中国文艺运动的发展”和“形式与内容问题”“文艺集团与社会理想”等作为两种研究方式下各自的第一次研究题目。

1930 年 5 月 29 日，左联召开第二次大会。大会报告指出：“各部门工作依然不振，除组织部发动了各大学的文艺研究会并建立了与左联的相当密切的关系，编辑部召集了二次上海各左倾杂志联席编辑会议，计划了机关

① 《关于左联改组的决议》(1932 年 3 月 9 日)，原载 1932 年 3 月 15 日《秘书处消息》第 1 期，见上海鲁迅纪念馆编:《纪念与研究》第 2 辑，1980 年 3 月，第 116 页。

② 王尧山:《忆在“左联”工作的前后》,《左联回忆录》(上)，中国社会科学出版社 1982 年版，第 310 页。

杂志《世界文化》的编辑方案以外，其他各部都没有什么成绩。各研究会，在这一月中，也只有马克思主义理论研究会举行过一次讨论会，将国内反动的文艺集团下了一次检讨，但讨论也还不充分。”[①] 为此，左联在检讨近期工作的基础上通过了联盟改组及干部改选提案。

1932 年 3 月，左联再次机构改组，由秘书处扩大会议通过《关于左联改组的决议》。“秘书处之下设立三个委员会：创作委员会（创委）、大众文艺委员会（众委）、国际联络委员会（联委）”。从决议内容不难看出，左联成立后不到一年，初期设立的三个研究会职能已被整合到新的部门。“马列主义文艺理论及创作方法之研究”成为创委的职能任务之一，“工农兵通信员及读书班说书会等的实际工作”成为众委的职能任务之一，而联委的职责任务则为国际联络、介绍国内外文艺运动状况、指导翻译国际革命文学及文艺理论的书籍等，不难看出是继承初期国际文化研究会的职能。

1930 年 5 月，左联已有个人盟员 60 余人，团体会员（各地的左翼文艺团体）近十个。个人盟员被分别编入小组，还按区域设置沪东、沪西、法南、闸北等区委加以管理。左联规定，“各小组经常接受秘书处领导”。秘书处负责“加强动员小组履行一般斗争的工作”，“每一小组……都必须督促和检查各个盟员的具体工作”，“每一个小组都应当整个努力实行左联的转变”。[②] 团体会员主要是当时相互支持的各左翼团体，如 1930 年四五月间左联召开的两次大会上，就有中国自由大同盟、南国社、同文书院等代表参加。

左联在开展工作中还建立起外围组织。左联规定“欲加入左联而尚未具有充分的左联的盟员资格者，应当使他暂为左联的后备军——加入文研或其他左联领导的文学团体，和左联经常发生密切的关系，过相当时期再行正

① 《左翼作家联盟的两次大会记略》，原载 1930 年 6 月《新地》月刊第 1 期，见上海鲁迅纪念馆编：《纪念与研究》第 2 辑，1980 年 3 月，第 19 页。

② 《关于左联改组的决议》（1932 年 3 月 9 日），原载 1932 年 3 月 15 日《秘书处消息》第 1 期，见上海鲁迅纪念馆编：《纪念与研究》第 2 辑，1980 年 3 月，第 116 页。

式加入”。[1] 成立之初，左联就开始在各大中专学校中组织文艺研究会。为开展大众文艺活动，左联号召全联盟员到工厂到农村到社会基层中去，积极开展工农兵通信运动，将工农通信员作为“新的工农作家之预备队”，[2] 推动“学生青年的文艺团体”与“工农的读书班、讲报团、说书队等联络起来”。[3]1933 年下半年，胡风任左联宣传部部长时，宣传部下设三个研究会——理论研究会、诗歌研究会和小说研究会，“新诗歌会”让非左联盟员对诗歌有兴趣的人参加，出版了一个小刊物《新诗歌》。

这些学生青年文艺团体、诗歌研究会以及各类读书班、工农兵通信员都是左联外围组织。左联要求每一盟员必须至少担任一种具体工作，或是参加“文研”运动，“秘书处首先要分配若干盟员到文研分会里去实践工作”，“并且由秘书处派定代表——代表整个左联出席‘文研’总会”。[4]

为指导文艺工作，左联创刊了一批机关刊物。左联成立后，此前已创刊的由左翼作家主导的《萌芽月刊》《拓荒者》《大众文艺》随即成为左联机关刊。在不断遭查禁后，左联又单独创办或与其他左翼文化团体合办《文化斗争》《世界文化》《前哨》(后改名《文学导报》)《北斗》《十字街头》《文学》《文学月报》《文学新辑》《文艺群众》等机关刊。[5] 还有一批左翼文艺刊物，虽然不是机关刊，但也在各自范围内，贯彻左联的主张，传播左联的声音，为左翼文学运动的繁荣兴盛作出了贡献。据不完全统计，从 1930 年到 1935 年，包括左联机关刊在内，由左翼文学团体及其成员创办的刊

---

① 《关于新盟员加入的补充决议》(1932 年 3 月 9 日)，原载 1932 年 3 月 15 日《秘书处消息》第 1 期，见上海鲁迅纪念馆编：《纪念与研究》第 2 辑，1980 年 3 月，第 119 页。

② 《无产阶级文学运动新的情势及我们的任务》(1930 年 8 月 4 日)，原载 1930 年 8 月 15 日《文化斗争》第 1 卷第 1 期，见上海鲁迅纪念馆编：《纪念与研究》第 2 辑，1980 年 3 月，第 39 页。

③ 《关于左联目前具体工作的决议》(1932 年 3 月 9 日)，原载 1932 年 3 月 15 日《秘书处消息》第 1 期，见上海鲁迅纪念馆编：《纪念与研究》第 2 辑，1980 年 3 月，第 113 页。

④ 《关于左联改组的决议》(1932 年 3 月 9 日)，原载 1932 年 3 月 15 日《秘书处消息》第 1 期，见上海鲁迅纪念馆编：《纪念与研究》第 2 辑，1980 年 3 月，第 116 页。

⑤ 参见姚辛的《左联词典》关于左联报刊的介绍。

物达40种。[①]

二、左联的各地分盟

左联要求大力发展各地分盟。1932年3月9日《关于左联目前具体工作的决议》指出："中国左联在现在除去北平天津有它的支部以外，其他各地都还没有建立起支部来，因此，必须于最短期内在广州、汉口、青岛、南京、杭州等地，以及江西、苏区和鄂豫皖苏区建立起支部或小组，并且必须加紧对于北平和天津的支部的领导。"据统计，除上海左联总部外，北平、天津、青岛、广州、南京、日本东京以及保定、济南、山西等地都建立了左联的组织。

北平左联在左联决议中被称为"北平支部"，实际全名为"中国左翼作家联盟北方部"，也称"北方左翼作家联盟"。1930年9月18日，北平左联成立大会在北平大学法学院小礼堂召开，30余人到会。会议报告了北平左联筹备经过，中共北平行委代表阐述了北方群众和北方文化界面临的斗争任务。大会通过筹备会拟定的《中国左翼作家联盟北方部成立宣言》《中国左翼作家联盟北方部理论纲领》和《中国左翼作家联盟北方部行动纲领》三个重要文件，选出段雪笙等10人为北方左联第一届执行委员和候补委员。北平左联是北平党组织领导下成立的第一个左翼文化团体，隶属于中国左联，但重大社会政治斗争、文化活动还受中共河北及北平党组织的领导。在几年的斗争中，北平左联成员从成立时的30多人，发展至百余人，在北平各高校中陆续建立起左联小组，还发展外围组织，先后出版或参与出版《我们周报》《新大众》《文学杂志》《文艺月报》《科学新闻》《文史》《盍旦》等多种刊物。1935年底左联解散后，北平左联也于次年春夏自行解散，另行组织北平作家协会。

天津左联可追溯至1930年12月成立的天津左翼作家联盟小组。

① 王锡荣：《"左联"与左翼文学运动》，上海人民出版社2016年版，第163—177页。

1932年夏，天津左翼作家联盟正式成立。天津的南开大学、北洋大学、河北工学院、南开中学、中日中学、河北女子师范学校、三八女子中学等均有左联小组或读书会等左联外围组织。天津《白话午报》、《庸报》副刊《另外一页》、《大公报》副刊《小公园》等从1933年起逐步成为天津左翼作家的园地。大约在1933年10月，因国民党当局加紧文化“围剿”，张香山等左联骨干离津，天津左联停止活动。

青岛左联即1932年4月在青岛党组织领导下成立的青岛左联小组，对外称“新文学研究会”。1932年10月，中共青岛市委青年委员乔天华兼任左联党代表（书记）。到1933年，青岛左联已有社员20余人。这期间，中共青岛党组织屡遭破坏。是年底，在极其困难的情况下，经中共山东省工委整顿和指导，重建青岛左联党团支部，恢复成立青岛左联指导机关。青岛左联指导各学校推动读书会、文学研究会的工作，建立了市立女中、自由职业者和报馆学生三个左联小组，但一时还未能建立同上海左联总部的联系。[①] 青岛左联成员主要有杜宇、俞启威、于黑丁、周浩然、郭美如（林映）、姜宏、王令菲、陈迈迁等，《青岛民报》《青岛晨报》是左联成员活动的重要场所。1934年，青岛左联停止活动。

按照左联1932年3月的决议，广州是左联大力发展的地区。1932年9月，欧阳山、赵慕鸿、龚明、草明、伍乃茵、梁韵松（易巩）等成立广州文艺社（又称“普罗作家联盟”），出版《广州文艺》。1932年秋冬间，广州文艺社与世界情势社、万人周刊社联合成立广州普罗文化同盟，对外称一般文化社。经过准备，与上海的文总取得联系后，1933年三四月间以一般文化社为基础成立中国左翼文化总同盟广州分盟（简称广州文总），下设广州社联、广州左联、广州剧联三个组织。1934年春，广州文总遭破坏，广州左联随之停止活动。

---

① 《邹××关于青岛的组织现况、意识与倾向等问题给中央的报告》，中央档案馆、山东省档案馆编：《山东革命历史文件汇集》（1933—1936年），1995年印，第149—158页。

南京也是左联决议中要大力发展的地区。南京左联成立于 1932 年三四月间，起初有张天翼等 3 人，仅够成立一个小组。不久，只剩下一人，小组也不存在了。

在海外，成立有东京左联，也称“东京分盟”“东京支盟”“东京支部”等。东京左联最初成立于 1930 年下半年至 1931 年，成员有任钧、叶以群、谢冰莹、孟式钧、张光人（胡风）等。1931 年九一八事变前后，盟员绝大部分回国，组织趋于消解。1933 年 12 月，东京左联重建，成员有林焕平、林为梁（林基路）、陈一言、孟式钧、陈斐琴、魏晋、欧阳凡海等 7 人。1934 年到 1935 年上半年，国内左翼团体陆续有成员到东京，并参加东京左联活动，最多时达四五十人，包括魏猛克、杜宣、蒲风、黄新波、吴天、任白戈、陈辛人、陈子谷、林林、张香山、臧云远、邢桐华等，短暂居留日本的聂耳也参与其中，形成海外一支强有力的左翼文化力量。

三、左联的曲折发展

左联成立后，即领导全体盟员以马克思主义理论为指导开展革命实践活动，为一些政治事件发表宣言或参加游行示威；批判法西斯主义文艺、错误的文艺思潮；开展文艺大众化运动，创作革命文学作品，成为 1930 年代左翼文化运动的先锋突击队。在白色恐怖下，左联的发展充满艰辛和波折。从 1930 年 3 月成立，到 1935 年底解散，左联发展经历了勃兴、挫折、重振、解散的过程。

国民党当局几乎在第一时间就获知左联成立的信息。1930 年 5 月 24 日，左联召开成立大会的中华艺术大学即遭当局查封。9 月，国民党中央执行委员会秘书处 15889 号公函正式要求查禁左联、社联等团体，“缉拿其主谋分子”，并附录了 65 人名单，几乎包括左联成立初期的所有盟员。

尽管遭到压迫，左联在成立之后还是表现出高度的革命积极性。为响应五一劳动节全国示威运动的号召，左联于 1930 年 4 月 29 日召开成立后第一次大会。5 月 29 日，左联召开第二次大会，重点准备第二天的五卅纪念示威活动。“一个月内几乎每周不断地飞行集会，贴标语，散传单……遭受了很大的无谓的损失，有许多同志被捕。”[①]8月4日，左联执委会通过《无产阶级文学运动新的情势及我们的任务》，指出左联的组织原则“不是作家的同业组合组织”，而是有斗争纲领的斗争机关，是为完成苏维埃文学运动、为扩大和巩固苏维埃政权而斗争。这一决议集中体现了左联这一时期受党内“左”倾冒险错误影响而表现出的过“左”的缺点。

1931年1月17日到21日的五天内，国民党上海市公安局会同租界巡捕房先后在东方旅社、中山旅社、华德小学等处逮捕林育南、何孟雄、龙大道、恽雨棠、欧阳立安等36人，包括李求实、柔石、胡也频、殷夫、冯铿五位左联青年作家。1月23日，他们由国民党上海市公安局看守所押解至龙华国民党淞沪警备司令部。2月7日，24人在龙华遭集体秘密杀害，史称为龙华二十四烈士，其中李求实等五位左联青年作家被称为左联五烈士。

李求实等五位左联青年作家被捕后，除党组织外，鲁迅、丁玲、沈从文、李达、王育和、林淡秋等左翼作家及同乡好友也开展了营救，均未成功。因国民党当局严密封锁消息，左联党团书记冯雪峰通过袁殊，于三四月间在左联外围刊物《文艺新闻》上以读者来信形式，巧妙透露出五烈士殉难消息。五月间，北平《益世报》也刊出北平烽火社倡议哀悼五烈士的公开信。冯雪峰向鲁迅提议由左联出版刊物纪念五烈士。4月25日，刊有《被难同志传略》《被难同志遗著》的《前哨》“纪念战死者专号”出版。[②]专号还刊有左联《为国民党屠杀大批革命作家宣言》《为国民党屠杀同志致各国革命文学和文化团体及一切为人类进步而工作的著作家思想家书》以及鲁迅

① 夏衍：《左联成立前后》，《左联回忆录》，中国社会科学出版社1980年版，第46页。

② 《前哨》版权页出版时间是1931年4月25日，但7月20日《文艺新闻》“每日笔记”栏“前载左联机关杂志《前哨》闻因印刷关系一时尚不能出版”。有学者认为，《前哨》4月中旬就已编辑就绪，4月20日下午鲁迅全家和冯雪峰全家一同去春阳馆合影留念，但因白色恐怖下印刷困难，推迟至7月底8月初才正式出版。

《中国无产阶级革命文学和前驱的血》等文章。为安全计，鲁迅手写的刊名“前哨”，在刻字店分别被刻成“前”“口”“肖”三块，使用时再拼一起。而烈士照片则请另一家制版社印制。稿件在印刷厂连夜赶印，半成品运回后再由左联盟员手动折页、加印刊头、粘贴照片并装订成册。左联的宣言和呼吁书，经茅盾、史沫特莱等翻译、扩写，分别寄给美国《新群众》杂志和苏联的高尔基，引发国际性抗议浪潮。苏联的革命作家国际联盟秘书处发表《为国民党屠杀中国革命作家宣言》。包括杜威在内的104名美国文化界人士表达抗议，《纽约时报》进行报道。

尽管悼念左联五烈士引发声声抗议，但以五烈士被害为标志，左联自身发展遭受重大挫折。一些盟员被迫离开上海，一些盟员暂时中断工作，更有极少数沦为反动当局的走卒，人数从90多人减到12人，①“左”倾关门主义也随之蔓延，发展陷入低谷。在低迷期，左联一方面深入开展批评和自我批评，另一方面努力作一些策略调整。1931年，除创刊《前哨》(第二期起改名《文学导报》)外，左联还创刊了“灰色一点”的《北斗》，并通过派楼适夷加入编辑，使袁殊创办的、起初标榜中立的《文艺新闻》正式成为左联外围刊物。

九一八事变后，左联迅速发表《告无产阶级作家革命作家及一切爱好文艺的青年》，抗议日本帝国主义侵略中国东北，呼吁全世界人民共同反对日本侵略者。瞿秋白在极短时间内写出《东洋人出兵》发表在9月28日的《文学导报》上。11月，左联执委会通过了瞿秋白参与起草的《中国无产阶级革命文学的新任务》，标志着左联开始策略调整。虽然依旧有“左”的烙印，但与1930年8月《我们的任务》相比，《新任务》已较多涉及文学本身，确认左联是作家组织，作家的本位工作是文学，尽管此后抛开文学的政治斗争依然十分频繁。

---

① 茅盾：《关于“左联”》(写于1935年)，《左联回忆录》，中国社会科学出版社1982年版，第151页。而同书第162页，丁玲《关于左联的片断回忆》提到的也是12人。

1932年一·二八淞沪抗战爆发前后，随着上海抗日救亡运动兴起，左联再度活跃起来，各地分支机构和组织都得到发展。1931年12月，左联加入上海民众反日救国联合会，并参加该会发起的反日民众大会和示威游行。一·二八淞沪抗战打响后，左翼作家联合文化界爱国人士先后发出《上海文化界告世界书》《中国著作者为抗议日军进攻上海屠杀民众宣言》，抗议日军侵略行径。2月，日本无产阶级作家小林多喜二遭日本警察逮捕杀害的消息传到上海，左联迅速发表抗议书表达中国左翼作家的哀悼。5月，北平左联机关刊《文学杂志》发布了鲁迅、茅盾、田汉、丁玲等署名的《为横死之小林遗族募捐启》。6月，为营救被捕入狱的共产国际远东局秘书牛兰夫妇，丁玲等左翼作家积极参与发表营救宣言，支持宋庆龄组织的牛兰夫妇营救行动。

1932年，左联还掀起新一轮关于文艺大众化的讨论，先是4月25日左联机关刊《文学》创刊号发表瞿秋白（史铁儿）的《普罗大众文艺的现实问题》、冯雪峰（洛扬）的《论文学的大众化》，接着6月10日创刊的左联机关刊《文学月报》接连发表茅盾（止敬）的《问题中的大众文艺》、瞿秋白（宋阳）的《再论大众文艺答止敬》等，左联机关刊《北斗》也加入讨论，发表周扬、郑伯奇、阳翰笙、田汉等人文章，将文艺大众化问题的讨论引向深入。年内，左联还组织力量在《现代》等刊物上对胡秋原的“自由人”、苏汶的“第三种人”理论进行主动出击。12月，黎烈文主编的《申报》副刊《自由谈》改版，向鲁迅、茅盾、瞿秋白等左翼作家约稿，使刊物很快成为左翼阵营的重要阵地。1933年1月，茅盾的长篇小说《子夜》出版，标志着左翼文学创作新高峰。从党内政策来看，中共临时中央宣传部部长张闻天发表的《文艺战线上的关门主义》有助于进一步帮助左联纠“左”。

左联一年来的变化，使国民党当局认为“左翼文化运动的抬头”，[①]为此

① 水手：《左翼文化运动的抬头》，见陈瘦竹编：《左翼文艺运动史料》，南京大学学报编辑部1980年版，第304页。

招致国民党当局进一步的打压。1933 年，国民党文化“围剿”政策正式出笼。一方面，通过扶持《社会新闻》《汗血月刊》《汗血周刊》等，鼓吹“安内攘外”“民族主义文学”，实行文化“围剿”，造谣污蔑左联和旗手鲁迅，企图混淆公众视听，对中共领导的左翼文化运动发起疯狂舆论攻势。另一方面，采取暴力手段破坏中共党组织和左翼文化团体。1933 年 5 月，左联党团书记丁玲和《真话报》总编辑潘梓年在上海被捕，中共江苏省委宣传部部长、左联诗人应修人牺牲。7 月 14 日，《中国论坛》刊出国民党特务机关蓝衣社于 6 月 15 日拟定的《勾命单》，内有中共领导人和鲁迅、茅盾、田汉、胡愈之等 56 人。在参与筹备远东反战大会过程中，左联一些盟员被捕。在全国其他地方，协助中央驻北方代表孔原工作的左联作家洪灵菲于 7 月在北平被捕，次年夏牺牲在南京。12 月，北平左联重要领导人之一的潘漠华在天津被捕，后牺牲在狱中。

同时，为查禁左翼文化书籍，国民党当局实行更严厉的书报检查和新闻统制政策，密令、密函、训令、通告接连不断。1932 年底《文学月报》被禁后，迫于查禁，1933 年到 1934 年相当长一段时间里左联没有正式机关刊物。活跃了半年的《申报》副刊《自由谈》也被迫于 1933 年 5 月发出“从兹多谈风月，少发牢骚”的声明。在此背景下，甚至由文学社郑振铎、傅东华等主编，并非左联刊物的大型文艺月刊《文学》，也仅因有左翼色彩，创刊不到半年就接到国民党当局“训令”，被迫答应自第二卷起改善内容、调换主编、不用左翼作家作品。1934 年 2 月 19 日，国民党当局又一次性查禁 149 种进步书籍，涉及 25 家书店和鲁迅、茅盾、郭沫若、田汉、夏衍、丁玲、周扬、阳翰笙、冯雪峰、钱杏邨、蒋光慈、柔石、胡也频、洪灵菲等众多左翼作家。

面对“围剿”，左联团结、引领进步作家坚持斗争。丁玲、潘梓年被捕后，左联很快发表《为丁、潘被捕反对国民党白色恐怖宣言》。在党的领导下，组成“文化界丁、潘营救会”，向国民党当局公开抗议，开展营救。国内的报纸也跟进刊载有关消息，《申报》刊出蔡元培等人要求释放丁、潘的电文。

从 1934 年起，在国民党当局的严厉打压下，左联有组织的活动趋于停顿，但面对思想文化领域的各种争论，包括内部人事纷争，左翼作家积极参与其中。他们坚持编印刊物，翻译作品，出版著作，批判国民党的“新生活运动”及继而引起的尊孔读经、复活文言等文化逆流，倡导大众语与大众文学、汉字改革和中文拉丁化，推动左翼文化运动不断向前发展。1934 年 8 月，第一次苏联作家代表大会在莫斯科召开。鲁迅、茅盾应邀为大会寄去征稿《答国际文学社问》。会上，由高尔基领衔的 11 个国家 44 位作家联署《世界各国作家对中国焚书坑儒的抗议》。不久，高尔基还写了一封《致中国革命作家书》。

1934 年 3 月到 1935 年 2 月一年不到时间里，中共上海中央局迭遭破坏，特别是 1935 年 2 月的二一九大破坏中，中央文委书记阳翰笙及文委成员田汉、杜国庠、许涤新等多人被捕。上级党组织频遭破坏，左联活动也日趋困难。1935 年 3 月，左联《致美国作家代表大会的信》中说，“在最近几个月当中，三十多位左联的成员，其中大多数是青年作家已经失踪了”。尽管左联依旧动员盟员积极参加纪念一・二八淞沪抗战、反对《新生》周刊被查封等示威游行活动，还制定过文学研究大纲和关于艺术起源的研究提纲，① 并于 10 月发表了《中国左翼作家联盟纲领草案》，但实际上左联“在它解散以前已经被压迫得很难做什么事情了”。②

根据左联驻共产国际代表萧三的来信，适应抗日民族统一战线的新形势，经左联党团内部讨论，文委、文总同意，并与鲁迅进行沟通，1935 年底，左联自行解散。左联解散后，左翼文艺战线经过“两个口号”论争，在党的抗日民族统一战线政策下，走向大联合大统一。

---

① 文总宣传委员会：《宣传品审查报告》，《文报》第 11 期，1935 年 10 月 25 日。

② 冯雪峰：《回忆鲁迅》，《鲁迅回忆录》（中册），北京出版社 1999 年版，第 657 页。

第二节　社联、美联、剧联的成立与运作

左联成立后，社联、美联、剧联相继成立。社联、剧联和左联一样，是比较大的联盟，对文委、文总的工作起到骨干和支撑作用。美联规模相对不大，但也参与文总的筹备工作。

一、社联的组织运作

为了加强对哲学社会科学战线的领导，中央文委在筹备左联的同时，由潘汉年、朱镜我、王学文、吴亮平、李一氓、彭康、杜国庠、邓初民等着手筹备中国社会科学家联盟。经过一段时间筹备，原计划在1930年5月5日——马克思诞辰纪念日召开成立大会，后因五一期间各种活动繁忙，推迟举行。5月20日，中国社会科学家联盟在上海举行成立大会。宁敦武、邓初民、吴亮平、钱铁如、熊得山、杨贤江（柳岛生）、杜国庠、朱镜我、蔡泳裳、王学文、董绍明等30余人出席成立大会。① 筹备委员会宣布开会后，公推宁敦武为主席，并由筹备委员潘汉年报告筹备经过。接着，左联代表田汉，以及五卅纪念筹备总会代表、互济会代表发表演说，对社联的成立表示热烈祝贺。随后，通过社联的纲领和组织机构，选举产生执行委员会及基金筹募委员会等各专门委员会，邓初民被选为社联主席。此外，还通过系列工作活动方面的提案，如创办联盟机关杂志，出版有系统的社会科学丛书、中国经济研究丛书和研究刊物，联络国内外马克思主义团体，领导国内各地文化活动等。

社联成立大会上通过的《中国社会科学家联盟纲领》，阐明社联成立的

① 子西：《中国社会科学家联盟成立》，史先民编：《中国社会科学家联盟资料选编》，中国展望出版社1986年版，第16页。

目的、任务和宗旨。7 月正式对外公布的《中国社会科学家联盟简章》对社联的性质、领导机构、组织设置、活动方式、工作制度、经费来源等问题作了明确说明。社联大会原计划每半年举行一次，执行委员会由大会选出的七名执委组成，执委会会议每星期召开一次。执行委员会下设秘书处和各种委员会。秘书处设秘书长、总务部长、组织部长、宣传部长，分别由执行委员兼任。基金筹募委员会、编辑出版委员会、书报审查委员会、国际政治经济委员会、中国政治经济委员会等各专门委员会负责人除由执行委员兼任，亦可由执行委员会从会员中选举。

社联在党的系统方面设有党团，归中央文委领导。1930 年 10 月文总成立后，社联由文总公开领导。到社联指导和联系工作的文委、文总相关负责人先后有潘汉年、杜国庠、冯雪峰、阳翰笙、王学文、许涤新、胡乔木等。社联党团是社联的领导核心，担任过党团书记的有朱镜我、张庆孚、沈志远、郑彰群（张启夫）、史存直、金则人、许涤新、马纯古、陈处泰等，担任过党团成员的有彭康、王学文、杜国庠、潘梓年、刘芝明、陈同生、曾一凡、蔡馥生、何干之、严希纯、文泽宏、李凡夫、王翰、胡乔木等。

从 1930 年冬开始，社联建立外围组织中国社会科学研究会（简称社研），侧重于组织青年学生学习和研究马克思主义基础知识。王学文、曹荻秋、韩托夫、许涤新等先后担任社研党团书记。社研的活动范围很广泛，在学校里有学校支部，在社会上有街道支部。社联对社研在经济上给予资助，在活动上给予指导。在社联的大力支持下，社研的规模逐渐扩大。1931 年下半年，社研成员发展到八九百人，有几十个支部。10 月 2 日，社研召开第三次代表大会，50 余个分会和代表七八十人（内有十余名工人）出席，文总及社联代表列席。①1932 年一·二八淞沪抗战后，社研成员增至一千二三百人。社联指派一批有水平、能讲课的成员到上海政法学院等学校

① 《中国社会科学研究会召开第三次代表大会》，史先民编：《中国社会科学家联盟资料选编》，中国展望出版社 1986 年版，第 60 页。

中任课，举办各种类型的补习班，组织工人读书班、暑期训练班等，传播马克思主义。与此同时，积极组织和参加当时左翼文化团体的各种集会和纪念活动，声援和参加群众性的罢工、罢课或示威游行，拥护党领导的苏维埃政权。

社联章程起初规定，认可社联纲领并有相当社会科学素养的人，经正式会员介绍和执委会同意，缴纳一定会费，方可加入。社联成立初，有40多名个人会员和数个团体会员，[①]绝大多数是当时著名的社会科学家和社会活动家，是能够讲课翻译、写书写文章的人。1931年，社联组织虽有扩大，但仍不足百人。1932年2、3月间，社联第二次全体大会，改组领导机构。为实现“社会科学大众化”的目标，文委指示社联首先要扩大组织，使社联成为大众的组织。于是，社联开始在大学和个别中学的高年级中发展成员，很快就发展到200人。但也不得不面临一些新情况，一批有相当社会科学素养的老会员呈现减少趋势，再去发展这样的人，条件也不允许。这种情况使社联领导力量和研究宣传能力都受到一定影响。

为扩充社联的力量，中央文委决定将社研并入社联。1933年6月，社联与社研正式合并，改称“中国社会科学者联盟”（仍简称社联）。一批经过锻炼成长起来的社研骨干，如许涤新、马纯古、邓拓等人，给社联补充了新的血液。这时期占社联成员多数的是各高等院校以及部分中学高年级的学生，包括一部分青年店员、学徒和职员，如汪道涵就是社联交通大学小组的负责人。

作为文委领导下的左翼文化团体，除组织参加各种集会、游行示威等政治性活动，社联主要任务是介绍、研究和普及马克思主义理论。大革命失败后，中国社会性质以及中国革命出路的时代之问突显出来。社联成立后，朱镜我、王学文、刘苏华、吴亮平、何干之、钱亦石、杜国庠等一批社联盟

① 团体会员应该指与社联有密切联系的左联、剧团联、美联以及上海反帝大同盟、革命互济会、自由大同盟等。

员，遵照中共六大决议精神，以《新思潮》《读书生活》等刊物为阵地，发表大量的文章，在中国社会性质的问题上，对民族改良主义、自由主义、社会民主主义、托洛茨基主义等各种非马克思主义和假马克思主义的错误观点进行坚决的斗争，捍卫中共六大作出的中国是一个半殖民地半封建社会的政治决议。在中国社会史论战、中国农村社会性质论战、马克思主义哲学论战中，社联盟员都发挥了重要作用。

社联成立之初，设立编辑出版委员会，领导新兴社会科学理论书籍的翻译、撰写和出版。社联成员代表性的著作包括吴亮平翻译的《反杜林论》《辩证法唯物论与唯物史观》，李一氓翻译的《马克思论文选译》(第一集)，彭康翻译的《费尔巴哈论》，杨贤江翻译的《家庭私有制及国家起源》，熊得山翻译的《唯物史观经济史》，张如心著《苏俄哲学潮流概论》，杜国庠和柯柏年编《新经济学词典》《新术语词典》等。除上述单行本，社联创办或参与创办的刊物有 30 多种。1933 年以前，社联主要以自己创办或与其他团体合办刊物为宣传阵地，包括《社会科学讲座》《新思想》《文化斗争》《社会科学战线》《书报评论》《研究》《社会现象》《社会生活》《现象》《正路》等。

1933 年后，随着白色恐怖加重，公开出版很困难，社联转向分兵作战的形式，利用各种关系，在各类公开合法的刊物上发表文章。为向青年读者推荐好的社会科学读物，帮助一般青年读者得到正确的马克思主义基本理论，艾思奇、柳湜等人通过进步文化人士李公朴，以上海《申报》流动图书馆读书指导部为依托，在《申报》副刊“读书问答”栏目基础上于 1934 年 11 月创办《读书生活》杂志，使该刊成为推进“哲学大众化”“科学大众化”运动发展的主阵地。《中华月报》《东方杂志》《新中华》等也发表了社联成员的一些重要文章。因刊物不断遭查禁，社联还推出《社联盟报》内部油印刊物，成员自己写稿、油印和散发。

自 1933 年开始，社联领导机关和组织机构也适时做出调整。在上海，社联总会下设有沪东、沪西、沪南三个区分会以及第一直属分会，各区分会下又设有若干分会或小组。社联总会的领导机关是常委会，下设组织部、宣传部、财务部、编辑部、出版部、研究部以及工农教育委员会等职能部门。各区分会也建立了委员会和相关职能部门，负责领导下属分会或小组。从组织发展来看，社联人数最多时达 300 余人，但 1933 年 5 月仅有 124 人，① 整个 1934 年上海的人数维持在百人上下。这阶段担任社联党团书记的许涤新回忆指出："人数下降的原因，一是有些人调离'社联'参加其他革命单位，一是不少人被国民党反动派逮捕后送进牢狱；再则学生成员流动性相当大，往往毕业后即离开上海……而在王明'左倾'路线的统治下，'社联'在政治上的冒险主义和组织上的关门主义都是人数下降的更重要原因。"②

1933 年 8 月，因参与筹备远东反战会议，社联党团书记史存直、成员张凌青（张耀华）和蔡馥生等 4 人被捕，许涤新继任社联党团书记。12 月 21 日，国民党军警于午夜时分突袭上海各大学，逮捕复旦、暨南、光华、大夏、劳动、大同等十多所高校 100 多名进步学生。社联的许多成员被捕，有的被迫离开，各区分会都遭受很大损失。直接导致社联日常工作被迫暂缓甚至暂停，"好些分会、小组停顿或无形中解体"。③ 就在这次大逮捕发生后不到半年，1934 年红五月的游行示威中，又有一批成员被捕。尽管如此，社联依然坚持对外发表政治宣言，对内发布倡议书或指导性文件，表明对国内外重大事件及其进展的政治立场与态度。1933 年，社联在二季度工作计划中提出"要建立十处以上的分会，而在这些分会中一定要包含南京、平津、武汉、广州、青岛、成都、重庆、杭州等第一流的大都市"。④ 但这一计划未能完全实现。在东京、北平、广州等地，社联曾先后建立了分盟组

① 《上海总会过去三个月的工作检查与今后三个月的计划》(1933 年 5 月 1 日)，上海市档案馆编：《社联盟报》，档案出版社 1990 年版，第 1 页。

② 许涤新：《风狂霜峭录》，生活·读书·新知三联书店 1989 年版，第 64—65 页。

③ 《沪南区七周工作报告》(1934 年 5 月 25 日)，上海市档案馆编：《社联盟报》，档案出版社 1990 年版，第 106 页。

④ 《上海总会过去三个月的工作检查与今后三个月的计划》(1933 年 5 月 1 日)，上海市档案馆编：《社联盟报》，档案出版社 1990 年版，第 6 页。

织。这些分盟有的与上海的社联总盟有直接的领导联系，有的则由当地的左翼文化同盟领导。

中国社会科学家联盟北平分盟（简称北平社联），成立于1930年10月。成立大会通过《中国社会科学家联盟北平分盟斗争纲领》和《中国社会科学家联盟北平分盟组织大纲》，张磐石任执委会负责人兼党团书记，执委还有李忠厚（李杰庸）、谢树椿（谢彭年）等人。1932年底，张磐石调北平文总工作后，北平社联选出新的领导班子，执委会由宋劭文负责，李正文、裴丽生等人任执委，党团书记先后是雷民生、宋劭文。1933年4月间，在日本帝国主义侵华势力向华北推进过程中，北平社联召开第八次代表大会，此时已改称"北平社会科学同盟"。下半年开始，中共河北和北平党组织几遭破坏，北平社联也几度与上级领导机关失去联系。北平社联创办的刊物有《北方社会科学》《世界文化讲座》，参与创办的刊物有《北平文化》《文艺月报》《文学杂志》等。1931年九一八事变后，北平社联许多成员参加抗议南京国民党当局的"南下示威团"。1933年，在北平文总领导下，北平社联积极参与筹备组织"暑期苏联观光团"和李大钊公葬仪式。1934年5月，宋劭文被捕，同年8月，李正文离开北平去上海，北平社联无形中解散。

广州社联是广州文总三个下属组织之一。1932年七八月间，广州中山大学读书会的赖寅仿等与上海的社联总部接上关系。1933年三四月间，广州文总正式成立，其下就有广州社联，主要成员是中山大学、国民大学等校的进步师生。广州社联和左联合办刊物《新路线》，内容以革命理论和文艺作品为主。广州社联还出版《星光》《社会学报》等刊物。1934年1月，广州文总遭破坏。之后，广州社联被迫停止活动。

在1935年2月二一九大破坏中，曾任社联领导的中共上海中央局宣传部部长朱镜我、文委委员杜国庠和许涤新等被捕。社联在党团书记陈处泰和党团成员李凡夫、王翰等领导下坚持开展工作。在上海，社联尚有沪东、沪西、沪南三个区委，通过制定工作计划，开展小组竞赛，发展了新盟员和外围组织，如被浙江大学当局开除后到上海的胡乔木就经王翰介绍加入社联，恢复党组织关系，[①] 担任社联沪东区干事，后任社联常委。社联依旧不断组织盟员和外围组织参加援助义勇军和红军、抗议《新生》周刊被查封、援助法租界人力车夫罢工等政治性活动。除坚持出版《社联盟报》，社联其他刊物基本上是出一期换一个名字，曾用名《路灯》《时代评论》《时周》等，还出版过《工人画报》。社联区委也办有油印刊物，如《闪光》(沪南区委)、《市民知识》等。10 月，按照文总《关于发表新纲领的紧急通告》要求，社联常务委员会发表《中国社会科学者联盟纲领草案》，要求发挥社联工作特殊性，努力付诸行动。

1935 年底 1936 年初，社联按文委、文总指示，自行解散。社联停止活动后，一部分成员转入上海著作人协会，大部分成员参加了各界救国会的工作，置身于抗日救亡运动的第一线。

二、美联的组织运作

在左翼文艺运动发展大潮中，左翼美术运动也取得重要进展。1930 年 2 月，许幸之、沈西苓、王一榴等在党领导下的中华艺术大学组织成立时代美术社，拉开新兴美术运动的帷幕。《时代美术社的宣言》旗帜鲜明地指出，“我们的美术运动绝不是美术上流派的斗争，而是对压迫阶级的一种阶级意识的反攻，所以我们的艺术，更不得不是阶级斗争的一种武器了”。作为当时最为活跃的一个左翼美术团体，时代美术社不仅在各种左翼刊物上发表其艺术主张，而且在中华艺术大学开设讲座，邀请鲁迅等左翼著名人士演讲。同时，广泛联系和发动沪杭等地的左翼美术青年，促进杭州一八艺社、沪上各美术学校以及左联漫画研究会等各进步美术团体之间的联合。

---

① 胡乔木填写履历表时对自己的入党时间一直填作 1935 年 5 月，直到 1982 年，向中央组织部报告了入党经过的复杂情况，经中央组织部批准，入党时间确定为 1932 年秋。见胡乔木编写组:《胡乔木传》，当代中国出版社 2016 年版，第 29 页。

1930年5月底，中华艺术大学被查封，许幸之、沈西苓等36名师生被捕，时代美术社许多工作受阻，但前期开展的一系列活动，为美联的成立奠定了基础。中华艺术大学被查封后，党组织指示中央文委委派左联、社联的冯雪峰、王学文等人利用中华艺大的教务人员先后举办暑期文艺补习班、现代学艺研究所，许幸之等人被保释出狱后也在其中任教。1930年7月，中国左翼美术家联盟（简称美联）在法租界环龙路上的暑期文艺补习班召开成立大会。许幸之、沈西苓以及杭州一八艺社的代表胡一川、姚馥，上海美专的代表张谔，新华艺专的代表陈烟桥，上海艺大的代表刘露，白鹅画会的代表江丰等40余人出席。左联、社联、左翼剧团联、上海反帝同盟均派代表参加。会议通过“参加一切革命的实际行动”“供给各友谊团体画材”“组织研究会、讲演会”“组织美术研究所”“领导各学校团体”等十项决议案，选出执行委员并指定若干执委负责修改美联纲领和宣言。[①] 有关纲领和宣言，在之后召开的美联第一次全体大会上正式通过。

美联设执行委员会和常委会，选出主席和副主席，并设秘书（总干事）。首届执委有许幸之、沈西苓、于海、胡一川、姚馥、张谔、陈烟桥、刘露、江丰，许幸之任主席、沈西苓任副主席。首届美联没有成立党团，党组织指派耶林负责联系。由于沈西苓的主要精力偏重剧联工作，美联的日常领导主要由主席许幸之和总干事于海负责。

美联成立初期相当活跃。8月26日，美联和社联、左翼剧团联、南国社、艺术剧社、书业职工会等十余团体参加左联发起的革命文化团体代表大会，决定9月1日至7日为反对国民党摧残压迫文化运动周，“并拟在此斗争周，形成中国无产阶级革命文化运动总同盟”。[②]9月17日，左联、社联、剧联等左翼文化界为鲁迅50周岁生日举办活动，美联派代表参加。18日，

① 《中国最先锋的美术集团左翼美术家联盟成立》，上海鲁迅纪念馆编：《纪念与研究》第3辑，1980年，第75页。

② 《革命文学团体号召反对国民党摧残文化运动周》，上海鲁迅纪念馆编：《纪念与研究》第3辑，1980年，第74页。

美联和左联、社联、剧联等团体代表20余人开会讨论筹备成立左翼文化总同盟（即文总）事宜。为便于发动组织和宣传，美联和各美术学校多半采用单独或个别方式联系，由各单位小组分头进行活动，组织了上海美专小组、新华艺专小组、中华艺大小组、杭州一八艺社小组等。

受党内“左”倾错误影响，暑期补习班、现代学艺研究所先后被国民党当局查封，美联工作陷入困境。许幸之、于海曾设法开设“朝阳画会”的画室，以维持生计并重整旗鼓，但不久即关门。1931年初，许幸之离开上海赴南京，后辗转苏州任教。至此，首届美联领导机构已不存在。

首届美联领导机构在1931年初即无形消散，但左翼美术运动却没有停滞。以杭州一八艺社、上海一八艺社研究所成员为主的一股力量成为左翼美术运动的一支新军。在鲁迅、冯雪峰等左联领导的支持下，在上海举办一八艺社展览，组织木刻讲习会、现代木刻研究会、新兴文艺研究会、板画研究会等，培养和扶持热心于革命美术的青年。1931年3月，袁殊主编的《文艺新闻》创刊，曾任美联总干事的于海任编辑，于海请一八艺社的李岫石设计刊头。10月，于海接受上海反帝大同盟任务，调沪东一家纱厂工作，编辑工作由左联楼适夷接替。[①]《文艺新闻》对以一八艺社为中心的左翼美术运动进行了大量宣传和报道。

1931年九一八事变后，左联、剧联等左翼文化团体发表宣言，抗议日本帝国主义的侵略行径。美联在沉寂大半年之后，也再次亮相，以新兴美术研究会（也称普罗美术研究会）的名义发表了宣言。[②]践行文艺大众化，美术研究会与左联合作出版抗日反帝题材的民众唱本，包括把瞿秋白创作的《东洋人出兵》改编成连环画，用各种通俗易懂的方式唤醒民众。

1932年一·二八淞沪抗战后，4月2日，美联在文总、剧联帮助下，

---

① 于海：《我与文艺新闻的一段因缘》，《中国现代文艺资料丛刊》第6辑，上海文艺出版社1981年版，第114页。

② 《揭发国联欺骗　美联之具体表示》，《文艺新闻》1931年10月5日。

在上海召开复活大会，左翼美术工作者 20 余人出席。[①] 大会回顾和检讨过去工作，商议正式恢复美联的活动，确定新的工作方针。田汉代表文总在会上发表演讲，要求“建立有系统的有组织的革命美术运动”。与会者认为“抗日反帝紧张情势之下，须克服一切困难，先使组织恢复，以组织的集体的力量，推进革命的大众的美术运动”，并决定深入工厂中参加工人画报等工作。

从 1931 年下半年起，党组织将一批有革命经验的左翼美术青年陆续吸收进来。恢复后的美联建立自己的党团小组。于海、刘芳松先后担任美联的党团书记，担任过党团成员还有江丰、马达、李岫石等。美联恢复后，将工作重心定为走进工厂。1932 年 4 月 25 日，《文艺新闻》刊登《泼剌活跃的美联　复活后将走进工厂》的一则报道，介绍美联近期工作，“在两星期中，已出版《斗争画报》二期，《美术情报》一期，且据云连环画小册子已有两种在作版，而其所计划的机关（杂）志《大众画报》，已在募捐付印。闻美联已派定两人前往各工厂区域，实行帮助工厂画报，创办工人美术研究会，以企图由实际美术训练中，提拔工人出身的美术家”。

1932 年 5 月，美联以一八艺社老社员为主力，吸收刚从法国学美术回国的艾青（蒋峨伽）等，成立春地美术研究所（又称春地画会、春地美术社）。春地美术研究所是美联的一个重要活动阵地，既开展招生教学，又开展进步文艺活动。7 月中旬，春地美术研究所在开展世界语小组活动时被查封，于海、江丰、艾青、李岫石、季春丹（力扬）、黄山定、方海如、萧聪（世界语教员）等十余人被捕。春地美术研究所被查封，使刚恢复不久的美联组织遭受重创。

8 月，未被捕的美联盟员转移地点，联合上海美专等校的木刻青年成立野风画会，参加的主要成员有顾鸿干、郑野夫、陈卓坤、马达、吴似鸿、倪

---

① 《美联复活——克服种种客观的主观的困难　于四月二日集会恢复组织》，《文艺新闻》1932 年 4 月 11 日。

焕之等。文总决定刘芳松接替被捕的于海担任美联党团书记。野风画会是继春地美术研究所之后，美联的又一个重要活动阵地，鲁迅曾受邀到野风画会演讲。野风画会停办后，从 1932 年底到 1934 年夏，左翼美术工作者在上海又先后成立涛空画会、上海绘画研究所、大地画会、南风画会、新亚学艺传习所绘画木刻系、暑期绘画补习班等进步团体，继续在党的领导下开展活动，但存在时间均不长。

新兴木刻运动是左翼美术运动的重要内容。1931 年鲁迅开办木刻讲习会后，木刻创作及影响迅速扩大。从 1932 年下半年到 1934 年，在上海、杭州、北平等地涌现出许多木刻研究团体，包括上海美专的 MK 木刻研究会和无名木刻社、新华艺专的野穗社、杭州艺专的木铃木刻社及上海木刻研究会、北平木刻研究会等。虽然从 1933 年下半年开始，左翼木刻团体屡遭查禁，但木刻的影响逐渐扩大，编印出版木刻集，举办木刻展览会，杂志报纸上的木刻作品也很多。1933 年下半年，在来华参加远东反战大会的国际代表瓦扬・古久里、绮达・谭丽德以及斯诺夫妇支持下，在欧洲举办一次中国左翼美术家作品展览会的动议得到鲁迅、胡蛮等人的支持。1934 年 3 月在巴黎举行的“革命的中国之新艺术展览”，让世界第一次看到了中国革命美术家的作品。

1934 年夏之后，以上海 MK 木刻研究会停止活动为标志，美联在上海的活动阵地大大缩减，木刻社团基本销声匿迹，[①] 左翼美术工作者转向外地或潜入地下，或是在其他左翼组织的领导下开展活动。作为一个规模不大的左翼文化团体，美联在存在的四年中，主要是配合和参加文总、左联以及党以上海反帝大同盟、互济会等名义开展的活动，其间不少盟员被捕甚至牺牲，“仅沪、杭两地被捕坐牢的左翼美术家（其中绝大多数是木刻作者）就达二十人之多”。[②]

---

① “现在似乎已经没有一个研究木刻的团体了”，见鲁迅 1934 年《〈木刻纪程〉小引》。

② 江丰：《鲁迅是中国左翼美术运动的旗手》，《美术》1980 年第 4 期。

在文总解散前，1935 年美联已不存在。[①]1935 年二一九大破坏之后重建的文总于 10 月发布《中国左翼文化总同盟纲领草案》，其中“工作分工”对社联、左联、剧联、影联、教联、语联、报联和妇女运动大同盟委员会等 8 个左翼文化团体进行了任务再部署，没有提及美联。但是，左翼美术运动并没有因此停止。全国范围内，北平、天津及广州等地的木刻运动在反帝反侵略的浪潮中恢复发展起来，分别于 1935 年、1936 年举行了第一次、第二次全国性的木刻流动展览会。在东京，留日的一批左翼美术工作者于 1935 年 10 月举办了中华美术座谈会第一次习作展览会。

三、剧联的组织运作

土地革命战争时期，上海逐渐成为全国戏剧运动的中心，舞台上活跃着南国社、戏剧协社、辛酉剧社、大夏剧社、复旦剧社、光华剧社、摩登社等剧团。田汉领导的南国社，是当时上海最活跃和具有深远影响的一个戏剧团体。南国社成立于 1924 年初，曾创办《南国半月刊》《南国特刊》《南国月刊》《南国周刊》，直到 1930 年 6 月被查封。其间，1926 年发起成立南国电影剧社。1928 年初，南国艺术学院成立，学生如陈白尘、赵铭彝、郑君里、吴作人、张曙等后来都成为文化艺术史上的骨干力量。其他，如唐槐秋、陈望道、宗白华、黎锦晖、欧阳予倩、徐悲鸿、周信芳、洪深、徐志摩、孙师毅、朱穰丞、金焰、冼星海等也都参加过南国社不同时期的活动。自 1928 年底到 1930 年 6 月，南国社在上海、南京、广州等地举行过三次公演，多次演出，表现出较强进步倾向。1929 年 10 月，中央文委成立后，为促进田汉和南国社进一步左转，文委派中共党员蒋光慈、钱杏邨参加南国社，并邀请田汉作为左联发起人之一。1930 年 4 月，田汉在《南国月刊》发表《我们的自己批判》一文，带动整个戏剧界迅速左转。

---

① 文总最后一任书记胡乔木认为 1935 年美联已经不存在。见孔海珠：《“文总”与左翼文化运动》，上海人民出版社 2016 年版，第 28 页。

争取南国社的同时，1929年秋，文委书记潘汉年指示夏衍，与郑伯奇、陶晶孙、冯乃超、沈西苓等一起筹办新剧社，“给那些很少关心政治的剧团打打气”。[①]10月下旬，艺术剧社在党的领导下宣告成立，基本成员来自创造社、太阳社以及中华艺术大学，还有一批爱好戏剧的进步青年，包括钱杏邨、孟超、杨邨人、许幸之、石凌鹤、王莹、陈波儿、刘保罗、朱光、司徒慧敏、龚冰卢、唐晴初等。郑伯奇被推举为社长，夏衍、冯乃超负责宣传，沈西苓、许幸之分别负责导演和舞美。艺术剧社首次提出了“普罗列塔利亚戏剧”（即无产阶级戏剧）的口号，积极开展进步戏剧运动。

艺术剧社的公演活动，以及戏剧界两位有影响的代表田汉、洪深思想的“向左转”，推动了上海戏剧界的联合。1930年2月22日，洪深为抗议上海大光明影院放映辱华影片《不怕死》而遭殴打、拘留。上海戏剧界9个剧团为此联名发表抗议宣言。1930年3月2日，左联成立大会上，艺术剧社夏衍、冯乃超、郑伯奇、钱杏邨和南国社田汉当选为常务委员。

左联成立后，进步戏剧界也感到有联合起来的必要性。19日，由艺术剧社、摩登社发起，联合南国社、辛酉剧社、剧艺社（后改为光明剧社）、复旦剧社、大夏剧社、交大剧社、青鸟剧社、新艺剧社、紫歌剧社、戏剧协社等戏剧团体成立带有行会性质的上海戏剧运动联合会。联合会成立不久，就遭国民党当局镇压。4月28日，艺术剧社突遭查封。田汉等人以上海戏剧运动联合会名义发表《为艺术剧社封存事告国人》，呼吁“文化运动的自由”“戏剧运动的自由”。左联也发表宣言予以支持。6月，南国社公演话剧《卡门》，上演三天后被禁演。艺术剧社和南国社接连遭压迫，使得一些会员剧团包括很有影响力的戏剧协社都产生动摇。为此，潘汉年召集郑伯奇、冯雪峰、田汉、夏衍等开会，研究上海戏剧运动联合会的前途问题。经大部分的剧团负责人同意，决定改组联合会为中国左翼剧团联盟。

8月23日，中国左翼剧团联盟在上海召开成立大会。参加的有艺术剧

① 夏衍：《懒寻旧梦录》（增订本），中华书局2016年版，第104页。

社、辛酉剧社、南国社、青鸟剧社、光明剧社、摩登社、大夏剧社等 7 个剧团，到会者 50 余人，左联、美联、社联等代表出席并发表讲话。大会通过戏剧运动纲领和联盟章程，选出 15 名执行委员和 7 名常委，分设秘书处、编辑、组织、指导、宣传等各部门。成立大会决议以移动剧场为目前的中心工作，但不放弃大规模的定期公演。①

左翼剧团联盟成立不久，南国社被国民党当局宣布为反动团体遭查封，数名社员被捕，在《卡门》中饰演斗牛士的演员宗晖（谢维棨）后遭杀害。其他剧社，洪深被迫离开上海，无法领导光明剧社；辛酉剧社朱穰丞出国，剩下罗鸣凤一人；摩登社内部分化，剩赵铭彝一人在上海；大夏剧社也只有姜敬舆一人。② 由于白色恐怖加剧，以剧团为单位组成的联盟已不适宜，经文委同意，决定把以团体参加的联盟改为个人自愿参加的左翼戏剧家联盟（简称剧联）。

1931 年 1 月，剧联举行成立大会，选举产生以田汉为首的执行委员会，并推定刘保罗任总务，赵铭彝任组织，郑君里任宣传。文委研究成立剧联时，就决定在剧联内设党团，杨邨人、刘保罗、赵铭彝、于伶等先后担任剧联党团书记。9 月，经讨论，剧联正式通过《中国左翼戏剧家联盟最近行动纲领》，规定现阶段在国统区的任务是开展工人、学生、市民、农民的革命演剧运动，同时兼顾“中国电影运动”；组织“戏剧讲习班”，提高盟员的思想与技术水平，以为中国左翼剧场的基础；组织电影研究会，吸收进步的演员与技术人才，以为中国左翼电影运动的基础。为阐明左翼戏剧运动的方向和任务，剧联于 1932 年八九月间出版不定期内部油印刊物《戏剧通信》，四五期后即停刊，又于 1933 年 2 月公开出版《艺术新闻》周刊，约出四期停刊。

剧联领导下的剧团由三种类型组成。一类是开展工人剧运的蓝衣剧社；

---

① 《左翼剧团联盟成立大会》，上海鲁迅纪念馆编：《纪念与研究》第 3 辑，1980 年 12 月，第 73 页。

② 赵铭彝：《左翼剧联是怎样组成的》，屈南松、曹树钧等编：《涓流归大海——赵铭彝文集》，中国戏剧出版社 2004 年版，第 139 页。

另一类是开展学生剧运的学生剧团。此外，还有由剧联直接领导的大道剧社以及根据形势需要不断变换名称的其他左翼剧团，如美专剧团、曙星剧社、蚂蚁剧团、春秋剧社、光光剧社、三三剧社、骆驼演剧队、无名剧人协会以及新地剧社（大地剧社）等。

九一八事变后，剧联所属及联系的十几个剧团，成立“上海剧团联合会”，参加抗日爱国的各种政治性活动，发动举行反日公演。大道剧社是剧联直接领导的，最有影响的剧团，社员分布在上海各个学校剧团。1932 年 1 月 28 日夜，大道剧社和暨南剧社在暨南大学演出《乱钟》，日本侵略军进攻上海的炮声打响，剧社成员带领学校 2000 多名学生马上转入集会示威。为了开展工人演剧活动，剧联设有工人演出委员会。剧联领导工人剧运，影响最大的是蓝衣剧社，这是工人业余剧团的统称，因为工人一般穿着蓝色短衫。九一八事变前后，在大道剧社等的协助和指导下，上海沪东、沪西、浦东和法南工人集中区的工人演剧活动高涨，先后组织了浦青、美美、南美、沪东工人、铁工等剧社（团）以及三友工人俱乐部、绸业工人剧团等。瞿秋白认为“这些蓝衫团是新式的草台班”，他们在“财神统治下的上海”唱“反财神的戏”。在杨树浦、兆丰路、小沙渡等处的上海女工夜校，也都有工人自己的演剧活动。除工人业余演剧外，剧联还十分重视学生演剧和市民业余演剧的组织领导工作。九一八事变后，有更多的学校剧团建立。剧联领导上海大中学校剧团成立了上海学生剧团联合会。

除上海剧联总盟之外，在南通、北平、武汉、广州、南京、杭州、天津、太原、济南、青岛、成都等地还成立剧联分盟或小组。

南通分盟成立于 1931 年 2 月，是剧联最早成立的一个分盟，以新民剧社为主开展左翼戏剧活动。赵丹、顾而已等中学生组织的小小剧社也很活跃。两个剧社曾组织联合公演。1934 年 4 月，因南通党组织被破坏，分盟停止活动。

北平分盟成立于 1932 年 2 月，参加大会的有 12 人，选出由李树芬、陶也先、陈沂、宋之的、于伶等五人组成的第一届执行委员会，分别担负总务、组织、宣传、研究等方面的工作。北平分盟实际上又是剧联的北方分盟，它的活动范围一度包括天津、太原、西安和绥远等地。1932 年冬，由于北平党组织遭受破坏，分盟的活动受到影响，盟员陆续撤离，于伶、宋之的、萧之亮等先后到上海参加总盟的工作。1934 年春，北平分盟停止活动。

武汉分盟成立于 1932 年 4 月，成员有张庚、吕骥、盛家伦、陈荒煤、郭安仁（丽尼）、刘露、邵惟等。1933 年，在白色恐怖下，主要成员张庚、吕骥、陈荒煤等陆续撤离到上海，武汉分盟实际上已解体，但所办副刊和出版社的活动延至 1934 年才停止。

南京分盟成立于 1933 年 9 月，由剧联派陈鲤庭、宋之的从上海到南京组建，参加的有瞿白音、洪叶、吴天、施玉、王逸、许之乔、舒强和吕复，以后又有张水华、许秉铎、王光珍（王苹）、严恭等参加。他们组织有磨风剧社，经常与民众教育馆的大众剧社一起开展活动。1935 年 3 月，在排演《娜拉》中，分盟遭到破坏，瞿白音等被捕，不能再以磨风剧社名义公开活动。幸免于难和被捕出狱的成员转入地下活动，组织读书会，秘密到近郊八卦洲与和县作游击式的演出。为了宣传抗日，舒强、吕复、王逸、许之乔等人把爱尔兰独幕剧《月亮上升》改编成歌颂东北义勇军的《三江好》，成为抗战时期广为上演的剧本。

广州分盟有两个：一个是成立于 1932 年 1 月的中山大学抗日剧社，成员有邓克强、李克筠、吴华，积极开展抗日演剧活动；另一个是 1933 年广州文总成立后，下属的广州剧联，核心成员有吴光华、梁未闻、黄叶、袁文殊（舒非）、胡春冰。广州的这两个剧联分盟曾酝酿合并，但未能实现。1934 年 1 月，广州文总遭破坏，5 月中山大学抗日剧社被查封。袁文殊等人转到上海，不久在上海被捕。

杭州剧联小组成立于 1932 年四五月间。当时杭州有个叫集美歌舞剧社的班子营业不佳，濒临散伙，演员中有魏鹤龄、舒绣文、刘郁民、桂公创、赵一山、李也非等，他们演过《名优之死》，引人注目。经剧联成员田洪的联系，剧联党团书记刘保罗偕辛汉文、龙濯由上海到杭州改组了集美歌舞剧社，于5月间成立五月花剧社。五月花剧社的演出深受群众欢迎，许多大中小学也来邀请他们演出，这引起国民党当局的不安。7月中旬，在上演田汉的多幕剧《洪水》开幕前，国民党当局包围剧场，刘保罗、桂公创、龙濯三人被捕，五月花剧社被迫停止活动。1934年6月，文总派于伶去杭州秘密建立文总分盟和下属的左联、社联、剧联、美联等分盟或小组，但开展活动不久即被破坏。

剧联成立后，剧联所属剧团、盟员遭受迫害的事件层出不穷。1933年1月，沪东蓝衣剧社在筹备援助东北义勇军的义演中遭破坏，三友剧社和绸业工人剧团等20余人被捕。3月初，上海学生剧团联合会在宁波同乡会礼堂举行援助东北义勇军义演，有十多个学生剧团踊跃参加，引起国民党当局注意。8月，因参加纪念南昌起义的示威大会，三三剧社与骆驼演剧队多名成员被捕或牺牲。为纪念九一八事变两周年，剧联通过应云卫主持的戏剧协社上演反帝话剧《怒吼吧，中国！》，轰动一时，而戏剧协社因这次演出被国民党当局传讯后宣告解散。1934年9月，大地剧社（由新地剧社改名）赴南京演出，返沪时宋之的、陈荒煤等20余人遭逮捕，剧社随之结束活动。10月，无名剧人协会在上海共和大戏院演出，徐韬、姚时晓等10余人当场被捕，无名剧人协会结束活动。为压制左翼戏剧运动，国民党当局还勾结租界当局，控制演出场所。宁波同乡会、湖社、艺社等受当局恐吓不准租借场地，各校游艺会演出也受到严格管制。

左翼戏剧要冲破封锁线，就要争取公开演出的机会。1935年1月，田汉出面邀请应云卫、袁牧之、金焰、王人美、刘琼等影剧界知名人士组成上海舞台协会，租用金城大戏院，演出了反映一·二八淞沪抗战的《回春之曲》《水银灯下》，轰动沪上。剧联从中受到启发，开始思考左翼戏剧运动今后的发展方向。剧联召开几次会议，赵铭彝、于伶、章泯、徐韬、王为一、金山、赵丹等聚在一起回顾几年来单纯致力于工厂、农村、学校等社会宣传鼓动工作，导致左翼戏剧工作者多人被捕牺牲，主张改变战略，注意大剧场的演出，建立舞台艺术，争取观众，同时兼顾工、农、学生的演出。文总接受这些意见，指示剧联逐步改变斗争策略。不久，在2月的二一九大破坏中，文委、文总多名领导成员被捕，所幸剧联和所属剧团没有遭破坏。在剧联支持下，4月，上海业余剧人协会成立，由章泯、张庚、徐韬、陈鲤庭、赵丹、金山等组成理事会，计划公演《娜拉》《钦差大臣》等。在排演《娜拉》过程中，剧联党团书记赵铭彝不幸被捕，后文总指示于伶接任剧联党团书记。

1935年底1936年初，剧联按照文委、文总指示自动解散。一部分剧作者成立上海剧作者协会。左翼戏剧运动在抗日救亡运动新形势下转入新阶段。

第三节　语联、记联、教联的成立与运作

为使左翼文化运动扩展到世界语、新闻、教育等更多人文社会科学领域，1930年10月文总成立后，先后领导组建左翼语联、记联、教联。这些左翼文化团体的建立，使世界语界、新闻界与教育界插上左翼文化运动的旗帜。

一、语联的组织运作

早在新文化运动前后，世界语作为接触新思想的工具和桥梁，开始被知识界接受。《新青年》围绕世界语的讨论历时4年之久。在五卅运动中，上海的世界语团体拟定“致全世界之抗议书”揭露五卅惨案真相。到20世纪20年代末，全国20多个城市已有世界语组织。各地的世界语组织不仅开办各种世界语班，有的还与“国际世界语协会”（简称UEA）、“全世界超民族协会”（简称SAT）等世界语的国际组织建立联系。1931年九一八事变后，汉口世界语学会联络全国20个世界语团体在《希望》（La Espero）第10期上刊出《我们的宣言》，谴责日本帝国主义的暴行，在国际社会引起较大反响。

在日益严重的民族危机下，越来越多的中国世界语者开始抛弃中立主义、和平主义思想，主张用世界语为中国的民族解放服务。1931 年 12 月 3 日，中国左翼世界语者联盟（Ĉina Proleta Esperantista Unio，简称“语联”①）在上海北四川路新雅茶室举行成立大会，到会者有胡愈之、张明理、乐嘉煊、陈世德、覃净子、楼适夷等十余人。胡愈之、楼适夷等相继发言，阐明世界语的任务与意义。会议选出 5 人组成临时执委会，推胡愈之任书记，楼适夷负责组织，张企程（张明理）负责宣传，叶籁士（包叔元）负责国际通信，陈世德负责研究，决定目前工作为创设语学班，及设立国际通信部，发行杂志，由楼适夷起草宣言及章程，交下次会议讨论。

语联是“最小的加入文总的组织”，②从成立到 1936 年初，代表文总联系语联的先后有楼适夷、柯尔达、胡乔木、李凡夫、于伶等。在国际上，语联加入“无产阶级世界语者国际”（简称 IPE），③与苏联等国家的世界语团体建有广泛的联系。

一·二八淞沪抗战后，语联进行改组，推萧聪（萧从云）为秘书，潘永易负责组织，楼适夷负责宣传，张企程负责通信，陈世德负责研究。胡愈之因主编《东方杂志》和参与其他工作，④不直接参加语联工作，每隔一段时间约张企程碰头。楼适夷主要参加左联的工作，正忙于帮助袁殊编辑《文艺新闻》。从日本留学回苏州老家参加“社研”工作的叶籁士，于淞沪战事平息后，赶到上海参加语联具体的工作。语联机关最初设在上海法租界金神父路（今瑞金二路）花园坊一幢石库门房子内，同时也是中国世界

① 1931 年 12 月 14 日《文艺新闻》报道成立消息时，中文名称用“中国青年世界语者联盟”。叶籁士说，就这次用了一次，以后没有再用了，不过成立时简称“世联”，1934 年后，联盟兼作推广拉丁化新文字运动，才开始简称“语联”，但世界语简称一直是 ĈPEU。

② 侯志平主编：《世界语在中国一百年》，中国世界语出版社 1999 年版，第 90 页。

③ 1932 年 8 月成立于柏林，又称“普罗世界语者国际”。

④ 1933 年上半年从《东方杂志》离职，下半年开始协助邹韬奋策划运筹生活书店和编辑《生活》周刊，9 月加入中国共产党，是特科领导的特别党员，先后与张庆孚、王学文、宣侠父、严希纯等单线联系。

语函授学社的社址。在语联实际工作的主要有叶籁士、张企程、乐嘉煊和萧聪。

1932 年 1 月，语联扩大执委会议决定，从 2 月起在世界大势研究社的《世界大势》月刊上附刊“世界语栏”8 页，定名“Nova Voje”，并在 1932 年 2 月 1 日《文艺新闻》上刊出启事。5 月，语联创办《中国普罗世界语者》（Ĉina Proleta-Esperantisto）作为机关刊物。7 月 12 日晚，萧聪前往美联的春地画会教授世界语，带去的刊物刊头上有镰刀斧头的图案，遭法租界巡捕房搜查，与美联的江丰、于海、艾青等一起被捕。之后，语联决定改变工作方法：凡是可以公开的工作，应该做到完全的公开；一部分不能公开的工作，要同公开的工作完全分开，不能混在一起。

在取得文总的同意后，语联将机关从法租界金神父路花园坊搬到公共租界同孚路（今石门一路）大中里 12 号。为打开工作局面，引起公众对世界语的兴趣，12 月 17 日到 18 日，语联以中国世界语函授学社名义在南京路西藏路路口的新世界饭店 2 楼举办世界语展览会。展览会得到台湾、云南、汉口、苏州、绍兴、广州等地世界语团体的支持，商务印书馆、亚东图书馆、光华书局、公道书局、湖风书局、民智书局、内山书店、开明书店、现代书局、申报摄影社也给予大力支持。为筹备展览会，陈世德、瞿白音、杨家嵛都被动员来帮助工作。胡愈之、黄警顽、张镜秋、徐耘阡等还拿出不少藏书，供展览之用。12 月 15 日，世界语刊物《世界》（La Mondo）创刊号赶印出来，在展览会上与读者见面。展览会获得意外的成功，参加人数达 1000 人，同时，还筹备成立世界语书店，经销国内外世界语书刊，收订中外世界语刊物。

1933 年 1 月 22 日，作为语联外围组织的上海世界语者协会在同孚路大中里志毅小学举行成立大会。到会百余人，乐嘉煊为大会主席，叶籁士为书记。筹备委员会向大会报告一个月来筹备工作的经过。大会通过宣言、会章、提案等，程正、周庄萍（周萍）、顾昌鸿、乐嘉煊、曾子学、李散之、叶籁士、杨智燧、罗健达等 9 人当选为执行委员会委员。协会成立后，秘密和公开工作就完全分开了。《世界》为协会机关刊，函授学社、世界语书店、世界语讲习班由协会接手，另外还成立了世界语图书馆和巡回教授团，向一些大学派遣世界语教师。协会机关不放任何可能引起国民党特务怀疑的物品，语联文件、国际来信、国外通讯等都放在语联会员家里。协会门口挂起牌子，日常活动完全公开，开办的世界语班，每次都在报纸上公开刊登招生广告。

1932 年 9 月 10 日，上海世界语者协会在公共租界宁波旅沪同乡会举行第二次大会。到会 50 余人，由乐嘉煊主席，顾昌鸿、叶籁士记录，另有北平、青岛、松江和吴淞同济大学的世界语团体代表参加。大会通过了一系列决议案，《大会宣言》指出，“帝国主义者之奴役中国，更与我们世界语者爱平等的理想相违”，“所以我们认为中国世界语者当致力于中国民族的解放运动，实为天经地义”。[①] 大会提出一个响亮的口号“为中国的解放而用世界语”，很快得到北平《世界语之光》、青岛《世界语》、绍兴《绿焰》、成都《绿帜》、太原《播种者》、吴淞同济大学《小世界》等国内世界语团体和刊物的响应。

上海世界语者协会第二次大会决议提到，努力促成全国团体，但全国性的中国世界语协会到 1938 年 6 月才成立，所以上海世界语者协会虽是一个地方组织，但实际起着全国性团体的作用。到 1933 年底，上海世界语协会有会员 424 人。《世界》逐渐成为全国世界语者的一份导刊，从 1932 年 12 月创刊到 1936 年 12 月停刊，共出 49 期，订户最高时达 2500 户。除叶籁士、张企程等编委，撰稿的还有方善镜、陈原、徐震堮、徐沫、叶君健、霍应人等。协会经济很困难，办刊缺少油印机、写字台，要靠热心分子捐款，如鲁迅就托胡愈之捎过一笔捐款。

1934 年 4 月 5 日，上海世界语者协会从同孚路大中里 12 号迁往卡德路（今石门二路）嘉平坊 14 号一座两层楼房子。楼下作办公室，楼上改建

① 《大会宣言》，《世界》1933 年 10 月号。

成教室，乐嘉煊一家也住在机关。这一阶段，上海世界语者协会出版了《会报》（Bulteno de ŜEL），专门用于加强协会和会员之间的联系。10月7日，上海世界语者协会的第三次大会在卡德路召开。到会四五十人，乐嘉煊为主席，宋介农（孙达生）、方人其（方仁麒）等在大会发表演说，选出了第三届执行委员会。1935年10月、1936年10月，上海世界语者协会还在白克路上海公学等地召开过第四次、第五次会员大会。1937年7月，又在宁波旅沪同乡会举办世界语50周年纪念庆祝会，来自全国各地14个地方的代表参加，参会人数达500余人。

作为无产阶级世界语者国际（IPE）的一个支部，语联积极参与无产阶级世界语通信（PEK）工作，先后出版《中国普罗世界语通讯》（Ĉina PEK-Servo）、《中国普罗世界语通讯新闻稿》（Ĉina PEK-Bulteno）等，将中国情况汇编成新闻稿，印发给柏林总社和各国分社，并将收到的各国新闻稿，选译有用的转给国内的进步报刊发表。

1933年下半年开始，语联担负起一项新的任务，那就是引进、宣传和推广拉丁化新文字。叶籁士认为，这项工作“语联义不容辞，应该担负起这个不能推诿的责任”。① 由瞿秋白、吴玉章等人于苏联创制的拉丁化新文字方案被引入国内，不断得以推广。1934年8月，叶籁士等在上海发起成立国内第一个拉丁化新文字团体——中文拉丁化研究会，开始拉丁化新文字在国内的推行。1935年4月，由中文拉丁化研究会编的《中国话写法拉丁化——理论·原则·方案》出版。8月，中文拉丁化研究会又创刊国内第一份新文字刊物《Sin Wenz》月刊。同年，上海天马书店出版叶籁士的《拉丁化概论》《拉丁化课本》，霍应人的《拉丁话检字》和鲁迅的《门外文谈》② 等系列“天马丛书”。北平、太原、南宁、重庆、南京、无锡、苏州、广州、

① 叶籁士：《回忆语联——三十年代的世界语和新文字运动》，《叶籁士文集》，中国世界语出版社1995年版，第73页。

② 鲁迅写的关于新文字的文章合集，鲁迅把这本书的稿费捐给了语联，作为出版新文字书刊的经费。

天津、厦门、西安、开封等地陆续成立新文字团体。1935 年一二·九运动后，仅北平新文字团体就有 34 个，参加的有 800 多人。

由于国民党当局的特务行动、文化“围剿”和日本侵华加剧，上海党组织和革命文化团体或遭破坏，或遭封闭，被迫转入地下。语联领导下的上海世界语者协会成为仅有的公开的左翼文化团体①，始终未遭破坏，吸引了大批进步人士、爱国青年和店职员。从同孚路大中里时期，语联陆续增加了新成员，如霍应人、徐沫、胡绳，并从协会会员中吸收一部分积极分子，如梅洛、金子明、先锡嘉、郑竹逸、蒋齐生、朱诚基等，也有一部分是外地来的，如许寿真、杜松寿等。1935 年 10 月以后，胡绳担任了《世界》编辑。文总书记胡乔木找胡绳几次，谈文字改革和拉丁化方案。12 月，上海文化界人士座谈推行新文字的问题，会上陶行知发起成立全国性拉丁化新文字团体——中国新文字研究会，起草的《我们对于推行新文字的意见》，经过四五个月征询活动，得到蔡元培、鲁迅、郭沫若等 688 人签名支持，后发表在胡绳主编的《中国语言》上。

1935 年底 1936 年初，当左联、社联等其他左翼文化各联盟自行解散时，由于对外国际宣传的需要，语联没有停止工作，直至 1937 年八一三淞沪抗战上海沦为“孤岛”后才告结束。

二、记联的组织运作

作为左翼文化运动的一个方面军，中国左翼新闻记者联盟（简称记联）以“争取言论出版的绝对自由”和“新闻大众化”为行动纲领，团结进步新闻界力量，与国民党的高压新闻统治政策及其御用宣传工具进行斗争，对无产阶级新闻学进行了可贵的探索。

早在 1931 年 3 月 16 日，袁殊、马景星邀集翁毅夫（翁从六）和美联的于海等人在上海创办《文艺新闻》。发刊词公开表示该刊以中立态度生存，

① 徐沫：《悼乐家煊同志》，《世界语者乐家煊纪念文集》，中国文史出版社 2007 年版，第 28 页。

“以绝对的新闻的立场，与新闻之本身的功用，致力于文化之报告与批判”，实际后来主要报道左翼和进步文化界动态。三四月间，经文委委员冯雪峰的联系，《文艺新闻》首先冲破国民党当局新闻封锁，巧妙报道了左联五烈士牺牲的消息。九一八事变后不久，袁殊经潘汉年等介绍入党，左联派楼适夷参与刊物编辑，《文艺新闻》正式成为左联的外围刊物。

1931 年 10 月 19 日，《文艺新闻》第 32 号“每日笔记”栏目刊出“近有少数有志于新闻学者，发起组织‘中国新闻学研究会’，即日开始征求同志”的会员招募广告。21 日，中国新闻学研究会（简称新研）在上海召开成立大会，到会十多人，由张一君主持。大会通过了简章、成立宣言、对时局宣言及研究方针等决议。①

新研由上海《申报》《新闻报》《时报》等报社的进步记者，以及民治新闻学校、复旦大学新闻系的部分师生构成，会员约有 40 余人，以《文艺新闻》工作者为核心，主要负责人是《文艺新闻》的主编袁殊。基于“对过去新闻学不满足，对现在新闻业不信任”，新研在《宣言》中抨击“为帝国主义者制造听命于他而来侵略中国文化、毒害中国社会”“承袭一切旧的残留的封建、宗法”的新闻学现状，明确“我们除了致力新闻学之科学的技术的研究外，我们更将以全力致力于以社会主义为根据的科学的新闻学之理论的阐扬”。②

在实践中，新研独立出版刊物的计划没能实现，1932 年开始在《文艺新闻》附刊“集纳”专页。新研创办过一个小规模的实习机构——国际新闻社（也称国际通讯社），每天给上海及外埠报馆发稿，“但因为参加实习的人的时间不够和会里经济困窘”，供稿的“内容很不充实，被采用的也很少”。同时，计划创办新闻通讯研究所，“用通讯的方式和新闻学同志作研究工作”。③1931 年，上海《时事新报》“将共休戚同患难关系达数十年之

---

① 《新闻学运动之新的开展》，《文艺新闻》第 33 号，1931 年 10 月 26 日。

② 《中国新闻学研究会成立宣言》，《文艺新闻》第 33 号，1931 年 10 月 26 日。

③ 袁殊：《中国新闻学研究会之过去批判与今后企图：致南京黎圣伦并致各地同志》，《文艺新闻》第 57 号，1932 年 5 月 30 日。

久的编辑全体十分之九的同人无故解职”，[①]新研一方面在《文艺新闻》披露整个事件的经过，另一方面和报界公会、新闻记者联合会等组织声援和调解。1932年一·二八淞沪抗战爆发后，新研于4月12日发表《檄全国新闻记者》，号召全国新闻从业者“当此国将亡、族将灭、全人类濒危于二次世界大战之今日”，“赶速的集合、组织起来”，“负起新闻界对社会所应负的任务”。《文艺新闻》专门发行战时特刊《烽火》，逐日报道战事实况。随着影响力的扩大，加入新研的人数日渐增多，“各重要的城市都建立了分会或小组”。

在新研和《文艺新闻》的基础上，1932年3月20日，中国左翼新闻记者联盟在上海成立。成立大会通过《中国左翼新闻记者联盟斗争纲领》以及“开办国际新闻社传播革命消息”“广泛建立工农通讯员”“开展工厂、学校、兵营的墙报活动”等决议。[②]瞿秋白、邓中夏、潘梓年等参与指导了这一时期记联的活动。

记联成立后不久，新研停止活动。记联由赞成行动纲领的各地新闻杂志通讯记者、失业记者和愿意投身新闻界的在校学生组成，下设大会或代表会、执委会、常委会、专门委员会等机构。同时，在各地新闻杂志通讯社内建立支部，或将几个支部联合起来建立地方同盟。大会或代表会半年一次，执委会一月一次，常委会每周一次。[③]

1932年6月20日，《文艺新闻》坚持出版至第60号后停刊。九十月间，办了4个多月的国际新闻社亦遭查封。在此情况下，记联一方面充分利用盟员在各报社的公开身份发挥作用，另一方面组织稿件通过各种关系分散供给报社刊载。南洋新加坡等地的华侨报刊，上海的《市民报》《江南晚

---

① 袁殊：《时事新报编辑同人解职风潮》，《文艺新闻》第35号，1931年11月9日。

② 古钟：《中国左翼新闻记者联盟史略》(1932—1936)，张静庐：《中国出版史料补编》，中华书局1957年版，第306页。

③ 《中国左翼新闻记者联盟行动纲领和组织纲领》，张静庐：《中国出版史料补编》，中华书局1957年版，第303页。

报》等经常采用记联组织的稿件。

1934 年 1 月 7 日，记联出版机关刊物《集纳批判》，只出版 4 期即遭查禁。同年春，记联还筹办过小型报纸《华报》，出版不久也被迫停刊。4 月，记联外围组织上海记者联谊会（也称上海新声记者联谊会）在闸北恒丰路某处开会，包括书记丁中（丁曼生）在内的所有人被捕。① 之后，记联活动被迫转到地下。

1934 年到 1935 年间，彭集新任记联书记，组织部长先后是老杨、老李（朝鲜族），宣传部部长为郑伯克，记联基层盟员包括持志大学的柳乃夫（赵宗麟）、通讯社的记者史继勋、量才补习学校的刘峰（汤寿龄）、爱国女中的贾唯英等，文委、文总负责联系记联的先后有杜国庠、许涤新、李凡夫、何定华等。

在记联停止公开活动时，在党的影响下，从 1934 年夏开始，一批进步青年记者在上海以聚餐会形式发起“记者座谈”。参加的有来自新声通讯社、申时电讯社、《新闻报》、《大美晚报》等沪上新闻机构的进步记者以及复旦大学新闻系、沪江大学新闻科的学生，包括袁殊、恽逸群、陆诒、刘祖澄、章先梅、吴伴农、杨半农、沈千里、胡道静、傅于琛（傅宇常）等。几个月后，从 1934 年 8 月 31 日，正式借《大美晚报》开设“记者座谈”专栏，持续到 1936 年 5 月 7 日休刊。

国民党的文化“围剿”和日趋严苛的新闻统制政策，以及日本帝国主义的侵略，使新闻界不断罹于因言贾祸的危险。1933 年 7 月，《生活》周刊主编邹韬奋被迫出国避祸，胡愈之等接办。1934 年 11 月，进步报人《申报》总经理史量才被特务暗杀。1935 年 7 月，上海《新生》周刊被勒令停刊，总编辑和发行人杜重远被判刑 14 个月。在此前后，还发生了天津《大公报》、徐州《新晚报》、余姚《庆江日报》、重庆《枳江日报》、郑州《华北

① 关于上海记者联谊会被破坏，见古钟：《中国左翼新闻记者联盟史略》（1932—1936），《华北月刊》1934 年 5 月 15 日第 1 卷第 4 期《“集纳批判”之关门》，《社会新闻》1934 年 4 月 3 日第 7 卷第 1 期《左翼记者会破获》。

日报》等记者遭绑架暗杀或报社被封的事件。

1935 年，左翼新闻工作者在文委、文总领导下组织中国左翼报人联盟（简称报联[①]），常务委员会下设秘书处、组织部和宣传部。10 月发布的《中国左翼报人联盟纲领草案》，除个别条款和措辞作了修改，主要内容沿袭《中国左翼新闻记者联盟斗争纲领》。

《中国左翼报人联盟纲领草案》发布后不久，1935 年底 1936 初文委、文总指示各左翼文化团体自行解散，记联（报联）完成了自己的使命。左翼新闻工作者恽逸群、陆诒、柳乃夫等加入上海文化界救国会，恽逸群、陆诒担任全国各界救国联合会机关刊物《救亡情报》的编采工作，柳乃夫参与编辑《大众生活》《永生》等杂志。而左翼新闻工作者袁殊早在《文艺新闻》后期，就开始以记者身份为掩护转向特科工作。

三、教联的组织运作

中国共产党创建之初，就重视教育工作。建党先驱中，不少是教师出身的知识分子。深入底层开展教育，早就成为共产党人组织发动群众运动的有力手段。在五卅运动中，上海成立教职员救国同志会，是党领导的第一个革命教师团体。

左翼文化运动领导人也早就认识到左翼教育界组织的重要性。1930 年 9 月，在文总的成立准备会上，就提到“中学生读书会也非使其加入不可”。[②] 同年，杨贤江《新教育大纲》的出版在教育界产生巨大的影响。1931 年十月十一月间，左翼文化运动领导人瞿秋白为文委所拟指示性文件《苏维埃的文化革命》中，为还未正式成立的“教联”确定了主要工作目标：政治参加；反教育界的反动势力；反对反动的教育理论；赞助苏区教育事业（教科书）；宣传教育理论和研究。但左翼教育团体在彼时没能正式成立。

---

① 中国左翼新闻记者联盟何时改称中国左翼报人联盟以及两者之间的关系，现有资料未详。

② 《左翼文化总同盟成立准备会》，史先民编:《中国社会科学家联盟资料选编》，中国展望出版社 1986 年版，第 67 页。

1932 年一·二八淞沪抗战爆发后，为广泛团结教育界进步力量，文总决定在教育界建立一个左翼群众团体。中共晓庄学校党支部首任书记、中共南京市委宣传部部长刘季平因事来沪，在与文委、文总领导人会面时，形成了由他牵头创建一个左翼教育团体的计划。随后，在文委、文总的安排下，丁华（帅昌书）等一些党员和进步教育工作者加入筹组工作中。

1932 年 4 月 17 日，左翼教育工作者联盟（简称教联，亦称中国新兴教育社）在上海八仙桥青年会召开成立大会，[①] 潘梓年代表文总出席。成立大会通过《中国新兴教育社纲领》和《中国新兴教育社章程》。《纲领》批判反动、病态的现行教育，号召全国教育劳动者以及有志于新兴教育运动的青年立刻总动员起来，努力投身中国新兴教育运动的理论与实践，从扫除文盲、开始工农教育的启蒙运动做起，一直走向更高级的教育高潮。《章程》规定了当前的具体任务，包括：研究并暴露现行教育的理论与实际上错误与罪恶而与之作战；与改良欺骗及一切教育上之不正确与错误的观念倾向作战；研究新兴教育理论与实际；扩大并深入新兴教育运动使普及于大众；谋国际新兴教育团体之联络；谋全国教育者之意见的交换与统一；谋全国教育者精神与物质生活的改善。

潘梓年、许涤新、陈处泰、丁华等人先后代表文委、文总联系教联。教联成立后，原属地方各区委的党员把党组织关系都转入教联党小组。刘季平、丁华、张敬人、王尧山先后任教联党团书记。教联《章程》规定，全体社员大会或全国代表大会为教联最高权力机关，每半年开会一次；全体社员大会选出执行委员 7 人组成执行委员会，再由执行委员会推出常务委员 3 人组成常务委员会，执行委员会和常务委员会均为每两周开会一次，执行委员每届任期 3 年，常务委员每届任期半年；常务委员会下设总务、组织、宣传三部负责具体工作；在基层设小组及分社，人数 5 人以上设干事会，不满 5 人设组长 1 人，小组每周开会一次由干事或组长召集。刘季平担任

① 《中国新兴教育社正式立会》,《文艺新闻》第 52 号，1932 年 4 月 25 日。

教联首任总务（书记），丁华任宣传委员，另一谢姓同志任组织委员。1932年6月下旬，刘季平被捕，后由丁华接任总务。担任过教联常委的还有徐明清、王洞若、孙达生（宋介农）、孙铭勋等。常委之间各有分工，或分管机关工作，或分管各区、联系若干基层小组。

教联成立时，中央苏区政府已于1931年11月成立。为推动苏区教育工作，文委领导成立苏区教育委员会（简称苏教）。苏教委员3人，由教联委员兼任。刘季平被捕前曾动笔为苏区教育起草文件。苏教的主要任务是向苏区支援教材、参考资料和教师。左联成员钱杏邨曾参与为苏区编写供红军指战员使用的识字教科书。

教联以学校内的教育工作者以及活跃在教育领域的共产党员或进步人士为主，成立时就有一百几十人。加入教联程序简单，经社员两人以上介绍并经常务委员会通过即可，甚至不需填表。个人社员入社后都编入相应的小组或分社；团体社员入社后改组为本社分社或小组。1932年，教联由刘季平主编出版一个小刊物《教育新闻》，只出一期就被查抄。

上海是教联活动和发展的大本营，建立沪西、沪东、沪中、法南4个区级教联组织。不属于区级教联组织的个别小组或个别盟员，则由教联常委直接领导，或由常委指定的区干事领导。教联成立初期，重视在上海正规学校里发展盟员，建立小组，开展活动。通过种种关系，在暨南大学、光华大学、交通大学、中国公学、大夏大学、震旦大学、持志大学、浦东中学、爱国女中、南洋中学以及南市等小学建立了教联小组。有的学校教联小组建立读书会、哲学研究会、政治经济学研究会等，作为教联外围组织。

1932年夏秋开始，陶行知在上海市郊继续“以穷办法办穷教育”，创办山海工学团等多种名义的工学团。教联一批骨干利用师生关系，与陶行知合作，以合法形式兴办教育事业。在陶行知支持下，教联的徐明清、王洞若等人于1932年10月创办晨更工学团，工作人员由几人逐步增加到二十几人，发展了教联的盟员和共青团员，建立教联小组和团支部。教联还派遣徐佩铃、邓洁、陈维清、张修等年轻的女同志到基督教女青年会在沪西小沙渡、浦东、杨树浦、虹口兆丰路、曹家渡、菜市路的6所女工夜校去当教师，团结女工，发展组织。中华职业教育社所办的职业学校、量才业余补习学校、新安旅行团等也都成为教联进行合法活动的场所。

在文委、文总的领导下，教联与其他左翼文化团体实现了积极合作。不少此前工作于其他左翼文化团体的共产党员或进步人士，或是接受党组织的安排，或是出于个人兴趣影响，转入教联，如1934年社联成员黄乃一转入教联，1935年记联党团成员郑伯克转任教联沪西区委书记。在组织活动上，其他左翼文化团体也时常借助教联的活动阵地。教联领导下的晨更工学团，剧联在此演出田汉的《江村小景》等进步话剧，左联在此举办壁报，社联在此传播马克思主义理论和文化知识。

除上海外，教联努力在全国其他地区扩大影响。教联曾派林迪生、金老师（具体姓名不详）到宜昌四川中学建立教联小组。在校长和进步教师的带领下，同学们阅读到《资本论》《反杜林论》《辩证法入门》等马克思列宁主义经典著作，鲁迅、郭沫若、巴金等左翼作家的作品以及在上海出版的进步刊物，组织讨论“中国究竟属于什么性质的社会”等涉及国家前途的关键问题，让学生们认识到中国是半殖民地半封建社会，鼓舞学生投入革命洪流。①宜昌的教联小组介绍了吴莆荪、黄乃一、陈鸿儒、高建章等人前往上海参与革命，②其中不少人后来加入中国共产党，有的还为革命事业献出了宝贵生命。

在广州，成立了教联分社。1932年，由广东省立第一中学（广雅中学前身）学生组成的参观团，到江苏、浙江等地参观学习初等教育先进经验。高中师范科学生张泉林在上海的书报摊上看到《教育新闻》这份小报，觉得很好，便走访该报主编藜藿（刘季平），两人交换了通讯地址。回广州后不

① 陈鸿儒：《三十年代宜昌革命斗争琐谈》，中国人民政治协商会议湖北省宜昌市委员会文史资料研究委员会编：《宜昌市文史资料》第3辑，1984年印行，第61、63页。

② 张广瑞：《回忆川中和乡师的学生斗争生活》，中国人民政治协商会议湖北省宜昌市委员会文史资料研究委员会编：《宜昌市文史资料》第5辑，1986年印行，第30—31页。

久，接到刘季平的信，由张泉林担任教联（新兴教育社）广州分社负责人，张泉林还介绍黄、李、陈三位同学一起加入。广州分社存在时间不长，6月下旬刘季平被捕，通讯一度中断。暑假后，小组成员纷纷毕业，过了一段时间，分社就不复存在。①

教联在北平也形成分社组织。北平教育劳动者联盟成立于1931年底或1932年初，成员主要是中小学教员，还有北平师范大学等校的学生和黄松龄、范文澜等知名教授。1932年底，周永言（北平文总负责人）、潘漠华（北平左联党团书记）和进步教授许德珩、侯外庐、马哲民、台静农以及各校师生数十人先后被捕，造成轰动一时的“许、侯、马事件”，宋庆龄领导中国民权保障同盟参与营救。在天津，到1933年9月，“左联、社联、剧联、教联等左翼团体的盟员发展到三百多人”，② 但不久后，天津各左翼文化团体就遭到了国民党当局严重的破坏，教联工作也被迫陷入停滞。

教联章程规定“本社社员每人每月缴纳社金二角”。在实际工作中，有固定职业的党员、盟员一般每月捐出自己收入的百分之三十，几个常委则几乎全部捐出自己的薪金和稿费，甚至在极端困难的情况下，典当个人物品来维持工作，也是常有的事。陶行知、黄警顽、杜重远等进步人士也时常向教联提供援助。

教联活动不止于教育领域。在国际、国内重大事件、纪念日时，教联根据党的指示，直接参与散发传单、张贴标语，以及各类飞行集会、游行示威等活动，一些成员被捕或牺牲。1935年初，教联常委孙达生调中共江苏省委工作。4月，教联常委徐明清被捕，常委只剩丁华、王洞若、孙铭勋三人。③5月，教联黄乃一因参与筹备五卅示威活动被捕。夏秋，左联组织部

① 张泉林：《张泉林教育文集》（续集），2003年印行，第57页。

② 中共北京市委党史研究室、中共天津市委党史资料征集委员会编：《北方左翼文化运动资料汇编》，北京出版社1991年版，第682页。

③ 黄乃一：《回忆三十年代上海“教联”》，中共上海市委党史研究室编：《上海党史资料汇编》第2编下册，上海书店出版社2018年版，第968页。

长王尧山调教联党团，专门做教师工作。

1935 年 10 月，在文委、文总领导下，教联发布《中国新兴教育者联盟纲领草案》。1935 年底 1936 年初，随着文总和左翼各联盟的解散，教联成员大部分转入国难教育社和各界救国会，在更广阔的战线上开始新的战斗。

第四节　电影小组、音乐小组的成立与运作

电影小组和音乐小组，有别于其他左翼文化团体。由于这两个组织的党员人数不多，同时考虑到公开活动的便利，并未组成级别类似左联、社联一样的联盟，主要由文委的夏衍、田汉分别单线领导。虽然这两个小组成立较晚，但左翼电影运动、左翼音乐运动大放异彩。

一、电影小组的组织运作

20 世纪二三十年代上海许多影院由美商控制。几家较大的国产电影公司天一、明星等，拍摄的影片大都是宣扬封建伦理道德或才子佳人，或者表现神侠鬼怪。九一八事变、一·二八淞沪抗战后，民众的文化生活需求和审美情趣有所改变，大家希望看到反映抗日爱国的现实生活影片。为适应广大观众的需求，中国共产党不失时机地派遣力量进入电影界，发展左翼电影。

1931 年 9 月，剧联通过的《中国左翼戏剧家联盟最近行动纲领》明确提出党对电影运动的任务，“除演剧而外，本联盟目前对于中国电影运动实有兼顾的必要。除产生电影剧本供给各制片公司并动员盟员参加各制片公司活动外，应同时设法筹款自制影片”，“组织‘电影研究会’，吸收进步的演员与技术人材，以为中国左翼电影运动的基础”，“为准备并发动中国电影界的‘普罗·机诺’（无产阶级电影）运动”，与资产阶级及封建倾向进行斗

争，“对于现阶段中国电影运动实有加以批判与清算的必要”。[①]

为开辟左翼电影阵地，党有意识地动员剧联盟员进入各电影公司，充实电影界的进步力量。1932 年一·二八淞沪抗战后，“明星老板感到形势发展，如影片内容不改变，怕赚不了钱”。[②] 恰好洪深在明星公司任职，在其提议下，明星公司决定邀请左翼作家夏衍、钱杏邨、郑伯奇担任编剧顾问。对于派员打入电影界，党内意见开始并不统一，有人表示反对。会上讨论时，领导左翼文化工作的瞿秋白听取大家意见后，最终指出“在文化界艺术领域中，电影是最富群众性的艺术”，“现在有这么一个机会，不妨利用资本家的设备，学一点本领”。[③] 文委经慎重研究后作出同意的决定，于是夏衍、钱杏邨、郑伯奇得以化名黄子布、张凤梧、席耐芳进入明星公司。8 月，田汉为联华影业公司编剧。10 月，艺华电影公司聘请田汉为总顾问，后邀阳翰笙为编剧主任。在短时间内，上海三家电影公司的编剧部门都有了共产党力量，为开创左翼电影运动打下基础。

1933 年 2 月，中国电影文化协会在上海成立，号召电影工作者“亲切地组织起来”，“认清过去的错误”，“探讨未来的光明”，“建设我们的新的银色世界”。成立大会选举产生执行委员和候补执委，夏衍、田汉、洪深、郑正秋、聂耳、蔡楚生、史东山、孙瑜、任光、金焰、张石川、唐槐秋、胡蝶、应云卫、沈西苓等 30 余人当选。这是一个由共产党员、进步影人、民族资本家共同参与、公开的联合团体。

为从组织上确保党对左翼电影运动的领导，1933 年 3 月，党的电影小组正式成立，组长夏衍。[④] 党的电影小组是核心，中国电影文化协会是外

---

① 《中国左翼戏剧家联盟最近行动纲领》，文化部党史资料征集工作委员会编：《中国左翼戏剧家联盟史料集》，中国戏剧出版社 1991 年版，第 17 页。

② 《阿英忆左联》，《新文学史料》1980 年第 1 期。

③ 夏衍：《懒寻旧梦录》（增补本），中华书局 2016 年版，第 148 页。

④ 1933 年 3 月主要依据夏衍的回忆，钱杏邨、司徒敏慧回忆说是 1932 年秋冬。后来，司徒慧敏还对夏衍说法作了补充，认为 1932 年九十月间是酝酿阶段。见吴海勇：《“电影小组”与左翼电影运动》，上海人民出版社 2014 年版，第 96—97 页。

围。实际上筹组中国电影文化协会时，已作了为我所用的打算。协会的总务、组织、宣传、文学等各部部长主要由电影界的前贤时彦郑正秋、周剑云、姚苏凤、孙瑜等担任，夏衍、聂耳、沈西苓分任文学部、组织部、宣传部的秘书，通过主职务虚、副手务实的特性，夏衍等人实现了对该会的组织引导。

除组长夏衍外，电影小组的成员还有钱杏邨、王尘无、石凌鹤、司徒慧敏。夏衍、钱杏邨二人都是左联的首届执行委员，因明星影片公司的邀请得以进入电影圈，开始编剧工作。钱杏邨早在大革命时期，就曾任六合影片公司在芜湖的经营，接触过电影市场营销。[①]王尘无自 1932 年 5 月底发表第一篇影评文章《由浅薄说到滑稽》起，很快成为影评界一支犀利的笔。石凌鹤在抗日风云激励下，开始写电影评论，后由《申报》聘为特约撰稿。司徒慧敏是 5 人小组中最早接触电影摄制工作的成员，他原在天一公司做录音、布景工作，后通过夏衍的关系进入明星公司，依旧是从事电影技术工作。

就组织性质而言，电影小组的 5 位成员都是中共党员，为此，电影小组性质接近于左联等左翼文化团体中建立的党团。在领导体制上，左联等左翼文化团体接受文委、文总两级组织的管理，而电影小组不必经过文总，直接接受文委领导。电影小组组长夏衍后成为中央文委成员之一。

相比电影摄制，影评较易涉足。早在 1930 年下半年剧联就成立“剧评”小组，成员有田汉、石凌鹤、陈鲤庭、唐纳等人。在此基础上，1932 年 7 月扩大成立为“影评小组”。影评小组成立之初，由田汉负责，成员仅有王尘无、夏衍、石凌鹤、鲁思、徐怀沙等数人。此后，郑伯奇、钱杏邨、沈西苓、孙师毅、聂耳、柯灵、毛羽、李之华、舒諲、于伶、宋之的、赵铭彝等人源源不断地加入进来。

当时，报刊是宣传电影的主要传媒。迫于白色恐怖，除创办《电影艺

① 张伟：《最早涉足影坛的共产党人》，上海电影史料编辑组：《上海电影史料》第 1 辑，1992 年 10 月，第 184 页。

术》周刊外，左翼影评人还努力向社会上既有的报刊夺取发表阵地，甚至利用国民党背景的报刊发声。尽管暴露出一些主张激进、外行批评等问题，但左翼影评一时风行于《民报·电影与戏剧》《时报·电影时报》《晨报·每日电影》《中华日报·电影新地》《申报·电影专刊》《民报·影谭》《大晚报·剪影》《大晚报·星期电影》《时事新报·新上海》《新闻报·艺海》《大美晚报·文化街》等报刊。

影评小组接受剧联领导，随着电影小组5位成员中的夏衍、钱杏邨、王尘无、石凌鹤在影评界的声名鹊起，电影小组对左翼影评人的号召力和组织影响力与日俱增。电影小组由此楔入影评小组积极作为，正如于伶《回忆"剧联"话影评》所言："打开当年的上海报纸，几乎每报每天都辟由一定的副刊篇幅或专页、专栏。每报且有相当固定的电影评论者，当时叫'影评人'……这是在'电影小组'领导下，'剧联'盟员组成的'影评小组'团结着许多进步友人，有组织有领导地开展的。"①

创作电影剧本是电影小组领导左翼电影运动的重要抓手之一。以电影小组为核心力量推出的33种左翼电影剧本，缓解了左翼电影运动首先必须面对的"剧本荒"问题，起到了积极的带动作用。洪深、孙瑜、蔡楚生、史东山、欧阳予倩等进步电影人以及老一辈电影人郑正秋等，也在左翼电影文化氛围中推出了一批左翼电影。

电影小组仅有5名成员，为最大限度地发挥影响力，很早就开始了统战工作，注重团结电影界一切进步的力量，在与电影公司的资方、导演摄制团队、电影明星以及传媒报人处好关系的同时，努力将文学界、话剧界、音乐界、美术界的进步分子引入电影界。"客观实际也规定了我们不能不搞联合战线。"②注重电影统战工作，使左翼影人面对国民党当局压迫时，能够在电

① 广播电影电视部电影局党史资料征集工作领导小组、中国电影艺术研究中心编：《中国左翼电影运动》，中国电影出版社1993年版，第934页。

② 夏衍：《在"二十—四十年代中国电影回顾"开幕式上的讲话》，《夏衍电影文集》第2卷，中国电影出版社2000年版，第423页。

影界获得必要的立足之地。

随着中苏邦交在20世纪30年代恢复正常，《生路》《重逢》《金山》等苏联影片接连在上海放映。电影小组还因势利导，宣传介绍苏联电影文化，既呼应社会主义思潮，同时加强对左翼电影运动的领导。苏联的电影理论、技术技巧、剧本结构和导演手法也成为左翼影人学习借鉴的对象。

由于国民党当局迫害的加剧，中国电影文化协会成立不久就停止活动。1934年春，党直接掌握的电通电影制片公司成立，成为电影小组打开局面的另一个有力抓手。在电通电影制片公司的具体运作中，司徒慧敏任制片主任，夏衍、田汉对电影创作投注了大量的心血，出品了《桃李劫》等4部左翼电影，从而使电通电影制片公司成为党领导下的一个颇具标志性的文化堡垒。

1935年1月，电影小组通过田汉邀请电影演员金焰、王人美、刘琼、应云卫、袁牧之等组成上海舞台协会，在金城大戏院演出田汉的剧作《回春之曲》《水银灯下》，轰动沪上。这可视为电影小组组织的最后一次盛大公众活动。2月，二一九大破坏发生，中央文委书记阳翰笙、负责联系剧联的文委成员田汉等多人被捕，负责电影小组的文委成员夏衍被迫隐居7个月并暂时离开了电影界。5月，成为剧联负责人的石凌鹤，利用其负责编辑《申报·电影专刊》《现代戏剧》等刊物的时机，主动承担起团结、指挥左翼电影人的任务。[①] 在国民党政治迫害和经济扼杀下，众多小型影片公司纷纷关门，电通电影制片公司亦于11月倒闭，左翼电影运动明显收缩。

为了贯彻中国共产党有关建立抗日民族统一战线的精神，左翼文化团体于1935年底1936年初各自解散，电影小组大体在那个时候完成它的历史使命。然而，党影响或领导下的左翼电影运动并没有就此终结。1936年1月，上海电影界救国会成立，提出“全国电影界联合组织救国的统一战

---

① 江西省老年文艺家协会、江西艺术职业学院编：《百年凌鹤：石凌鹤百年诞辰纪念文集》，中共江西省委党校印刷厂2006年印，第41、346页。

线，参加民族解放运动”等主张，左翼电影运动进入新阶段。

二、音乐小组的组织运作

音乐具有很强的凝聚情感、宣传教育作用。1930 年，左联成立后，即开始有组织地探索研究新兴音乐，倡导音乐的大众化道路。左联刊物《大众文艺》连续发表《革命十年间苏俄的音乐之发展》《音乐之唯物史观的分析》等译文，呼吁革命音乐家创造劳动群众的新兴音乐。

1931 年 12 月，由章泯、沙梅编辑的左翼刊物《戏剧与音乐》创刊，发表夏蔓蒂的《音乐短论》、郑导乐的《新音乐发展的倾向》等文章，探讨音乐大众化的问题。《音乐短论》关于“音乐是社会的意识形态，社会意识形态是社会心理的组合物”等论述，让聂耳深受启迪。1932 年 7 月，聂耳以“黑天使”笔名发表《中国歌舞短论》等，对香艳低俗的歌舞发出左翼音乐运动的批判之声。

从组织来说，相较于文学、戏剧、美术、电影等领域，正式的左翼音乐组织出现较晚。左翼音乐工作者起初主要从事戏剧、电影方面的活动。左翼戏剧、电影运动的快速发展，为左翼音乐提供了充分的人才队伍和发展基础。

北平左翼音乐家联盟（简称北平乐联），是最早成立的左翼音乐团体。1932 年 5 月，根据中共河北省委指示，成立北平文化总同盟（简称北平文总），执行委员大多是各左翼社团的负责人。8 月，北平文总开始筹备成立北平乐联，主要由王丹东和李元庆等人负责。[①]8 月 11 日，聂耳从上海到达北平，加速了北平乐联的筹建。10 月下旬一个礼拜天，北平乐联正式召开成立大会，20 多人出席。陆万美代表北平文总参会，会议由王丹东主持，最后推选王丹东、李元庆、聂耳等为负责人。北平乐联成员还有黎国荃、周和康、陈桂华、王浩兰（王丹东妹妹）等。在严酷政治环境中，北平乐联“处处感到困难”。11 月 6 日，聂耳离开北平回上海。次年初，李元庆与黎国

① 陆万美：《聂耳在北平》，《聂耳全集》增订版下卷，文化艺术出版社 2011 年版，第 216 页。

荃去杭州西湖艺专音乐系学习，王丹东也在此前后离开北平，随着核心人物的离去，北平乐联不久就解散了。聂耳回到上海后，加快上海左翼音乐团体的筹建，并成为其中的核心人物之一。

九一八事变后，在宋庆龄支持下，上海、南京等地的进步知识分子组织了一个介绍苏联情况的进步团体“苏联之友社”。苏联之友社是“较知名的同志”参加的“上层人士的一种松散的组织”，并非文委、文总下属，但“有些活动通过剧联进行”。[①]1933 年初，成立“苏联之友社音乐组”，由田汉领导，成员有任光、张曙、安娥、聂耳、周巍峙等。小组成员经常在百代唱片公司音乐部主任任光家中聚会，讨论创作，推敲作品，还曾组织一起去观看苏联电影。稍后，1933 年 2 月，聂耳、任光、张曙、安娥等发起成立中国新兴音乐研究会。作为一种小型研讨性团体，中国新兴音乐研究会并无严格的组织章程，研究会的主要参加人、活动地点、活动方式与苏联之友社音乐小组基本相同。同时，田汉在这一时期还推动成立过从事新歌剧的新群剧社，聂耳、任光、安娥、张曙、顾梦鹤、周伯勋等参加，但不久无形解散。

1934 年春，左翼剧联音乐小组正式成立。文委原计划组织左翼音乐家联盟，后鉴于从事音乐工作的党员成员还不够，遂决定仍保持音乐小组的形式。剧联音乐小组负责人（组长）先后有萧之亮、聂耳、吕骥，由文委派田汉单线领导。小组成员不多，下面再分小组进行活动，一般都只有两三个人。据回忆，吕骥、聂耳、陈梦庚、王为一曾是一个组，聂耳到日本后，吕骥又参加章泯、张庚小组，任光、安娥是另外一个组。

音乐小组的会议，田汉几乎每次都参加。1934 年夏，吕骥和聂耳一同到田汉家中开会，当时剧联党团书记赵铭彝也在场。[②]1934 年，电影歌曲盛行，文委决定由夏衍协助田汉，让电影方面对音乐有兴趣的人参加。音乐

---

① 赵铭彝：《田汉同志在左翼文化运动时期的二三事》，《中国左翼戏剧家联盟史料集》，中国戏剧出版社 1991 年版，第 67 页。

② 伍雍谊：《人民音乐家吕骥传》，中国文联出版社 2005 年版，第 154 页。

小组成员积极宣传苏联音乐和马克思主义文艺观，探索创造大众化新兴音乐，并为进步电影和戏剧配乐作曲。

中国左翼音乐运动可分为两个时期。第一个时期是 1935 年前的左翼音乐兴起时期，主要是翻译介绍苏联的革命音乐理论和实践，以马克思主义文艺理论为指导，运用现实主义创作方法，在电影歌曲创作方面取得明显成果。田汉、聂耳、安娥、任光等左翼音乐家创作的《卖报歌》《渔光曲》《毕业歌》《大路歌》《义勇军进行曲》《铁蹄下的歌女》等电影歌曲，伴随着戏剧电影的演出风靡全国。第二个时期是 1935 年后的左翼音乐蓬勃发展时期，左翼音乐者深入工农群众，组织各种歌咏团体，演唱革命歌曲，推动抗日救亡歌咏运动蓬勃发展，扩大左翼音乐工作者的队伍。①

为躲避国民党当局的迫害，1935 年 4 月，经中共党组织批准，聂耳前往日本准备到苏联学习音乐，剧联音乐小组由吕骥负责。此前，剧联音乐小组的另一位重要成员张曙离开上海到长沙，负责联系剧联音乐小组的文委委员田汉被捕，而萧之亮也根据文总决定于本年离开上海回贵州，音乐小组成员越来越少。后来的左翼音乐工作者没有再加入剧联音乐小组，而是通过业余合唱团、词曲作者联谊会等更广泛的音乐群众团体开展活动。

一二·九运动后，随着救国会运动在全国的推开，抗日救亡歌咏活动在全国蓬勃兴起。左翼音乐工作者创作一大批能够反映民众情感的歌曲，并组织歌咏团体，助推抗日救亡运动的发展。

第五节　文总对左翼文化运动的指导

为统一领导左翼文化团体，把进步文化力量集中于党的影响之下而成立

① 孙慎：《党在 30 年代对音乐工作的领导》，《孙慎曲文集》下，人民音乐出版社 2015 年版，第 201 页。

的中国左翼文化总同盟（简称文总），在推动左翼文化运动发展中发挥重要作用。文委是党的组织，文总是群众团体。左翼文化团体“八大联”① 中的许多成员并非党员，由文总进行领导，更有利于开展工作。

一、文总成立与各地文总

1930 年 9 月 18 日，文总成立准备会在上海召开，② 左联、社联、美联、剧联等团体代表 20 余人参加，“首先讨论左翼文化力量统一的问题”。决定组织准备委员会，选出代表 5 人，由左联代表负责召集。准备委员会的任务为：在文总未成立前，兼作文化团体中苏准会③；发宣言邀请各地文化团体派代表参加成立大会；扩大同盟组织等。准备委员会的具体工作：起草纲领宣言；发刊机关杂志；建立革命文化出版所等。

“左联是文总中成立最早的，底子厚”，④ 为此，文总筹备由左联负责召集。10 月，文总在上海正式成立。文总内设党团，多数情况下，文总的党团成员就是文委成员，可以说是“一套班子，两块招牌”，⑤ 某些事情应该用群众团体的文总名义做的就用文总名义做，实际上都是文委作决定。

文总成立后，约到 1930 年底，由文委委员李一氓专职负责。1931 年 3 月后，曹荻秋任文总秘书。九一八事变后，季楚书任文总秘书。丁玲曾任文总宣传部部长，1931 年底由田汉接任。在此前后，在文总工作的还有钱杏邨。1932 年一・二八淞沪抗战爆发前夕，文总改组，党团书记祝伯

① “八大联”至少是 1933 年以后的泛称，因为文总成立前，仅有左联、社联、美联、剧联等 4 个左翼文化团体成立。文总成立后，语联、记联、教联、电影小组、音乐小组才成立，从数量上来说有 9 个（音乐小组也可认为下属剧联）。为此，胡乔木说文总下属的联盟各个时期并不一样，他任文总党团书记的最后一届文总，文总还指导了中国妇女运动大同盟。

② 《左翼文化总同盟成立准备会》，原载《红旗日报》1930 年 9 月 19 日第 36 号，见《中国社会科学家联盟成立 55 周年纪念专辑》第 275 页。

③ 1930 年 5 月，在上海召开的全国苏维埃区域代表大会决定成立全国苏维埃代表大会中央准备委员会，左联、社联以及反帝大同盟、自由大同盟等都参与其中。

④ 《阿英忆左联》，《新文学史料》1980 年第 1 期。

⑤ 阳翰笙：《中国左翼作家联盟成立的经过》，《阳翰笙选集》第 5 卷，四川文艺出版社 1989 年版，第 151 页。

英解职，潘梓年、朱镜我参加文总工作，2 月上旬起阳翰笙负责文总的全面领导。3 月，文总位于公共租界昌平路 385 号、370 号的两处机关被破坏，张光真、季楚书、曹荻秋（化名张云卿）、曹新哲（化名张宗顺）等被捕。[①]4 月，许涤新调任文总秘书，工作了 3 个多月。文总常委 3 人中冯雪峰是负责人，杜国庠负责组织，祝伯英负责宣传。1932 年底到 1933 年 5 月，楼适夷调文总工作，文总还有潘梓年、杜国庠、阳翰笙。1933 年夏，文总负责人是杜国庠。[②]1934 年春开始，文总常委 3 人中周扬是负责人，许涤新负责组织，于伶负责宣传，王尘无任文总秘书。许涤新曾调社联骨干陈处泰、李凡夫到文总帮助工作。1935 年二一九大破坏中许涤新等被捕，社联党团书记陈处泰兼任文总党团书记，文总成员有何定华、王翰。七八月间，调社联常委胡乔木任文总宣传部部长。10 月，调社联编辑部钱俊瑞到文总工作。11 月，陈处泰被捕后，周扬领导的新文委决定胡乔木任文总党团书记，文总成员有王翰、邓洁等。

北平、广州等地也先后建立起地方的文总，领导当地左翼文化团体。

在北平，1932 年 5 月，根据中共河北省委指示，北平各左翼文化团体联合召开代表大会，成立北平文化总联盟（简称北平文总），通过《北平文化总联盟纲领》和《北平文化总联盟章程》。大会推选的执行委员大多是各左翼文化团体的负责人。从执委中又选出常委 5 人，分别担负总务、组织、宣传、出版、发行等工作。北平文总内设党团（组），党团直接受中共河北省委和中共北平市委的指示。在北平文总担任领导职务的有潘漠华、周永言、张磐石、陈沂、萧之亮、马致千、陆万美、谷景生等。

在北方其他地区，1932 年夏，天津左联、社联、剧联相继成立。9 月，天津左翼文化总同盟成立，党团书记张秀岩，出版天津文总机关刊物《天津文化》。同年秋，山西文化总同盟成立，负责人安紫西，将太原教职员联盟、

① 中共重庆市委党史研究室编：《丹心铁骨曹荻秋》，重庆出版社 2009 年版，第 35 页。

② 黄学盛、熊泽初：《杜国庠传略》，中共汕头市委党史办公室、澄海县委党史办公室等编：《杜国庠同志诞辰一百周年纪念专辑》，1989 年印行，第 5 页。

太原社会科学家联盟纳入领导之下。

在广州，根据北平左翼文化运动的经验，在上海文总指导下，广州各左翼文化团体于1933年三四月间在越秀山举行会议，宣布正式成立中国左翼文化总同盟广州分盟（简称广州文总），推选何干之、温盛刚、谭国标、欧阳山、吴屿、黄甘棠、胡春冰为执行委员，何干之任书记。不久，广州文总成立了三个下属组织：中国社会科学家联盟广州分盟（简称广州社联）、中国左翼作家联盟广州分盟（简称广州左联）、中国戏剧家联盟广州分盟（简称广州剧联）。广州文总成员还有石辟澜、连贯等，最多时有六七十人，成立的外围组织——读书会，成员有200多人。1934年8月，广州文总成员温盛刚、谭国标、凌伯骥、赖寅仿、郑挺秀、何仁棠牺牲。广州文总遭破坏，其下属的社联、左联、剧联被迫停止活动。

文总为指导各地的左翼文化团体而积极努力。1932年，留学日本东京进步学生的2个文化团体——由胡风、何定华、聂绀弩等组织的“新兴文化研究会”与漆宪章、刁明伦等组织的“社会科学研究会”发生纠纷，以致相互攻击。胡风向上海文总作了汇报。文总了解情况后，委托文总楼适夷于1932年底前往日本东京期间，以“适代表”的名义进行调解，指示双方停止攻击，改变活动方式。

二、从《文化斗争》到《文报》的文总刊物

在文总正式成立前，1930年8月15日，文委指导下的《文化斗争》在上海创刊，由潘汉年、朱镜我主编。潘汉年在《本刊出版的意义及其使命》中，希望社联、各学校社会科学研究会、左联、各学校文学研究会、左翼剧团联盟、美联等左翼团体“指定通信员与本刊编辑部发生经常密切关系”，“目前本刊编辑和发行是由左联与社联共同负责，希望剧联、美联很快派人参加”。《文化斗争》于8月22日出版第2期后，没能继续出版。

1931年九一八事变后，党责成文总于10月间创办一个公开发行的

政论性周刊《九·一八》。该刊第2期改名《公道》，第3期改名《中国与世界》，由左联、社联、剧联等团体供稿，共出17期，到1932年3月停刊。

1932年一·二八淞沪抗战爆发后，2月，文总又决定会同左联、社联和剧联等改出《白话报》周刊，编委会由朱镜我、楼适夷、杨邨人、季楚书4人组成。报社在新闻路，由季楚书任经理，挂起招牌，公开发行。刊物内容包括新闻和政论、文艺作品，面向工农兵大众，送往前线慰劳，得到瞿秋白的积极支持。

11月15日，文总机关刊物《文化月报》在上海创刊，编辑者陈乐夫，编辑部设在上海五马路（今广东路）河南路路口处。该刊只出版1期，即被查封。创刊号上发表由楼适夷起草，鲁迅、茅盾、丁玲、曹靖华、冯雪峰、夏衍、楼适夷署名的《高尔基的四十年创作生活——我们的庆祝》①、鲁迅译的《苏联文学理论及文学批评的现状》、穆木天的《苏联文学与工人突击队》、应修人的小说《金宝塔银宝塔》(写于1932年1月）等文章。在“世界文坛情报”栏，还提到联共（布）中央决定将“拉普”解散，另组全苏作家同盟；国际革命作家同盟决定于11月7日举行第三次总会；9月25日是高尔基文坛生活40周年纪念日等消息。

1932年6月，袁殊主编的《文艺新闻》停刊，文总为保留全国的读者，决定出版公开的外围刊物《社会生活》周刊。该刊创刊于1932年10月，由左联楼适夷、社联蔡馥生和电影小组夏衍组成编辑小组，左联周钢鸣担任发行，约编到第6期时被查封。②之后文总又决定改出《正路》半月刊，创刊于1933年6月，由社联张凌青、蔡馥生担任正副主编，撰稿人有朱镜我、杜国庠、许涤新、马纯古、艾思奇、周扬、茅盾、艾芜等。

---

① 这篇祝词是左联的集体行为，鲁迅名字由楼适夷代签，见赵家璧:《编辑忆旧》，西北大学出版社2019年版，第110页。

② 蔡馥生:《我参加中国社联的前前后后》，上海市哲学社会科学学会联合会编:《中国社会科学家联盟成立五十五周年纪念专辑》，上海社会科学院出版社1986年版，第101页。

因正副主编张凌青、蔡馥生在筹备远东反战大会时于 8 月 17 日同日被捕而停刊。

鉴于公开出版发行的刊物不断被查封，文总后期以手工刻写、油印的方式，秘密发行了《文报》。《文报》创刊时间不详，不定期出版，现存 1935 年新年号、第 11 期和同期副刊《研究资料》第 1 期。

《文报》新年号“编后”落款时间为 1935 年 1 月 15 日。[①] 刊有《过去工作之检讨与我们今后的努力》《三 L 纪念日宣传大纲》《年关斗争纲领》《反宗教迷信的大纲》《苏区文化教育的片断》《世界各国作家对中国焚书坑儒的抗议》《国际革命戏剧家同盟给剧联的一封信》《文总致全世界著作家的信》以及《苏联苏维埃作家联盟盟约》等。“编后”指出，“别了很久的文报，终于和同志们重新见面了”。

《文报》第 11 期出版时间为 1935 年 10 月 25 日，是二一九大破坏后，在重新组建的文总常务委员会（以下简称新文总）领导下出版的。主要刊有《关于发表新纲领的紧急通告》《中国左翼文化总同盟纲领草案》《中国社会科学者联盟纲领草案》《中国新兴教育者联盟纲领草案》《中国左翼报人联盟纲领草案》《中国妇女运动大同盟纲领草案》《中国左翼作家联盟纲领草案》，以及《纪念两个国际的人物》《讣告——纪念热烈的革命者瞿秋白　何叔衡》等。新文总《关于发表新纲领的紧急通告》落款日期为 10 月 15 日。“编者言”指出，“这是工作转向后的第一期，有许多纲领草案，在当时必须提出展开讨论，而且事后也是行动上的指导原理”。左翼文化运动领导人瞿秋白于 1935 年 6 月在福建长汀就义后，除鲁迅决定编辑瞿秋白文稿印成《海上述林》两卷外，在白色恐怖下的中国很少有公开悼念的文字。新文总在《纪念两个国际的人物》以及《讣告》中披露了左翼文化运动领导人瞿秋白牺牲的消息，并对他的一生和主要功绩进行了回顾，“在最

---

① 1 月 15 日是国际共产主义运动领导人卡尔·李卜克内西和罗莎·卢森堡遇害纪念日，1 月 21 日是列宁逝世纪念日。

困难的秘密的情况中进行着党的工作”，“是一个能动的战士”“一个卓越的政治家”。

“编者言”还指出“从本期起，还增编了副刊研究资料，专搜集重要报告、文件，以供讨论，欢迎同志们投稿!”《文报》副刊《研究资料》第1期由新文总宣传委员会编，出版时间与文报第11期相同。新文总宣传委员会《加强研究工作获得思想的武装》一文，交代了出版背景。《研究资料》第1期主要刊有第三国际第七次代表大会文献，包括季米特洛夫的报告、皮克的报告简录、中国代表团的报告节录、大会总结、大会经过述要以及斯大林5月4日在红军学院学员毕业典礼上的讲话《干部决定一切》等。由署名“田静”“静”“石君”翻译，季米特洛夫译为第米脱洛夫，皮克译为辟克，斯大林译为史大林。

二一九大破坏后，包括《文报》第11期和副刊《研究资料》第1期在内的多数左翼刊物，出版费用大都由新文总和各左翼文化团体自行筹集。党的秘密印刷工作起了重要作用，如社联印刷处的沈晓枫（署名P·S）在艰苦条件下，多次出色完成刻写《社联盟报》《文报》的任务。

1935年七八月间共产国际七大举行之际，中共中央尚在长征途中，与共产国际的电讯联络早就中断。到11月中旬，肩负传达共产国际七大会议精神和八一宣言内容的林育英（张浩）才从莫斯科到达陕北瓦窑堡。《文报》10月间就披露了共产国际七大文件，得益于上海便捷的国际交通和邮政通信，一些书店仍可买到外文书报。剧联党团书记于伶、左联苏灵扬等从南京路靠近外滩一家德国人开的名叫“时代精神”的书店，买到载有共产国际七大会议资料的英文版共产国际刊物《国际通讯》，交给新文委书记周扬，[1]稍后又得到10月1日在巴黎出版的《救国报》并看到发表在上面的八一宣言。

---

① 苏灵扬:《一个不是作家的“左联”盟员的回忆》，中共上海市委党史研究室编:《上海党史资料汇编》第2编下册，上海书店出版社2018年版，第644页。孔海珠:《于伶传论》，上海人民出版社2014年版，第130页。

三、文总组织开展的重要活动

在文总的统一领导下，各左翼文化团体团结联合广大进步文化知识分子，在开展重大革命活动时相互配合、互相支持，共同推动中国革命和左翼文化运动的发展。

1931 年九一八事变后，中共江苏省委决定通过留日回国学生会和东北旅沪同乡抗日会中的党团员建立一个由党领导的全市性反日团体。12 月 6 日，上海民众反日救国联合会成立，左联、社联、剧联的代表都被选进常务委员会，推选社联刘芝明担任联合会主席。中共江苏省委宣传部部长杨尚昆担任过联合会的党团书记，党团成员还有骆何民等。中共江苏省委通过上海民众反日救国联合会，组织上海民众反日救国义勇军，由反日救国联合会党团和中央军委直接领导，推选左联韩伯涛（韩进）任主席，义勇军总部有 20 多个工作人员，大部分是左联、剧联、美联等团体调来的党团员。①

1932 年 1 月 17 日，上海民众反日救国联合会在南市公共体育场举行第三次市民大会。左联的楼适夷负责秘密翻印党的传单，再由文总秘书季楚书带至大会现场，交给在场的左翼文化团体成员散发。冯雪峰、刘芝明、邓初民等在大会上做了演讲，丁玲、楼适夷等高举横幅参与游行。

1932 年 3 月 5 日，文总召开第四次代表大会，中国左翼作家联盟、中国左翼社会科学家联盟、中国左翼戏剧家联盟、中国左翼文艺研究会、中国左翼社会科学研究会、中国左翼社会美术家联盟、中国普罗新闻学研究会、中国工农通讯社、中国青年世界读书联盟等 9 个左翼文化团体参加。大会反对日本帝国主义的侵略和国民党的不抵抗政策，讨论了三一八纪念和反对白色恐怖周等内容，决议发表《为坚持反日战争到底，反对进攻苏

---

① 韩进：《回忆上海民众反日救国义勇军的活动》，中共上海市委党史研究室编：《上海党史资料汇编》第 2 编下册，上海书店出版社 2018 年版，第 848 页。

联与中国苏维埃红军，通电全世界无产阶级与被压迫民族》《纪念三一八宣言》。[①]

文总第四次代表大会上，剧联提出竞赛运动的倡议，得到左联和其他左翼文化团体的热烈响应。3月，经文总指导和审定，左联和剧联、社联签订为期一个半月（3月15日至4月底）的竞赛工作合同。同月上旬，文总借泰东书局楼上编辑部召开过一次执委会议，讨论了钱杏邨负责编写工农教科书的内容与进程，筹组中国左翼新闻记者联盟等问题。在文总指导下，记联于3月在上海成立，教联于4月在上海成立。文总和左翼文化人士的活动引起租界和国民党当局的注意。就在文总第四次代表大会召开后不久，1932年3月中旬，因大夏中学的社研（中国社会科学研究会）成员杨杰被捕后叛变，文总位于上海公共租界昌平路385号、370号的两处机关被破坏，张光真、季楚书、曹荻秋、曹心哲等被捕。

在文总第四次代表大会前后，左翼文化团体还参加了国民御侮自救会的筹组工作。为领导抗日救亡运动，中共上海中央局、中共江苏省委与宋庆龄领导中国民权保障同盟合作，1933年3月8日在上海八仙桥青年会举行国民御侮自救会成立大会。左联金丁参加筹组工作，[②]社联李剑华担任成立大会主席。[③]自救会内建立中共党团，阮啸仙、熊天荆先后任书记，4个党团成员除分管军事的张作人，其余3人都是左翼文化人士，包括分管组织工作的刘芝明，是社联成员；分管文化工作的穆木天，是左联成员；分管宣传工作的何云，是社联的外围团体中国社会科学研究会成员，参与编辑《中国论坛》。[④]

左翼文化团体为1933年9月在上海召开的远东反战会议作出了重要

① 周学鲁：《“文总”的两件重要文献》，上海鲁迅纪念馆编：《上海鲁迅研究》，上海百家出版社2001年版，第169—176页。

② 金丁：《有关左联的一些回忆》，《左联回忆录》，知识产权出版社2010年版，第150页。

③ 李剑华：《关于“社联”一些情况的回忆》，中共上海市委党史研究室编：《上海党史资料汇编》第2编下册，上海书店出版社2018年版，第587页。

④ 左权县委党史研究室等编：《左权抗日英烈传》，北岳文艺出版社1995年版，第3页。

贡献。早在 1932 年 11 月，共产国际就决定以国际反战委员会的名义由宋庆龄领导在上海筹备召开一次中国、日本、朝鲜等代表参加的远东反战大会。就此计划，共产国际于 1933 年 1 月致电中共中央。1932 年底，文总工作的楼适夷接中央宣传部朱镜我（曾任文委书记）安排的紧急任务，和胡风前往日本东京，与日共商谈远东反战大会事宜。社联李剑华、剧联郑伯奇等也从 1933 年上半年开始在《现象》月刊、《申报》副刊《自由谈》上撰写欢迎国际反战代表团的文章，语联的《世界》月刊出了一期欢迎巴比塞的专刊。但原计划 3 月召开的会议一再延期。6 月，在中国民权保障同盟总干事杨杏佛遇害，其他领导人受到威胁，“大会的前景很渺茫”情况下，[①] 中共中央于 18 日发出《关于欢迎国际反帝非战大同盟代表团来华及反帝大会的筹备通知》，接过筹办远东反战会议的重担。承担实际领导工作的中共江苏省委宣传部部长冯雪峰通过文委、文总以及上海反帝大同盟的组织网络，抽调左联、社联等左翼文化团体的大批骨干参与其中。

从欲公开举行大会到转为秘密举行，左翼文化界为大会召开负起很多工作。8 月 16 日，由鲁迅等 105 位文化界人士联名签署的《中国著作家欢迎巴比塞代表团启事》在《大美晚报》上发表。巴比塞因病未能成行，远东反战会议主席马莱一行 5 人于 18 日上午 10 时抵达上海招商局中栈码头，宋庆龄亲自上船迎接，事先动员的文化界、工人、学生在内的各群众团体在码头组织欢迎会，同时散发鲁迅、茅盾、田汉联名的《欢迎反战大会国际代表的宣言》。左翼文化团体中，左联于国际代表抵达当日即发表了事先准备好的欢迎词。社联于 9 月 6 日发表宣言。同月，文总宣言号召“一致在全世界反帝反战大同盟的旗帜之下团结起来”，“学生们和一切文化界的人们，你们具有特殊的文化工具，积极奋起，负担反帝大会需要你们担负的

① 《埃韦特给皮亚特尼茨基的第 6 号报告》(1933 年 7 月 28 日于上海)，见上海市孙中山宋庆龄文物管理委员会、上海宋庆龄研究会编:《远东反战会议纪念集》，东方出版中心 2014 年版，第 90 页。

工作！”①

为做好宣传，8月29日，由楼适夷、江丰等以反战新闻社名义创办《反战新闻》专刊。麦伦中学教师曹亮（后加入苏联之友社、社联）被安排担任英国代表马莱的翻译。经美联江丰介绍，李又然（与美联艾青在巴黎相识）被安排担任法国代表古久里的翻译。面对国民党当局和租界方的监视控制，田汉等人利用艺华电影公司的特殊关系，借来汽车陪同国际代表去上海近郊大场参观陶行知办的山海工学团，并促成艺华电影公司老板严春棠做东，邀集明星、联华、天一等沪上电影公司的知名导演、电影明星等40余人欢宴国际代表。北平、广州的左翼文化团体也积极行动。7月22日，北平左翼文化刊物《科学新闻》报道反战大会将于上海举行的消息。8月，北平文总、左联、社联及进步读书会、杂志社的代表在北平艺术学院举行欢迎反战代表的会议，与会代表全遭逮捕。广州的抗日剧社组织有反帝的公演，新文艺评论社出版欢迎国际反战代表的专号。

国际代表团抵沪后不久，就得到上海法租界、公共租界禁止在辖区召开大会的答复。在帝国主义和国民党当局联手阻挠下，包括左翼文化人士在内的积极分子先后“被捕去了五十人左右”。②8月17日，因特务盯梢，大会筹备小组核心成员张凌青（社联成员、筹备委员会秘书长）、刘芝明（社联成员，曾任上海反帝大同盟党团书记）以及社联党团书记史存直、社联成员蔡馥生（借调文总）和林天木等多人被捕。国际代表团抵沪当天的欢迎活动中，又有多人被捕。在刘芝明被捕后，楼适夷按冯雪峰指示接替工作，并调左联叶以群、刚出狱一个月的美联江丰等加入。9月17日，楼适夷、江丰又被捕。

① 中国左翼作家联盟《致上海反战会议各国代表巴比塞同志等的欢迎词》、中国左翼文化总同盟《中国文总欢迎反战调查团宣言》、中国社会科学者联盟《拥护国际反战大会宣言》，分别见上海市孙中山宋庆龄文物管理委员会、上海宋庆龄研究会编：《远东反战会议纪念集》，东方出版中心2014年版，第128、169、172页。

② 党：《远东反战反法西斯代表大会工作经过报告》，上海市孙中山宋庆龄文物管理委员会、上海宋庆龄研究会编：《远东反战会议纪念集》，东方出版中心2014年版，第250页。

当社会普遍传言反战大会将流产时，党的秘密办会工作起了促成作用。在大会召开前的几天，左联组织干事周文和夫人郑育之（左联基层小组成员）被抽调参与掩护大会召开的工作。在沪东某处（今虹口区霍山路85号）临时租来的房子里，郑育之和黄霖（扮作大儿子和“家主”）、朱姚（全国互济总会工作人员，扮作老母亲）、梁文若（中共江苏省委交通员，扮作大儿媳）以及刘少奇的儿子毛毛（刘允若，扮作“家主”的儿子）组成临时家庭，与其他几位保卫人员一起，负责掩护大会安全。9月28日到29日，与会代表分批秘密进入会场。夏衍、洪深特别借用明星电影公司汽车护送国际代表安全抵达。30日凌晨，宋庆龄甩掉特务跟踪到达后，大会随即开幕。由复旦大学左联小组的伍孟昌担任大会记录，[①] 社联负责人吴觉先（武剑西，承担共产国际远东局秘密工作）担任会场翻译。出于安全考虑，鲁迅没有参会，但他十分关心和支持这次会议，会前分别会见了国际代表马莱、古久里。

白色恐怖持续加剧。1933年10月，领导文委工作的中共江苏省委宣传部部长冯雪峰因参与远东反战大会的省委巡视员曾一凡被捕而险遭不测。冯雪峰凭借熟悉地形侥幸逃脱后，于12月按中央通知离开上海赴瑞金。1934年1月，过去一年中数次避难鲁迅家中的左翼文化运动领导人瞿秋白也按照中央通知赴瑞金。1935年1月《文报》新年号所刊《过去工作之检讨与我们今后的努力》，从理论、组织、行动等方面总结了左联、社联、剧联、教联、新联（记联）、电协（电影小组）、苏联之友社等左翼文化团体1934年的工作得失。而《三L纪念日宣传大纲》《年关斗争纲领》则初步展示了1935年初文总领导左翼文化团体开展活动的计划。新年号“编后”提到文总为迎接一·二八淞沪抗战纪念日，计划推出特刊，正在募集捐款和征稿。在文委成员、文总组织部部长许涤新等领导下，一·二八淞沪抗战纪

---

① 伍孟昌：《遥想左联当年》，上海市孙中山宋庆龄文物管理委员会、上海宋庆龄研究会编：《远东反战会议纪念集》，东方出版中心2014年版，第645页。

念日的飞行集会经过三个星期准备成功进行，约200人参加。

在1935年2月的二一九大破坏中，文委领导层遭受巨大损失，主要成员仅夏衍、周扬幸免于难，与中央失去了联系。夏衍又受“怪西人案”[①]牵连，隐蔽到8月底才开始出来工作。但各左翼文化团体基本保存下来，“除少数较弱的冲破不了当前的困难，颇有每况愈下的趋势而外，其他大多数尚能独立的活动，扩大了本身的组织”。[②]3月重建后的上海临时中央局努力恢复对文总的领导，分工联系文总的是临时中央局负责人之一的浦化人。[③]临时中央局宣传部负责人董维键一度与周扬接上关系。浦化人、董维键还见到了被中共中央派往上海的潘汉年，但临时中央局7月又遭破坏，重建工作被中共驻共产国际代表团叫停。文委、文总旋即再次失去与中央联系。

七八月间，文委委员兼左联党团书记的周扬和社联党组织接上关系，并召集各联负责人开会研究今后的工作。之后，决定重建文委。新文委以周扬为书记，成员有章汉夫、夏衍、钱亦石、吴敏等。文总也由此改组了新的常务委员会，党团书记是此前被文总组织部部长许涤新借调文总的社联骨干陈处泰，此时陈处泰已继马纯古之后兼任着社联党团书记。七八月间，陈处泰调社联常委胡乔木任新文总的宣传部部长。10月间，陈处泰调社联编辑部钱俊瑞到新文总工作。与陈处泰长期交往的华克之等人在南京组成“晨光通信社”。11月，孙凤鸣以通讯社记者身份进入国民党会场，枪击汪精卫。事后，陈处泰在搭救孙凤鸣妻子时被捕牺牲。[④]之后，新文委决定胡乔木任文总书记，党团成员有邓洁、王翰等，“这是文总的最后一届党团，这个班子

① 1935年5月，共产国际远东情报局负责人华尔敦（又名劳文斯）遭国民党当局逮捕。

② 《关于发表新纲领的紧急通告》，《文报》第11期，1935年10月25日。

③ 吴海勇、沈忆琴：《荆火：1933—1935年中共上海中央局研究》，上海人民出版社2023年版，第138、145页。

④ 华克之：《风雨话当年》，中共上海市委党史研究室编：《潘汉年在上海》，上海人民出版社1995年版，第133页。

工作了 3、4 个月”。[①]

新文总成立前后，对于震惊中外的《新生》被查封事件，领导社联、左联、教联在大世界附近组织了一次援助《新生》的示威游行，高喊“反对日本吞并华北！打倒卖国贼汉奸！反对中日文化合作！争取抗日自由！加入武装自卫会，反对封闭《新生》！释放杜重远！拥护苏维埃红军！”等口号，散发传单。同时，要求加强《新生》读者会的工作。[②]上海法租界效法公共租界一年前的做法，强迫人力车夫按照限令进行登记，导致 8 月 6 日到 9 日法租界人力车夫 4 万余人的大罢工。新文总组织声援罢工工人活动，由社联草拟“告上海民众”“告罢工人力车夫书”和“告公共租界人力车夫书”。[③]这些都说明，尽管环境艰险，但新文总仍然尽力发挥斗争的领导作用。

一二·九运动前后，全国的抗日救亡情绪日趋高涨。如何使各左翼文化团体的工作适应新形势，是新文委和新文总必须正视的问题。根据萧三的来信，新文委、新文总讨论了各左翼文化团体解散和建立文化界抗日民族统一战线的问题。其后，新文总与左联等左翼文化团体就此解散。

---

① 胡乔木：《1935 年至 1937 年间在上海坚持地下斗争的文委、文总和江苏省临委》，中共上海市委党史研究室编：《上海党史资料汇编》第 2 编上册，上海书店出版社 2018 年版，第 233 页。

② 开泰：《一个行动》（1935 年 8 月 15 日），《文报》第 11 期，1935 年 10 月 25 日。

③ 文总宣传委员会：《宣传品审查报告》，《文报》第 11 期，1935 年 10 月 25 日。

第三章 左翼文化艺术的蓬勃发展

在中国革命重要关头兴起的左翼文化运动公开鲜明地打出无产阶级革命文学的旗帜，开展马克思主义文艺理论的介绍宣传和无产阶级革命文化艺术的创作工作，在文化艺术领域取得丰硕的理论和创作成果。左翼文化艺术的蓬勃发展，不仅扩大了马克思主义的影响，而且有力地冲破了国民党的反革命“围剿”，支持了中国共产党领导的土地革命战争和革命根据地建设，走出了一条有中华民族特色的无产阶级新文化艺术道路。

第一节　左翼文学的发展

为促进中国左翼文化艺术的发展，左翼文艺工作者积极翻译马克思主义文艺理论的经典著作和海外新兴左翼文艺理论及作品，探索运用马克思主义解释文艺现象、批驳资产阶级唯心主义文艺观点、解决文艺同人民群众关系等问题，扩大马克思主义在中国的影响力。在探索马克思主义文艺理论的过程中，他们创作了大批反映社会现实的革命文学作品。

一、左翼文艺思潮的译介与论争

20 世纪二三十年代，中国左翼文学主要受以马克思主义文艺理论为指导的苏联无产阶级文学的影响。鲁迅说：“俄国文学是我们的导师和朋友。因为从那里面，看见了被压迫者的善良的灵魂，的辛酸，的挣扎。”① 鲁迅、冯雪峰等文艺理论家因“革命文学”论争而投入很大精力译介马克思主义文艺理论、苏联文艺理论和文学作品。1928 年 6 月，鲁迅翻译的苏联《文艺政策》在《奔流》上连载，1929 年他所翻译的苏联文艺评论家卢那卡尔斯基的《艺术论》《文艺与批评》等相继出版。

左联成立后，把确立马克思主义的艺术理论作为主要工作方针，使马克

① 鲁迅:《祝中俄文字之交》,《鲁迅全集》第 4 卷，人民文学出版社 2005 年版，第 473 页。

思主义文艺理论的翻译和研究得到进一步发展。鲁迅联合冯雪峰、柔石、冯乃超、林伯修等左翼作家编译专门收录马克思主义文艺理论译著的“科学的艺术论丛”，从1929年5月到1930年8月，该丛书共出版8种，内含苏联马克思主义文艺理论家普列汉诺夫等人的多部重要作品。1932年，受党中央委派、在上海与鲁迅一起领导左翼文化战线斗争的瞿秋白，翻译了高尔基的《说文化》《关于妇女》《论叛徒》等许多政论文章及普列汉诺夫的《论易卜生的成功》，编译文艺论文集《现实——马克思主义文艺论文集》。1933年，瞿秋白翻译了列宁论托尔斯泰的两篇重要文章——《列甫·托尔斯泰像一面俄国革命的镜子》《L. N. 托尔斯泰和他的时代》。郭沫若陆续翻译《政治经济学批判》《德意志意识形态》《艺术的真实》三部经典著作，有助于国内读者从源头上进一步正确认识马克思主义文艺理论。

除了文艺理论和政策，左翼文化工作者还翻译大量的苏联文学名著，如苏联作家法捷耶夫的长篇小说《毁灭》、高尔基的多部经典作品《海燕》《莫尔多姑娘》《母亲》、绥拉菲靡维奇的小说《铁流》、托尔斯泰的《战争与和平》、屠格涅夫的《一个虔敬的姑娘》、陀思妥耶夫斯基的《罪与罚》、肖洛霍夫的《静静的顿河》等。这些苏联文学作品对引导革命青年投身无产阶级革命队伍、坚定革命意志发挥了积极的作用。英、法、美、日等国的进步文艺理论、文学作品也被翻译进来。其中有美国作家高尔德的《碾煤机》《垃圾堆上的恋爱》、史沫特莱的《大地的女儿》，日本作家片上伸的《现代新兴文学诸问题》、青野季吉的《艺术简论》、平林初之辅的《文学与艺术之技术的革命》等作品。马列主义文艺理论的译介工作，有力促进了国内左翼文学思潮的发展，同时，也遭到各种非马克思主义文艺观的攻击。面对这些错误思想，左翼文艺界以笔为武器进行坚决的斗争。

左翼作家首先针对新月派的谬论进行反击。新月派因印度诗人泰戈尔的《新月集》而得名，主要成员有胡适、徐志摩、梁实秋等。新月派反对马克思主义文艺理论，认为人性是测量文学的唯一标准、文学是没有阶级性的，反对把文艺同阶级斗争联系起来。梁实秋于1929年9月发表《文学是有阶级性的吗?》一文，认为资本家和劳动者都要面临生老病死的人生规律，都具有喜怒哀乐的个人情绪，他们的人性都是一样的，因此反映人性的文学自然不具有阶级性，从而否定文学的阶级性、否定无产阶级文学。

左翼作家协同一致，对新月派的观点展开了有针对性的批驳。鲁迅发表《新月社批评家的任务》《“硬译”与“文学的阶级性”》等文章，以通俗浅显的事例，驳斥梁实秋的共同人性说。他在《“硬译”与“文学的阶级性”》一文中写道:“自然，‘喜怒哀乐，人之情也’，然而穷人绝无开交易所折本的懊恼，煤油大王那会知道北京捡煤渣老婆子身受的辛酸，饥区的灾民，大约总不去种兰花，象阔人的老太爷一样，贾府上的焦大，也不爱林妹妹的。”①通过举例说明，鲁迅认为，在阶级社会中，任何人的思想和行为都必然打着阶级的烙印，富人和穷人之间根本不存在超越阶级的所谓共同人性，因此描写人的文学必然带有阶级性，无产阶级也当然要有属于自己的无产阶级文学。冯乃超撰写《评驳梁实秋的〈文学与革命〉》一文，批驳梁实秋散布的谬论，强调文学的阶级性。瞿秋白则从政治上、文学上更为犀利地揭露“新月派”是国民党帮凶的实质。

随着左翼文学运动的兴起，国民党当局通过查禁、恐吓、逮捕等暴力手段对左翼文化进行“围剿”，还有意识地提倡所谓的“民族主义文学”，企图以此取代左翼文学的地位。1930 年 6 月，潘公展等国民党文人组成六一社，创办《前锋周报》《前锋月刊》等刊物，发表《民族主义文艺运动宣言》，提倡以忠孝仁爱的封建伦理观为内核的“民族主义文学”，并宣称“文艺的最高意义，就是民族主义”。②

对于这种封建落后的文艺主张，左联以《前哨》《文学导报》等为阵地，集中发文予以严厉批判。鲁迅撰写了《黑暗中国的文艺界的现状》《“民族主义文学”的任务和命运》等文章，深刻地揭示“民族主义文学”的反动本

① 鲁迅:《“硬译”与“文学的阶级性”》,《鲁迅全集》第 4 卷，人民文学出版社 2005 年版，第 208 页。

② 《民族主义文艺运动宣言》,《前锋月刊》第 1 卷第 1 期，1930 年 10 月 10 日。

质。茅盾发表《“民族主义文艺”的现行》一文，驳斥了支离破碎、东抄西抄的《民族主义文艺运动宣言》。瞿秋白撰写《屠夫文学》《青年的九月》等文章揭露“民族主义文学”的真实面目。他指出：“文艺上的所谓民族主义，只是企图圆化异同的国族主义，只是绅商阶级的国家主义，只是马鹿爱国主义，只是法西斯的表现……企图制造服从绅商的奴才性的‘潜意识’，企图制造甘心替阶级仇敌当炮灰的情绪——劳动者安心自相残杀的杀气腾腾的‘情绪’。”[①] 对于“民族主义文学”所谓的“代表作”《陇海线上》《黄人之血》《国门之战》等，鲁迅、茅盾也都撰文进行批判。在左翼作家的共同努力下，在不到一年的时间内，国民党当局强推的所谓“民族主义文学”就彻底宣告破产。

从1931年12月至1932年上半年，自称“自由人”的胡秋原和“第三种人”的苏汶所提倡的资产阶级文艺自由论思想，也与左翼文化阵营发生碰撞。1931年底胡秋原发表《阿狗文艺论——民族文艺理论之谬误》《钱杏邨理论之清算与民族文学理论之批评》《勿侵略文艺》等文章，宣称自己是站在民族主义文学和左翼文学之外的“自由人”，提倡文艺自由论，反对将艺术与政治挂钩，认为“将艺术堕落到一种政治的留声机，那是艺术的叛徒”。[②] 同时，他反对一种文学把持文坛的局面。苏汶又发表《“第三种人”的出路》《论文学上的干涉主义》《关于〈文新〉与胡秋原的文艺辩论》等文章，标榜自己是既非左翼又非右翼的“第三种人”。他批判左翼文坛为了某种政治目的，将文艺当作斗争的武器，而左翼作家已经不是作家，而是煽动家，他还攻击左联开展的文艺大众化运动，反对使用连环图画等类别的通俗读物，认为这种“低级形式”无法产生好的作品。

面对胡秋原和苏汶的谬论，冯雪峰、瞿秋白、鲁迅等立即撰文予以反驳。冯雪峰在《关于“第三种文学”的倾向与理论》一文中指出，苏汶等人

① 瞿秋白：《青年的九月》，《文学导报》第1卷第4期，1931年9月13日。

② 胡秋原：《阿狗文艺论——民族文艺理论之谬误》，《文化评论》创刊号，1931年12月25日。

倡导的“第三种人”或“第三种文学”在本质上不是真正中立的，“因为这样的文学及其理论，实际上，客观上，往往仍旧帮助着地主资产阶级的”。[①]瞿秋白在《文艺的自由和文学家的不自由》一文中强调文艺的阶级性，认为：“文学是无产阶级革命事业的一部分，因为在‘有阶级’的社会里，没有真正的实在的自由，当无产阶级公开的要求文艺的斗争工具的时候，谁要出来大叫‘勿要侵略文艺’，谁就无意之中作了伪善的资产阶级的艺术至上派的‘留声机’。”“每一个文学家，不论是他们有意的，无意的，不论他是在动笔，或者是沉默着，他始终是某一阶级的意识形态的代表。在这天罗地网的阶级社会里，你逃不到什么地方去，也就做不成什么‘第三种人’。”[②]鲁迅发表《论“第三种人”》《“连环图画”辩护》《又论“第三种人”》等文章，对“自由人”“第三种人”的种种错误论点进行批驳。

胡秋原、苏汶等人提倡的“文艺自由论”这一超党派、超阶级的观点在当时的文艺界具有较强的迷惑性，对部分厌倦政治斗争的小资产阶级作家产生了一定影响，因此左翼作家围绕文艺与政治的关系、创作自由等问题与其展开论争、捍卫左翼文艺理论十分必要。但在论争过程中，由于受到党内“左”倾错误思想的影响，左翼文化界出现了只团结无产阶级文艺家、排斥其他一切非无产阶级文艺家的“左”倾关门主义错误，从而将持有文艺自由论观点的资产阶级和小资产阶级作家全部视为比国民党御用文人更危险的敌人进行批判，否认“同路人”作家的存在，不利于扩大联合统一战线。

为了破除这一思想羁绊，1932年，中共临时中央宣传部部长张闻天发表了《文艺战线上的关门主义》一文，文章强调了马克思主义文艺理论在革命文艺界的领导作用，同时批评文艺战线上存在的“左”倾关门主义错误。他认为中国除了资产阶级和无产阶级文学之外，还存在着其他阶级的文学，“排斥这种文学，骂倒这些文学家，说他们是资产阶级的走狗，这实际上就

① 冯雪峰：《关于“第三种文学”的倾向与理论》，《现代》第2卷第3期，1933年1月。

② 瞿秋白：《文艺的自由和文学家的不自由》，《现代》第1卷第6期，1932年10月1日。

是抛弃文艺界的革命的统一战线”，[①] 这种做法会使无产阶级文学处于孤立的状态，削弱同反动文学作斗争的力量。在文章中，张闻天强调要团结革命的小资产阶级文艺家，“革命的小资产阶级的文学家，不是我们的敌人，而是我们的同盟者。我们对于他们的任务，不是排斥，不是谩骂，而是忍耐的解释说服与争取。只有这样，才能实现无产阶级对于小资产阶级的领导，实现广泛的革命的统一战线”。[②] 张闻天的文章对左翼作家从团结“同路人”的角度重新思考与非无产阶级作家的关系发挥重要的引导作用。

此外，左翼阵营还对论语派所提倡的“幽默”“闲适”文学进行批判。论语派得名于 1932 年 9 月创刊的《论语》半月刊，其主要成员有林语堂、周作人等。《论语》半月刊早期曾刊登过许多讽刺国民党黑暗统治的文章，并以诙谐幽默的写作风格来表现文艺界对社会的不满，具有针砭时弊的作用，鲁迅及一些左联作家也曾多次受邀为其撰稿。但 1934 年后，论语派批判的锋芒锐减，开始提倡幽默闲适格调的小品文，这些文章宣传资产阶级自由主义思想和人生观，在民族危机和阶级矛盾日趋严重的时代背景下日益不合时宜，同时在国民党政府的政治高压下，部分论语派成员在政治态度上也逐渐右转，开始攻击左翼文艺运动。

论语派的消极倾向受到了以鲁迅为代表的左翼文学阵营的严肃批判。鲁迅在《从讽刺到幽默》《从幽默到正经》《“论语一年”——借此又谈萧伯纳》《小品文的危机》《帮闲法发隐》等文章中，以其犀利的笔锋，一针见血地指出，在灾难深重的历史条件下，“幽默”是不合时宜的，这种“幽默”和“闲适”，实质上是将“屠户的凶残，使大家化为一笑，收场大吉。”[③] 鲁迅的批评，点出了论语派鼓吹“幽默”“闲适”文学消磨群众斗志、麻醉社会的要害。胡风、茅盾等人也撰写不少批评文章，集中而有力地批判论语派的消极文艺观。

---

①② 张闻天：《文艺战线上的关门主义》，《斗争》第 30 期，1932 年 11 月 3 日。

③ 鲁迅：《“论语一年”——借此又谈萧伯纳》，《鲁迅全集》第 4 卷，人民文学出版社 2005 年版，第 582 页。

虽然左翼文艺界在论争过程中由于受到党内“左”倾错误的影响，在对待敌友等问题上出现一定程度上的偏差，在理论阐述上还有简单化、片面化的不足，但总体来说，瑕不掩瑜。这些论争不仅使左翼文艺理论的影响不断被扩大，而且大大提高革命文艺队伍的战斗力。

二、关于文艺大众化的讨论

随着革命和救亡形势日益紧张，为广泛传播革命思想、促进普通民众的革命觉悟，左翼文艺界深感实现文艺大众化的紧迫性，根据马克思主义关于文艺应为劳动人民服务的观点，提出文艺大众化口号，推进文艺大众化运动。

左联成立后专门设置大众文艺委员会、文艺大众化研究会、工农兵通信运动委员会，出版《大众文艺》，负责开展文艺大众化运动。1930 年 3 月《大众文艺》第 2 卷第 2 期专门设置的“新兴文学专号”，重点讨论文艺通俗化、大众化问题。5 月《大众文艺》第 2 卷第 4 期再次推出的“新兴文学专号”，以《我所希望〈于大众文艺〉的》为题，刊登郭沫若、郁达夫、柔石等 26 人文章，讨论文艺大众化问题。

1930 年 9 月，左联执委冯乃超在左联机关刊物《世界文化》创刊号上发表《“左联”成立的意义和他的任务》，强调“大众化——到工农群众中去！这是目前文学运动的中心口号”。①1931 年 3 月，左联《关于左联目前具体工作之决议》指出：“‘左联’应当‘向着群众’！应当努力地实行转变——实行‘文艺大众化’这目前最紧要的任务。”②1931 年九一八事变爆发后，面临如何广泛动员群众参加抗日救亡运动的时代问题，文艺大众化更加受到重视。左联在《中国无产阶级革命文学的新任务》决议中明确指出：“为完成当前迫切的任务，中国无产阶级革命文学必须确定新的路线。首先

① 冯乃超：《“左联”成立的意义和他的任务》，《世界文化》创刊号，1930 年 9 月 10 日。

② 1932 年 3 月 15 日左联秘书处油印《秘书处消息》第 1 期，《中国现代文艺资料丛刊》第 5 辑，上海文艺出版社 1980 年版，第 16 页。

第一个重大的问题，就是文学的大众化。”“只有通过大众化的路线，即实现了运动与组织的大众化，作品、批评以及其他一切的大众化，才能完成我们当前的反帝反国民党的苏维埃革命的任务，才能创造出真正的中国无产阶级革命文学。”①

在推动文艺大众化发展过程中，左翼文艺阵营展开过三次大讨论。第一次讨论始于1930年2月至5月，以《大众文艺》《拓荒者》《艺术》《沙仑》为阵地，鲁迅、郭沫若、夏衍、郑伯奇、冯乃超、郁达夫、柔石等都发表文章参加讨论。这次讨论主要涉及文艺大众化的根源分析、大众化的实现途径等方面，讨论者充分认识到实现文艺大众化的必要性与紧迫性，希望创作出为大众所喜爱的文学作品。鲁迅在《文艺的大众化》中写道：“应该多有为大众设想的作家，竭力来作浅显易解的作品，使大家能懂，爱看，以挤掉一些陈腐的劳什子。”②

九一八事变爆发后，民族危机日益加深，积极动员民众团结起来一致抗日成为左翼文艺面临的迫切任务，因此，文艺大众化再次被提上讨论日程。1931年11月至1932年6月，以《北斗》《文艺新闻》《文学月报》为阵地，左翼文学家开展了关于文艺大众化的第二次讨论，鲁迅、瞿秋白、周扬、郭沫若、茅盾、夏衍、冯乃超都参加讨论，并发表相关文章。瞿秋白在《普罗大众文艺的现实问题》一文中，对大众文艺作了比较全面的论述，提出推动文艺大众化的具体意见。周扬认为，大众文艺应当描写无产阶级的斗争生活，作家为了实现这一目的，应该投身到革命的洪流中去，成为实际斗争的积极参加者。

第二次讨论中谈论最多的是大众文艺的语言、形式问题。瞿秋白认为，普罗大众文艺应用现代语来写，要用读者听得懂的话来写，形式上应当借鉴旧体裁的故事小说、说书、小调等。鲁迅也提倡用大众语言进行创作，认为

---

① 《中国无产阶级革命文学的新任务》，马良春、张大明编：《三十年代左翼文艺资料选编》，四川人民出版社1980年版，第179—180页。

② 鲁迅：《文艺的大众化》，《鲁迅全集》第7卷，人民文学出版社2005年版，第367页。

大众语言是“从活的民众口头取来”，再注入“活的民众里去”。

根据文艺大众化的第二次讨论内容，左翼作家开始积极进行创作实践，他们在左联机关刊物及《太白》《新雨林》《芒种》等左翼刊物上发表大众作品，他们还将苏联名著《铁流》《毁灭》等改编成传统的章回体小说形式，方便国人阅读。瞿秋白用上海调“乱来腔”创作说唱作品《东洋人出兵》，揭露日本侵略者的罪行，并号召民众团结一致抵抗外侮，作品内容通俗易懂，朗朗上口，起到很好的宣传效果。左联盟员还深入工厂开展工农兵通信员运动，创办工人夜校，组织工人读报组、读书班，培养出一批工人作家。

第三次讨论始于1934年5月，当时国民党当局正在全国强制推行“新生活运动”，这种本质上倡导封建道德的运动遭到左翼文化界的强烈批判。由于这股“尊孔读经”的逆流不堪一击，文化界讨论的重点很快转移到大众语和汉字拉丁化的问题上。当时发行量较大的《申报》副刊、《中华日报》副刊、《大晚报》副刊上都发表相关讨论文章，扩大文艺大众化讨论的影响力。左翼作家认为大众语应该是大众说得出、听得懂、看得明白、写得顺手的文字，可以采用方言、土语等大众较为熟悉的语言形式。鲁迅发表《门外文谈》一文，论证大众语、文字拉丁化和文艺大众化的必然趋势和重要意义，认为人民群众的语言是文学艺术语言的毛坯，要在此基础上不断加工、提炼，而不能照搬原话。

文艺大众化问题的讨论，说明左翼文艺工作者试图运用马克思主义文艺观点，解决文艺同人民群众的关系问题。它显示左翼文艺运动不断深入的过程，也体现了革命文学对于唤醒民众承担时代重任的重要意义。

三、左翼文学创作成果

在进行理论探索与论争的同时，左翼文学工作者将更多精力投入到小说、散文、诗歌等实际文学作品的创作中。虽然这些作品屡遭查禁，但因它们切实代表了时代的发展潮流、喊出了人民的心声，受到读者的广泛欢迎。

中国无产阶级革命文学的先驱蒋光慈，在左联成立前就创作发表《短裤党》《野祭》《冲出重围的月亮》等有影响的中短篇小说。加入左联后，1930年11月，他创作完成长篇小说《咆哮了的土地》，讲述大革命失败后觉醒农民组织的武装部队在克服重重困难后，最终突破反动势力的封锁，与金刚山（指井冈山）的革命队伍会师的故事。他首次将党所领导的农民武装斗争引入现代长篇小说领域，具有开创意义。由于国民党当局的查禁，这部小说直至1932年4月才得以出版，出版时改名为《田野的风》。茅盾在这一时期创作有长篇小说《子夜》，短篇小说《林家铺子》以及《春蚕》《秋收》《残冬》(合称“农村三部曲”)。其中现实主义长篇小说《子夜》是他的代表作，在中国现代小说史上具有标志性意义。《子夜》创作于1931年10月至1932年12月，小说用表示最黑暗时刻的“子夜”做标题，反映了当时处于半殖民地半封建状态下的旧中国的社会情形。小说讲述在20世纪30年代半殖民地半封建的旧上海，一位雄心勃勃要发展民族工业的民族资本家，因处处受到买办金融资本家的钳制而最终破产的故事。主人公的悲剧暗示说明在帝国主义的压迫下资本主义道路在中国走不通的现实状况。

左联烈士柔石、胡也频牺牲前，也创作了不少优秀的小说作品。柔石的《旧时代之死》《三姐妹》《二月》《为奴隶的母亲》都是其代表作。《为奴隶的母亲》通过对农村“典妻”这一陋习的描写，展现农村妇女在封建制度下受到的残酷剥削和压迫的悲惨命运。这部作品更是被译成多种文字，在世界范围内都产生较大影响。胡也频的长篇小说《光明在我们的前面》以五卅运动为背景，通过描写一对青年恋人纠结于政治与爱情、无政府主义与马克思主义之间的矛盾冲突，为小资产阶级分子指明了走无产阶级革命道路的奋斗方向。丁玲加入左联后，写作内容逐渐从关注知识分子的个性解放转向反映工农群众的生活，先后写成小说《水》《某夜》《消息》《夜会》《奔》等表现农民悲惨生活和工农反抗斗争精神的作品。

郁达夫在这一时期创作有《她是一个弱女子》《迟桂花》等多部作品，其中《她是一个弱女子》刻画了三个不同性格、不同志趣的女性形象，作者在感叹这些女性命运的同时，字里行间无不透露出对日本侵略者的强烈批判。郭沫若的《黑猫与羔羊》以其深刻的主题和引人入胜的故事，揭露了当时社会动荡不安、矛盾尖锐的真实面貌。阳翰笙发表有小说《马林英》《女囚》等，讲述了女英雄、女革命者的故事，他还创作有《趸船上的一夜》《暗夜》等，反映了革命者坚定的革命信念和农民的抗租斗争。钱杏邨的《革命的故事》《马露莎》，描写了青年革命者的穷苦愁闷，批判了革命中的投机分子。洪灵菲创作有《流亡》《前线》《转变》《归家》等，讲述了青年革命者的斗争和爱情故事。龚冰庐的《炭矿夫》则反映了煤矿工人的罢工斗争，戴平万的《陆阿六》表现了农民自觉进行斗争的精神。叶紫的《丰收》反映了旧中国农村的悲惨景象，揭示了在残酷的阶级剥削下农民必然奋起反抗的真理。艾芜的《南行记》用饱含血泪的笔触，表现了劳动人民饱受旧社会和殖民主义压迫欺凌的故事。沙汀的《代理县长》以大胆的笔触揭露国民党当局的腐败，讽刺了国民党小官僚的昏庸低俗、贪赃枉法的卑劣行径。此外，还有楼适夷、张天翼、欧阳山等左翼作家也都创作了不少优秀作品，表达了他们对世态人情的深刻洞察和对革命的向往。

九一八事变后，萧军（田军）、萧红等一批东北籍作家陆续来到上海，他们满怀对帝国主义侵略者的愤恨和对东北家乡的怀念，进行文学创作，以别具一格的题材和风格引人注目。1935 年，萧军的《八月的乡村》和萧红的《生死场》出版，鲁迅为这两部富有特色的长篇小说作序推荐。萧军的长篇小说《八月的乡村》描写英勇的东北人民在中国共产党的领导下同日本侵略者进行顽强斗争的真实画面，展现东北人民誓死不当亡国奴的精神气概。鲁迅认为，这部小说“虽然有些近乎短篇的，结构和描写人物的手段也不能比法捷耶夫的《毁灭》，然而严肃，紧张，作者的心血和失去的天空，土地，受难的人民，以至失去的茂草，高粱，蝈蝈，蚊子，搅成一团，鲜红的在读者眼前展开，显示着中国的一份和全部，现在和未来，死路与活路。凡有人心的读者，是看得完的。而且有所得的”。[①] 萧红在小说《生死场》中描写

① 鲁迅：《田军作〈八月的乡村〉序》，《鲁迅全集》第 6 卷，人民文学出版社 2005 年版，第 296 页。

了哈尔滨附近村庄的农民受地主、反动政权和日本帝国主义压榨侵略的悲惨生活，同时也反映他们从被压迫、被剥削到逐渐觉醒和抗争的过程。鲁迅在为该书所作的序中肯定这部小说的思想和艺术成就，称赞这部作品描写“北方人民的对于生的坚强，对于死的挣扎，却往往已经力透纸背；女性作者的细致的观察和越轨的笔致，又增加了不少明丽和新鲜”。①

一些非左联成员的进步作家也紧跟时代步伐，积极进行创作。巴金创作完成的小说《家》《春》《秋》，被合称“激流三部曲”。这三部连续性的长篇小说记述了一个封建大家庭走向衰落的过程，以及青年一代冲破封建宗法束缚、走向新生活的故事，深刻地揭示封建制度必然没落的客观趋势。

在诗歌领域，殷夫继《在死神未到之前》《血字》《别了，哥哥》《一九二九年的五月一日》后，又奉献出《我们是青年的布尔塞维克》等诗作，都具有真挚的感情和浓郁的战斗气息，表达献身革命事业的战斗激情和坚定信心，激越刚劲的情感和铿锵有力的语言极富鼓动性。他在《我们是青年的布尔塞维克》中写道：“我们是资产阶级的死仇敌，我们是旧社会中的小暴徒，我们要斗争，要破坏，翻转旧世界，犁尖破土，夺回劳动者的山，河！”由他翻译的匈牙利浪漫主义革命诗人裴多菲的诗句“生命诚可贵，爱情价更高，若为自由故，二者皆可抛”，激励着一代又一代的中国人。

为进一步推进革命诗歌运动，1932 年 9 月，穆木天、杨骚、任钧、蒲风等发起成立中国诗歌会，出版了《新诗歌》等刊物，强调诗歌的大众化，并要求诗歌能反映社会现实、推动社会进步。穆木天在《新诗歌》的《发刊诗》中写道：“我们不凭吊历史的残骸，因为那已成为过去。我们要捉住现实，歌唱新世纪的意识。”“压迫，剥削，帝国主义的屠杀，反帝，抗日，那一切民众的高涨的情绪，我们要歌唱这种矛盾和他的意义，从这种矛盾中去创造伟大的世纪。我们要用俗语俚语，把这种矛盾写成民谣小调鼓词儿歌，

① 鲁迅：《萧红作〈生死场〉序》，《鲁迅全集》第 6 卷，人民文学出版社 2005 年版，第 422 页。

我们要使我们的诗歌成为大众歌调，我们自己也成为大众的一个。”[①] 中国诗歌会成员蒲风的作品《茫茫夜》《动荡中的故乡》《农夫阿三》《地心的火》《六月流火》等都描绘了农民被压迫剥削的悲惨遭遇和他们的反抗斗争情绪。其中《茫茫夜》是他在这一时期的代表作，通过虚拟的儿子，回答茫茫黑夜中母亲的疑问：“母亲，母亲，母亲，再不能屈服此生！我们有的是力，有的是热血，我们有的是万众一心的团结；我们将用我们的手，建造一切，建造一切！”此外，杨骚的《乡曲》、任钧的《中国哟，你还不怒吼吗？》、柳倩的《震撼大地的一月间》等都是当时颇具影响的诗作。

艾青、臧克家等左翼青年诗人也创作出不少震撼人心的诗作。1933 年 1 月，诗人艾青在狱中撰写了他的成名作《大堰河——我的保姆》。在这首抒情诗中，诗人追溯自己的幼年生活记忆，描写了保姆大堰河（大叶河）悲苦的一生：“大堰河，含泪的去了！同着四十几年人世生活的凌侮，同着数不尽的奴隶的凄苦，同着四块钱的棺材和几束稻草，同着几尺长方的埋棺材的土地，同着一手把的纸钱的灰，大堰河，她含泪的去了。”这首诗深刻抒发了作者对保姆的真挚怀念和感恩之情，表达了诗人对旧社会的批判。臧克家在其诗作《难民》中描写了一群在黄昏时分投宿无门的灾民形象，他们的窘迫处境和凄凉情形表达了作者对灾民的深刻同情和对世道的强烈谴责。

在阶级矛盾和民族矛盾日益加深的双重压力下，这些反映现实生活、抒发革命激情、表达革命决心的左翼诗歌，极大激发了人们的革命热情，发挥了革命号角的作用。

杂文作为一种直接反映社会动向的议论性散文，具有短小、犀利的独特艺术表现力，是与黑暗社会搏杀的锐利武器。大革命失败后，鲁迅以极大的精力投入杂文创作，出版了《而已集》《三闲集》《二心集》《南腔北调集》《且介亭杂文》等。他的杂文爱憎分明、恣肆汪洋，蕴含着强烈的战斗性、思

---

① 穆木天：《发刊词》，《新诗歌》创刊号，1933 年 2 月 11 日。

想性和艺术性。在左联成立之初，鲁迅就撰写了《非革命的急进革命论者》《对于左翼作家联盟的意见》《上海文艺之一瞥》《辱骂和恐吓绝不是战斗》等文章，提醒青年作家：革命绝不是想象中那般浪漫和有趣，要经历残酷的流血和牺牲；左翼文学的创作不能闭门造车，作家们必须放弃知识分子的优越感，深入群众当中，凭借大量艰苦细致的生活体验才能创作出优秀的作品。鲁迅的这些观点思虑成熟、发人深省，为左翼文艺运动的健康发展指明了方向。九一八事变后，鲁迅有相当数量的杂文，如《中国人的生命圈》《"友邦惊诧"论》《黑暗中国的文艺界现状》《中国无产阶级革命文学和前驱的血》《为了忘却的记念》等，揭露讽刺国民党当局对外实行不抵抗政策、对内加紧镇压人民革命的种种倒行逆施行径，赞美革命者英勇斗争的崇高精神。瞿秋白在《〈鲁迅杂感选集〉序言》中，第一次运用马克思主义全面透辟地论述鲁迅的思想发展和创作道路，阐明了鲁迅杂文的思想艺术成就及其重要意义。

瞿秋白的杂文在左翼文坛也占据了重要地位，他的《财神还是反财神》《〈铁流〉在巴黎》《美国的真正悲剧》等篇什，揭露帝国主义发动的战争是一切罪恶的源头；在《财神的神通》《流氓尼德》中，痛斥以蒋介石为首的国民党当局卖国求荣、疯狂镇压人民的罪行；《一种云》《暴风雨之前》等，则歌颂新生的革命力量，鼓舞广大革命者的斗争精神。唐弢、徐懋庸、柯灵、聂绀弩等一批左翼青年作家也加入杂文创作队伍，发表大量针砭时弊的杂文。一些报纸副刊纷纷开辟杂文栏目发表文章，如《萌芽》月刊的《社会杂观》、《申报》的《自由谈》、《中华日报》的《动向》、《文学》月刊的《文学论坛》等，促进了进步杂文的繁荣发展。

报告文学作为一种介于新闻报道和小说之间的文学体裁，集新闻性和文学性于一体，内容真实、可读性强，非常适合革命斗争的需要。早在 20 世纪 20 年代，我国就曾出现过一些反映社会重大事件的纪实性作品，譬如瞿秋白的《饿乡纪程》《赤都心史》、叶绍钧的《五卅一日急雨中》、郭沫若的《请看今日之蒋介石》、朱自清的《执政府大屠杀记》等，不过当时并没有出现“报告文学”这一具体名称。1930 年 3 月 1 日，左联成员、小说家陶晶孙翻译并发表日本作家中野重治的《德国新兴文学》，在中国首次提出“报告文学”的中文译名。左联在成立后大力提倡报告文学。“从猛烈的阶级斗争当中，自兵战的罢工斗争当中，如火如荼的乡村斗争当中，经过平民夜校，经过工厂小报、板报、经过这种种煽动宣传的工作，创造我们的报告文学（Reportage）吧！这样，我们的文学才能够从少数特权者的手中解放出来，真正成为大众所有。”[①] 在左联的倡导下，国外有关报告文学的研究文章被译介引进到国内，包括日本学者川口浩的《报告文学论》和山田清三郎的《通讯员运动和报告文学》、塞尔维亚报告文学作家 T. 巴克的《基希及其报告文学》等，对中国报告文学的发展产生积极影响。左联领导下的刊物如《文学导报》《北斗》《文艺新闻》《萌芽》等也发表了越来越多的关于中国报告文学的理论文章，如《文艺新闻》发表《报告文学论》《谈一谈文艺新闻的缺点》《如何写报告文学——给在厂的兄弟们》，为中国报告文学奠定理论基础。

同时，更多反映中国现实社会矛盾和群众斗争的报告文学作品也不断涌现，如夏衍的《劳勃生路》、白苇的《墙头三部曲》《火线上》、戴叔周的《前线通讯》、楼适夷的《战地一日》等。《劳勃生路》是夏衍发表的第一篇报告文学作品，作品报道了九一八事变爆发后，上海民众在劳勃生路举行反日集会并惨遭镇压的事件。一·二八淞沪抗战爆发后，广大民众为国家民族的前途命运感到担忧，迫切希望了解战事情况。为满足民众的要求，当时上海的各类报刊上集中发表了一批反映上海军民英勇抗击日军侵略的通讯。钱杏邨从中选取了《曹家桥之役》《江湾血战》《庙行的攻守》《炮火下战士的生活》《伤病慰问记》《战地纪实》《自前线归来》《十字旗下》《白衣女郎礼赞》《不怕死的同志们》等 20 余篇典型作品，于 1932 年 4 月结集出版《上海事变与报告文学》。全书共分六辑，分别是“几番大战”“火线以内”“士兵生

---

① 《无产阶级文学运动的新的情势及我们的任务》，《文化斗争》第 1 卷第 1 期，1930 年 8 月 15 日。

活”“战区印象”“十字旗下”“新线印象”，每辑收录若干篇文章。1932 年 7 月《文学月报》第 2 期开辟“一・二八事变”回忆专栏，刊发夏衍的《两个不能遗忘的印象》、洪深的《时代下的几个必然人物》、茅盾的《第二天》、叶圣陶的《战时琐记》、陶晶孙的《在炸弹下三日间》等文章。这些报告文学作品，不仅反映了一・二八淞沪抗战各方面的真实情况，歌颂了十九路军英勇抗日、不怕牺牲的精神，而且对宣传抗日救国、振奋民族精神起到了重要作用。

第二节　左翼美术的开拓

随着革命文艺思潮的发展，左翼美术理论不断得到深入探讨。在鲁迅的大力扶持下，中国新兴木刻版画快速发展，焕发出旺盛的生命力。众多进步青年在左翼美术运动中得到锻炼成长，创作出大量优秀的作品。

一、左翼美术理论的建构

左翼美术作为无产阶级革命文艺的重要组成部分，在美联成立前就得到关注。在鲁迅翻译的卢那察尔斯基的《艺术论》、普列汉诺夫的《艺术论》等文章中都有关于美术创作的理论问题。1928 年鲁迅翻译的日本艺术家板垣鹰穗的《近代美术史潮论》，介绍从 18 世纪法国大革命到 20 世纪 20 年代欧洲美术发展历史，对欧美各美术流派作家的作品都有详细介绍和评论，为中国左翼美术运动的发展奠定理论基础。

许幸之对于左翼美术理论的发展发挥了重要作用。1930 年 2 月，时代美术社成立时，作为社长的许幸之执笔发表《时代美术社的宣言》，批判当时美术界存在的资产阶级拜金主义倾向，号召青年美术家们团结起来，开展新兴美术运动。他表示：“我们的美术运动，绝不是美术流派上的斗争，而是对压迫阶级的一种阶级意识的反攻，所以我们的艺术，更不得不是阶级斗争的一种武器了。”[①] 这篇短小的宣言充分表现出阶级斗争的意识，旗帜鲜明地表明新兴美术运动是代表无产阶级的美术运动。宣言发表之后，时代美术社制订了许多行动纲领和关于美术运动的决议案，并通过发表美术杂志、举行大规模的展览、演讲等形式扩大无产阶级美术理论的影响力。

许幸之随后发表的《新兴美术运动的任务》《中国美术运动展望》，更被视为国内左翼美术运动初期的纲领性文件。这两篇文章运用马克思主义文艺理论，对中国无产阶级美术运动的发展进行深入思考，深刻阐述了中国新兴美术运动与阶级意识的关系、新兴美术运动的任务及行动纲领。

在《新兴美术运动的任务》中，许幸之论述了美术运动及艺术运动的阶级性，认为新兴美术运动的问题，绝不是单纯的美术运动的问题，而是更深刻的阶级关系和阶级意识的问题。新兴美术运动是无产阶级文化运动的一部分，是无产阶级革命斗争的武器。他提出达成新兴美术运动任务的具体方针，即“1. 我们必须要立在一定的阶级立场，彻底的和支配阶级及支配阶级所御用的美术政策斗争。2. 我们必须把握辩证法的唯物论，以克服支配阶级的美术理论，并批评他们的美术作品。3. 我们必须强大我们的新兴美术运动，并须充分地磨练我们的作品，以驾凌于支配阶级的美术作品。4. 我们必须确立美术与社会生活的关系，及其自身存在的价值，并须完成支配阶级所未完成的美术的启蒙运动”。[②] 在文章最后，他强调无产阶级美术家们应以百折不挠的斗争行动去粉碎统治阶级的美术和美术政策。许幸之认为只有从斗争中，新兴美术运动才能解放自己、才能完成自己的任务。

在《中国美术运动的展望》一文中，许幸之通过对初期美术运动与社会变革、美术运动与美术作品的检查、布尔乔亚美术运动的末日、新兴美术运动的萌芽和新兴美术运动的出路这五部分的论述，再次强调资产阶级美术运动没落和新兴美术运动兴起的必然性，新兴美术运动要和新兴阶级的革命运

---

① 《时代美术社的宣言》，《拓荒者》第 1 卷第 3 期，1930 年 3 月 10 日。

② 许幸之：《新兴美术运动的任务》，《艺术》月刊第 1 卷第 1 期，1930 年 3 月 16 日。

动合流才是唯一的出路，唯有促成革命成功，才能开辟新兴美术的大道。为了实现这一目标，他建议左翼美术家们应该做到以下几点："1. 新兴美术家应当参加一切政治斗争和经济斗争，切实把握无产大众的阶级意识，从自己的作品中传达出来；2. 新兴美术家应该走进工厂，或有意识的和工人劳动者共同生活，彻底地理解工人劳动者的生活，从自己的作品中传达出来；3. 新兴美术家应该亲自体验工人劳动者的勤劳状态和被压迫者的酸苦，从自己的作品中传达出来；4. 新兴美术家应当把这些情状用强有力的、写实的技术表现出来，并使自己的作品深入群众去，以表达工人劳动者的斗争情绪，并且加强他们的革命意识。并且，新兴美术家不仅用自己的作品对工人劳动者加以宣传，煽动，还应当用自己的作品劝导他们，教育他们，以推进普罗列塔利亚的文化的向上。"[①]

1930 年上半年，沈西苓接连发表《最近美术运动的趋势——及站在 Proletariate 立场上的批判》《最近日本普罗美术的进出》两篇文章，说明在全世界范围内资产阶级美术发展将走向衰落、无产阶级美术必然兴起的趋势。1931 年 6 月，左翼美术家于海、李岫石发表评论文章《怎样去看世界？怎样去表现世界？——不要徜徉在苏白堤之间，杭州还有拱宸桥》，呼吁左翼美术家要站在无产阶级群众的立场上，多研究文艺和社科理论，创作出更多揭露社会黑暗、表现人民反帝反封建斗争精神的美术作品。

左翼美术家们的理论探索为中国无产阶级美术运动的发展提供理论依据和借鉴，为进步美术青年指明了发展方向。

二、新兴木刻版画的兴起

中国新兴木刻版画是左翼美术最具代表性的作品。中国传统版画内容以宗教、神话等为主，主要供文人和老百姓消遣娱乐所用，而新兴木刻版画深受马克思主义的影响，画作内容关注民生、抨击社会黑暗，是反抗国民党

① 许幸之：《中国美术运动的展望》，《沙仑》月刊第 1 期，1930 年 6 月 16 日。

反动统治、反抗帝国主义侵略、反映群众贫苦生活的有力武器。正如鲁迅所说，新兴木刻是“现代社会的魂魄”。①

中国新兴木刻版画的发展，与鲁迅的大力倡导和支持密不可分。鲁迅热爱版画艺术，大力提倡新兴版画。他说“当革命时，版画之用最广，虽极匆忙，顷刻能办”。②鲁迅认为黑白木刻最具力量和号召力，特别适合用于革命宣传，他希望用木刻这一刚劲质朴的美术形式达到改变国民精神、促进革命的目的，因此，他极力向青年介绍和倡导木刻版画。他以批评家、策展人、赞助者、编纂者、出版方等多重身份，出版画集、策划各种展览、组织讲习班，为新兴木刻事业倾注大量心血。

为了帮助青年们更多了解木刻版画，鲁迅设法出版各种木刻书籍介绍新兴木刻艺术。他翻印、编选了《近代木刻选集》(一)、《近代木刻选集》(二)、《蕗谷虹儿画选》《比亚兹莱画选》《新俄画选》《梅斐尔德木刻士敏土之图》《引玉集》《木刻纪程》等多本版画集。

1931年，鲁迅以“三闲书屋”的名义，自费精印出版德国木刻家卡尔·梅斐尔德为苏联作家革拉特珂夫的长篇小说《士敏土》所作的木刻插图集《梅斐尔德木刻士敏土之图》，他称赞这些木刻“黑白相映，栩栩如生，而且简朴雄劲，决非描头画角的美术家所能望其项背”。③“不少进步青年画家见到这本画集，顿开眼界，以此为学习范本，决心放弃油画改作木刻。”④1934年5月，鲁迅从多年收集到的100多幅苏联版画原作中选出11位苏联木刻画家的59幅作品，自费印行《引玉集》。这本书中的版画都是鲁迅用中国纸张从苏联换来的，书名以“抛砖引玉”之意而命名，画册印刷托内山完造在东京洪洋社制作。书的封面贴有鲁迅亲笔题字的书名及11

① 鲁迅：《〈全国木刻联合展览会专辑〉序》，《鲁迅全集》第6卷，人民文学出版社2005年版，第350页。

② 鲁迅：《〈新俄画选〉小引》，《鲁迅全集》第7卷，人民文学出版社2005年版，第363页。

③ 鲁迅：《三闲书屋印行文艺书籍》，鲁迅：《拿来主义》，广东人民出版社2019年版，第164页。

④ 江丰：《鲁迅先生与“一八艺社”》，《江丰美术论集》，人民美术出版社1983年版，第129页。

位木刻作者的英文译名，外加日本式的书套，卷首有瞿秋白从苏联《艺术》杂志上翻译的楷戈达耶夫写的《十五年来的书籍版画和单行版画》为代序，卷末有鲁迅撰写的后记。画册制作精良，鲁迅在附录中说：画作全系作者从原版手拓，用玻璃版精印，“神采奕奕，殆可乱真”，“殆近来中国出版界之创举也”。[①] 同年6月，鲁迅编选的《木刻纪程》编印出版，内收何白涛、陈烟桥等青年木刻家的优秀作品，鲁迅还将该木刻集寄送给流亡苏联的德裔批评家巴惠尔·艾丁格尔，希望给以点评。这位外国评论家在回信中指出，这些青年的作品“构图虽多简单，技术也未纯正，但有几个是大有希望的”。[②]

鲁迅还主办各种木刻展以拓宽青年们的视野，促进世界不同版画风格的交流融合。1930年7月，在鲁迅、柔石的帮助下，以“时代美术社”的名义举办的苏联美术图片展在上海北四川路窦乐安路举办，展出包括苏联革命早期的宣传画、漫画、木刻等。同年10月，鲁迅与日本友人内山完造一起举办世界版画展览，展出他精心收藏的德、苏、英、美、法、日等国的木刻原拓和木刻插图，石版画70余件。在1933年10月和12月，鲁迅与内山完造又共同筹备现代作家木刻展览会、俄法书籍插画展览会，展出捷克、德国、荷兰、苏联和匈牙利及阿拉伯等国的版画作品，颇受好评。

为提高青年木刻家们的木刻技术，1931年8月，鲁迅在上海举办木刻讲习会，参加的成员主要有一八艺社的成员，还有上海美专、上海艺专的青年学生及其他进步美术青年。讲习会邀请日本木刻师内山嘉吉授课，鲁迅亲自做翻译。郑伯奇回忆道：“鲁迅先生很热心。他不仅翻译讲义，还给学生当通事。学生大都不会说日语，有什么疑问，都要劳他通译的。练习的时间，他在一行一行的桌子中间，走来走去，代学生传质问，代先生译说明，情形十分忙碌，可是他很高兴，一点厌烦的样子都没有。”[③] 通过举办讲习会、展览等活动，新兴木刻版画的知识和技法得到进一步普及，一支初具雏

① 上海鲁迅纪念馆：《上海鲁迅纪念馆藏品选》，上海辞书出版社2018年版，第205页。
② 鲁迅：《致陈烟桥》，张望编：《鲁迅论美术》，人民美术出版社1982年版，第281页。
③ 郑伯奇：《不灭的印象》，《作家月刊》第2卷第2期，1936年11月15日。

形的青年木刻队伍逐步形成。

在鲁迅的积极倡导下，中国新兴木刻版画发展迅速，涌现出许多反映贫苦大众生活、反映革命者坚贞不屈精神、抨击国民党独裁统治的木刻版画作品。胡一川的《饥民》《流离》用木刻黑白对比的艺术画面展现了劳苦大众饥寒交迫、流离失所的悲惨情景；1932年一·二八淞沪抗战爆发后，上海民众抗日情绪高涨，他又积极响应时代号召，以刻刀为枪，创作木刻版画《到前线去》，呼吁青年投笔从戎、抗战救国。陈铁耕的代表作《母与子》刻画了空荡简陋的房屋内，一位母亲和儿子倚门而望，焦急地等待丈夫用血汗换来粮食的悲惨景象；他的另一幅作品《殉难者》则表现了对牺牲同志的悼念之情。汪占辉的《纪念五死者》刻画了左联五烈士坚贞不屈的革命形象。江丰的《要求抗战者，杀》则讽刺了国民党当局迫害抗日民众的行为，他的《码头工人》则表现了码头工人悲愤地聚集在一起向统治者表达自己的抗议与不满的情景。陈烟桥的作品《拉》在表现工人抗争力量的同时，又表现出工人们处于沉重的压迫和贫困的生活的现实。何白涛、黄新波、李桦等木刻家也都创作了许多反映时代要求和人民心声的进步木刻作品，充分发挥出木刻的战斗武器功能。

随着新兴木刻版画的崛起，发表木刻作品的报纸杂志逐渐增多，出版的木刻专辑数量也不断增加，木刻在出版界的阵地得到迅速拓展。左翼刊物《文艺新闻》《正路月刊》《文学》等都刊登有木刻作品。其中《文学》刊登的木刻作品最多、持续时间最长，从1934年8月到1937年8月，刊登罗清桢、张慧、段干青、何白涛、陈烟桥、马达、江丰、力群、张望、陈普之等木刻家的作品约六七十幅。[①]《申报》等发行量较大的刊物也常刊登一些进步木刻作品，部分左翼刊物及文学书籍的插图和封面也开始采用木刻版画作品，如蒲风的诗集《茫茫夜》、丁玲的小说《奔》《水》、夏征农的小说《春天的故事》等书稿中都选用木刻版画作为插图，叶紫的《丰收》、萧

① 乔丽华：《"美联"与左翼美术运动》，上海人民出版社2016年版，第127页。

军的《八月的乡村》等小说封面也都采用了版画设计。一些进步美术社团出版一批木刻版画专辑，如野穗社出版的《木版画》、MK 木刻研究会出版的《木刻画选》、无名木刻社出版的《木刻集》《未名木刻选》、木铃木刻研究会出版的《木铃木刻集》《现代中国木刻选特辑》等。

为促使新兴版画发挥国际影响力，鲁迅等还积极推动中国新兴木刻版画走向世界。1934 年 3 月，在法国文艺家协会和鲁迅等人的策划努力下，“革命中国之新艺术展览会”在巴黎隆重举行，这是中国的革命艺术作品首次在国外展出。此次展览的作品有绘画 14 幅，素描 6 幅，木刻 58 幅，从数量上来看，木刻作品远多于其他美术作品。其中，木刻作品《纺织工人》《铁匠》《脊背》《人力车夫》《灾民》《受伤的呐喊》等都反映了中国劳苦大众饥寒交迫的生活和对黑暗社会的反抗精神。法国革命文艺家协会在展览说明书上写道：“这些绘画、木刻作品，来自中国的中心，它们表现出为自由而战的千千万万的中国劳动者所进行的斗争，笔法坚强有力，感人肺腑。”① 对于此次展览，法国多家报纸都发表了评论。《巴黎午报》专栏作家盛赞这些中国的木刻作品，是社会的“真实写照，是街上活生生的形象，然而几乎都是悲惨的。他们大刀阔斧地——即使他们的艺术粗糙了一些，但却极有表现力——描绘了苦难的人民，罢工，行进中的农民，革命，工人，苦力，白色恐怖”。② 此次展览让法国乃至世界人民通过木刻等美术作品了解到当时中国革命的真实情况。

除木刻作品外，左翼漫画、油画等美术形式也得以发展。在漫画领域，《漫画生活》于 1934 年创刊，是 20 世纪 30 年代最具代表性的漫画刊物之一，刊登有大量暴露当时社会黑暗统治和帝国主义国家侵略阴谋的作品，如张谔的《和平幌子》《军火商的把戏》，蔡若虹的《车厢中风景之一》《残羹》，黄鼎的《帝国主义在中国》《拿起枪杆来吧，弱小民族》等。鲁迅、茅

① 吕澎：《中国现代艺术史》，上海书画出版社 2019 年版，第 222 页。

② 马蹄疾、李允经：《鲁迅与新兴木刻运动》，人民美术出版社 1985 年版，第 296 页。

盾等也在《漫画生活》上发表文章予以支持。在油画领域，许幸之创作了《失业者》《铺路者》《逃荒者》等反映劳动人民悲惨生活、表现热血青年呐喊抗争的作品。

在民族危亡的关键时刻，左翼美术家还积极参与到壁画、宣传画等美术作品的创作中。为反对日军侵占东北三省，上海一八艺社成员创作大幅壁画，印刷抗日小画报和木刻传单，分贴于街头、工厂。一·二八淞沪抗战爆发后，上海一八艺社成员张眺、江丰等为上海反帝大同盟领导的《反帝画报》《民众画报》等画宣传画，进行反日斗争宣传。同时举办展览，扩大进步美术在群众中影响。1931 年 6 月，一八艺社举行习作展览会展出社员的油画、雕塑、木刻等作品 180 幅。1932 年 6 月，春地美术研究所在上海八仙桥青年会举行美术展览，展出木刻、油画、国画、素描等 100 多幅作品。1935 年，平津木刻研究会主办的全国木刻联合展览会在北平举行，鲁迅为《全国木刻联合展览会专辑》作序，指出新兴木刻与大众血脉相通，是“作者和社会大众的内心的一致的要求，所以仅有若干青年们的一副铁笔和几块木板，便能发展得如此蓬蓬勃勃”，“所以木刻不但淆乱了雅俗之辨而已，实在还有更光明，更伟大的事业在它的前面”。[①] 同年 10 月，该展在上海举行。

左翼美术工作者始终以画笔为枪，积极投身于抗日救国热潮及中国新兴美术建设的洪流之中，画出了时代真实，展现出革命美术的强大战斗力。

第三节　左翼戏剧的推进

在剧联领导下，左翼戏剧工作者尝试运用马克思主义文艺理论分析中国

① 鲁迅：《〈全国木刻联合展览会专辑〉序》，《鲁迅全集》第 6 卷，人民文学出版社 2005 年版，第 350 页。

戏剧的发展问题，提出“戏剧无产阶级化”“戏剧大众化”口号，创作出大量优秀的戏剧作品。同时，他们还积极深入工厂、学校组织戏剧运动，促进群众戏剧运动的蓬勃发展。

一、左翼戏剧理论的探索

在左联筹备期间，郑伯奇、夏衍、冯乃超等在上海共同发起成立上海艺术剧社，第一次在中国剧坛提出“普罗列塔利亚戏剧（无产阶级戏剧）”的口号，有力地推动话剧界的左转。艺术剧社举行多次公演，创办《艺术》《沙仑》等刊物，公开提倡无产阶级革命文艺立场和艺术观点。

1929 年，欧阳予倩发表《民众剧的研究》，结合中国戏剧的情况对平民剧的内容和形式进行讨论。他认为，中国的旧戏剧已经不能适应普通民众的需要，应大力发展适合普通民众观看的平民剧。平民剧的演出内容“不限定是本乡本土的事，外处的，外国的故事，都是必要的。历史戏也可以演。把我们历史上的光荣，介绍给大众知道，是最好的”。① 平民剧形式可以多种多样，话剧、舞蹈、哑剧都可以，表演场地也可以随便选择，室内室外都可以。在演员的选择方面，“背着锄头种田的人，拿着锯子锯木头的人，都可以加入演戏”。②

1930 年 3 月，左联常务委员郑伯奇发表《中国戏剧运动的进路》，这是阐述无产阶级戏剧理论的一篇重要文章。作者回顾总结清末民初以来中国戏剧运动的进程，说明中国戏剧运动的唯一出路就是发展无产阶级戏剧。为了克服当时中国社会存在的“普罗列塔利亚文化程度低下、封建社会文化积久”问题，郑伯奇认为，要发展无产阶级戏剧，必须要有特殊的纲领，即“一、促成旧剧及早崩坏；二、批判布尔乔亚戏剧，同时要积极学得它的成功的技术；三、提高现在普罗列塔利亚文化的水平；四、演剧和大众的接

①② 欧阳予倩：《民众剧的研究》，《戏剧》第 1 卷第 3 期，1929 年 9 月 5 日。

近——演剧的大众化”。[①]

1930 年，田汉在党的影响下和无产阶级戏剧运动的推动下，发表著名的《我们的自己批判》，批评自己浪漫强于理性、热情多于卓识，清算自己身上小资产阶级的浪漫、感伤倾向，公开宣布要向无产阶级转变，为无产阶级服务，产生了很大的社会影响。此外，阳翰笙的《普罗文艺大众化的问题》、郑伯奇的《中国戏剧运动的进路》、沈西苓的《戏剧运动的目前谬误及今后的进路》《艺术剧社的自己批判》等文，都从不同角度阐述倡导无产阶级戏剧的重大意义、无产阶级戏剧与时代的关系以及怎样建设革命的戏剧等问题。

1931 年剧联成立后发布了《中国左翼戏剧家联盟最近行动纲领》，对无产阶级革命戏剧运动作了如下规定：“深入都市无产阶级的群众当中，取本联盟独立表演，辅助工友表演，或本联盟与工友联合表演三方式以领导无产阶级的演剧活动。”“为领导中国无产阶级戏剧理论斗争，本联盟应建设指导的理论以击破各种反动的理论；为适应目前对于剧本的逼切的需要，本联盟应即公布出版各种创作或翻译的革命剧本。”[②] 通过对马克思主义文艺理论的学习，左翼戏剧家们自觉地站在新兴阶级的立场上，遵循马克思主义艺术理论必须深深地扎根于广大劳动群众中间的要求，紧密结合中国社会政治形势的变化，推动左翼戏剧运动的转向。

“无产阶级戏剧”口号的提出解决了戏剧发展为了谁的问题，于是，无产阶级戏剧如何为工农大众所接受，即戏剧的大众化问题，成为左翼戏剧家们需要讨论解决的新议题。1932 年，田汉发表《戏剧大众化和大众化戏剧》，他认为普罗文学必然是大众文学，并具体分析了当时包括戏剧在内的普罗文艺脱离大众的原因：“第一，在帝国主义与封建军阀等重重压迫下的劳苦大众完全被剥夺了受教育的机会，因之文化水平很低，看不懂也买不起

① 郑伯奇：《中国戏剧运动的进路》，《艺术》月刊第 1 卷第 1 期，1930 年 3 月 16 日。

② 《中国左翼戏剧家联盟最近行动纲领》，《文学导报》第 1 卷第 6、7 期合刊，1931 年 10 月 23 日。

新的文学读物。第二，现阶段的普罗文艺作家大部分是革命的小资产阶级，他们也几乎被迫着只以同一阶层的读者为对手，而不能去寻求更广大的读者。第三，过去的左倾空谈的指导理论使普罗作家忙于争妍斗艳于上层的文艺市场而忽略了艰苦地到劳苦大众中去组织自己基本队伍的首要的任务。”①对于戏剧如何大众化的问题，田汉强调文化工作者不能把自己关在亭子间里进行创作，必须走到工人中间去与他们一起生活，才能创作出真正的属于大众的文化，在创作方法上要采用马克思主义的唯物辩证法进行创作。

这些关于戏剧大众化问题的论述，对左翼戏剧家深入工农群众、创作出为人民群众喜闻乐见的戏剧作品有很大的帮助。

二、左翼戏剧创作成果

在无产阶级戏剧理论指导下，左翼戏剧家积极投身于大众戏剧的创作中，涌现出一大批优秀的剧作家。欧阳予倩、洪深、田汉被誉为中国现代戏剧的三大奠基人，创作了许多经典作品。

欧阳予倩是现代戏剧的重要创作者和推动者，于 1931 年加入剧联。他创作了大量反映劳动人民苦难生活，抨击封建军阀、帝国主义和买办阶级罪行的作品，如《屏风后》《车夫之家》《买卖》《小英姑娘》《国粹》《同住的三家人》等。《屏风后》揭露母女二人被人玩弄的不幸遭遇，揭露封建权势者的丑恶嘴脸。《车夫之家》集中表现了车夫一家的苦难，给观众以强烈的心灵震撼。《买卖》刻画了一个为讨好洋人做成交易而不惜以自己亲妹妹为代价进行人肉交易的洋奴买办的形象。《同住的三家人》讲述小学女教师、失业的汽车司机和电工三家人，面对通货膨胀和各种苛捐杂税，疲于奔命、苦不堪言的生活场景。九一八事变后，欧阳予倩创作了《李团长之死》《不要忘了》《上海之战》等以抗日斗争题材为主的剧作。话剧《不要忘了》揭露了日、美、英、法等国侵略中国、与中国人民为敌的掠夺本质，批判国民党

① 田汉：《戏剧大众化和大众化戏剧》，《北斗》第 2 卷第 3、4 合刊，1932 年 7 月 20 日。

当局压制民众抗日的错误政策，表现中国人民强烈的爱国主义精神。

洪深是著名的剧作家、导演、戏剧批评家，是左联和剧联成员。他在这一时期的代表作“农村三部曲”——《五奎桥》《香稻米》《青龙潭》，是较早以戏剧形式反映农村经济破产和农民抗争精神的优秀剧本。《五奎桥》是三部曲中的第一部，剧本以久旱无雨的江南农村为背景，把自然灾害和官绅地主对农民的迫害有机结合一起，反映 20 世纪 30 年代初期农民的悲惨生活以及他们反抗地主豪绅剥削的斗争精神。第二部《香稻米》写于 1931 年，描写五奎桥被拆后，农民迎来了一个丰收年但却因为粮价下跌、债主逼债而最终破产的悲惨故事。《青龙潭》是三部曲的最后一部，写于 1932 年，主要讲述了农民因天旱到青龙潭去求雨的故事，表现农民为了避免破产而进行一场无望挣扎的情形。

田汉是著名的剧作家、电影编剧和文学家，先后参与发起成立左联、剧联，1932 年春正式加入中国共产党。田汉在党的领导下，坚决按照左联、剧联的行动纲领参加左翼文化运动，对人民疾苦和民族命运有了更深的理解和关心，戏剧创作也进入一个崭新的阶段，创作了多部反映社会现实问题的作品。他创作的反映工农斗争的《梅雨》《顾正红之死》《一九三二年的月光曲》《洪水》等剧本，不仅描写工人农民的苦难生活，更重要的是表现他们不畏强暴、勇敢反抗的斗争精神。他还创作有《乱钟》《战友》《暴风雨中的七个女性》《回春之曲》《扬子江的暴风雨》等多部抗日名剧，如《回春之曲》就描写了一个觉悟的南洋青年抛弃国外优越的生活和热恋的情人，回到祖国英勇抗战的故事。

白薇、袁牧之、袁殊、楼适夷、于伶、陈白尘、陈鲤庭等左翼剧作家，也创作了不少名作。白薇是一位女性剧作家，她的代表作《打出幽灵塔》，以一对母女的血泪史，号召女性要勇敢地冲破封建枷锁的束缚，争取女性的自由和平等。袁牧之是一位集创作、表演、导演等才华于一身的戏剧人才。在戏剧创作上，他擅长创作独幕喜剧，以幽默讽刺见长。他创作的《一个女人和一条狗》，讲述一个为生活所迫的女小偷被抓后与巡警巧妙周旋的故事，以女主人公的机智幽默讽刺国民党巡警的愚蠢。袁殊的《工厂夜景》、楼适夷的《活路》等，都是反映工人等普通民众生活的优秀剧目，被频繁上演。于伶以反对日寇侵略为题材，创作《瓦刀》《警号》《腊月二十四》《蹄下》等剧目，宣传抗日救亡、激发群众的爱国热情。陈白尘撰写了《街头夜景》《大风雨之夜》《父子兄弟》《两个孩子》《征婚》等剧目。其中既有反映普通民众悲惨生活、讽刺黑暗社会的《街头夜景》《征婚》，又有表现中国人民抗日爱国精神的《两个孩子》《父子兄弟》等剧，被誉为“新的剧作人中”的“优秀者之一”。①由陈鲤庭执笔改编的街头剧《放下你的鞭子》，讲述九一八事变后从东北沦陷区逃出的一对父女流落关内、以卖唱为生的故事，极大地激发了人民的抗战激情和斗志。该剧在抗战期间可说是在大江南北演出次数最多、影响最大的一个抗战剧。②受时代的影响，曹禺在这一时期创作出名剧《雷雨》，描写一个带有浓厚封建色彩的资产阶级家庭的悲剧，表达了作者对半殖民地半封建社会的鞭挞。

优秀的剧本是左翼戏剧艺术成功的基石，导演、舞台设计者、化妆造型师、演员等其他方面的专业人才也是戏剧成功的重要因素。导演应云卫、章泯、塞克，舞台设计和化妆造型领域的徐渠、刘露、辛汉文，以及大批优秀演员如赵丹、金山、王为一、魏鹤龄、王莹、舒绣文等，都为左翼戏剧的发展作出了贡献。这些优秀的戏剧人才，几乎都参加了1935年4月成立的上海业余剧人协会。1935年6月，业余剧人协会在上海金城大剧院组织演出由挪威剧作家易卜生创作的《玩偶之家》，这部剧倡导妇女解放和男女平等思想，先后在全国各地上演，盛况空前，1935年也因女主人公娜拉的名字而被称为“娜拉年”。1935年秋，业余剧人协会又组织公演俄国作家果戈理的著名讽刺喜剧《钦差大臣》，揭露当时统治阶级的黑暗专制。这些高水平的演出，受到观众的广泛认可，为左翼戏剧赢得了极大的声誉。

① 于伶：《略论一九三四年所见于中国剧坛的新剧本》，《中华日报》副刊《戏》周刊第26期，1935年2月17日。

② 曹树钧：《“剧联”与左翼戏剧运动》，上海人民出版社2014年版，第64页。

三、群众戏剧运动的发展

剧联成立后，其成员在进行专业戏剧创作的同时，开始有组织地领导工人、学生戏剧运动，促使群众业余戏剧活动蓬勃开展。

为了开展工人演剧活动，剧联成立工人演出委员会，作为开展工人演剧的指挥部。剧联开展工人剧运主要采取三种方式：

一是发动剧联所属各剧团到工人中去进行演出，扩大影响力。如1933年春夏间，上海民权保障同盟在泉漳中学开会，参会人员大部分为工人，春秋剧社和光光剧社准备在会议间隙上演《活路》和《工厂夜景》两部话剧。由于国民党宪警的包围，在《活路》上演结束后，《工厂夜景》并未按原计划上演，但《活路》的演出已取得很好的宣传效果，“打倒帝国主义”的口号声响彻会场内外。

二是帮助工人成立剧社。剧联先后派出赵铭彝、刘保罗、郑君里、徐韬、金山、崔嵬、姚时晓、陈波儿等开展工人演剧活动，他们通过赤色工会、工人业余学校等，把工人中爱好文艺的人员组成业余剧团。工人剧社的演出剧目大多以反帝抗日为主，同时也有不少反映工人的实际生活。1931年8月，法南区绸厂工人的三个蓝衣剧社曾在刘保罗等的协助下，创作演出《血衣》《炮口移动》《停电》《关厂》等反映工人实际斗争的剧目，深得工人群众的欢迎。

三是组织工人直接参加演出。根据当时被派到工人中去做工作的姚时晓回忆，上海女青年会分别在杨树浦、兆丰路、浦东等地创办了5所女工夜校，“每一夜校都有工人自己的演剧活动，但都没有组成剧社。每校约有15—20人参加演剧”。① 女工夜校的演出采取两种方式：一种是在课堂里演给本校或邻校的同学看；另一种是在重要节日或大型集会上由几个女工夜校

① 姚时晓：《剧联领导下的工人戏剧运动》，《中国话剧运动五十年史料集》第2辑，中国戏剧出版社1959年版，第32页。

联合演出。演出内容主要以表现工人生活和斗争为主，演出剧目有《梅雨》《姊妹》《活路》《回声》《一袋米》《工人之家》《放下你的鞭子》等。为了使工人演剧活动得到更多的关注和认同，剧联还指导工人采用上海方言来演出，以更好地表达人物性格，也让戏剧作品更接地气。

剧联也十分重视开展学生演剧活动。在上海，麦伦中学曾被称为“学生戏剧运动的带头鸟”。1932 年，麦伦中学的白光剧社首次上演由田汉撰写的反映学生抗日斗争的独幕剧《乱钟》，后又演出《一只马蜂》《压迫》《江村小景》《颓废圈外》《国王与乞丐》《复活》等剧。1934 年 5 月，白光剧社改名为未名剧社，先后上演话剧《末路》《乱世》《金宝》《艺术家》《放火者》《顾正红之死》《放下你的鞭子》《第五号病室》《谁是朋友》，以及大型歌剧《扬子江暴风雨》等。

在学生剧团中，活动时间最长且具有较高社会声誉的是复旦大学的复旦剧社，该剧社成立于 1925 年，由洪深等人先后领导，欧阳予倩、应云卫、袁牧之等戏剧界名流都曾受聘于该剧社。复旦剧社相继上演《五奎桥》《香稻米》《雷雨》《委曲求全》等左翼剧目，产生广泛的影响。此外，智仁勇女校、持志中学、华侨中学、暨南大学、交通大学、大夏大学、劳动大学、沪江大学、同济大学等学校也都成立学生剧团，为提高学生的思想觉悟、鼓舞学生的抗日爱国热情发挥了积极作用，也为剧联领导成立上海学生剧团联合会奠定了基础。

第四节　左翼电影的繁荣

在中国革命和抗日救亡的关键阶段，为制作更多反映时代需求的电影，中国共产党不失时机地派遣左翼文化力量进入电影界，改变当时不切实际、脱离时代的以古装片、武侠神怪片等为主的电影局面。同时，在电影评论和电影创作等方面取得了丰硕的成果，中国左翼电影由此风行一时。

一、理论建树与电影评论

在左联成立前后，有识之士在进行电影理论探索时，就已经开始思考中国电影的发展之路。1930 年 1 月，鲁迅翻译日本左翼电影评论家岩崎・昶所著的《电影和资本主义》一书中的“作为宣传、煽动手段的电影”部分，他在《译者附记》中表示，翻译此文的目的在于揭露帝国主义用电影进行文化侵略的实质。同年 6 月，上海艺术剧社创办的《沙仑》月刊就刊登系列文章，明确提出“普罗电影（无产阶级电影）”的口号。

1931 年剧联成立后，在《中国左翼戏剧家联盟最近行动纲领》中提出要发展中国电影界的“普罗・机诺”（即无产阶级电影）运动。1932 年、1933 年间，王尘无的《电影讲话》《中国电影之路》、钱杏邨的《论中国电影文化运动》、席耐芳的《电影罪言》等文章，都强调了发展无产阶级电影的必要性，主张电影要走大众化之路，要深刻反映贫苦大众的生活，并指出中国无产阶级电影的主要任务是反对封建主义和反帝国主义，当然无产阶级电影的任务并不仅仅局限于反帝反封建，郑正秋就提出了无产阶级电影反帝、反资和反封建的“三反主义”创作原则。在电影题材上，王尘无等认为要选择表现反宗教、反地主高利贷者、反军阀战争苛捐杂税、反帝战争反帝运动、反帝国主义走狗的史实，以及当时中国灾荒的实际情况作为电影内容；在人物塑造、语言、动作等方面必须是大众化的，应选择大众生活中能接触到的人物来塑造角色，剧本内容也要贴近大众的真实生活；在表现技巧上，要“多动作，少对白，不要运用一切倒叙回忆等知识分子或看惯电影的人才懂得的手法”。① 王尘无还提出要重视纪录片、短片与露天电影，并争取摄制放映的自由。

为了实现发展无产阶级电影的目标，左翼电影人提出具体的努力方向。

① 王尘无：《中国电影之路》，丁亚平主编：《百年中国电影理论文选》（上），文化艺术出版社 2005 年版，第 142 页。

钱杏邨在《论中国电影文化运动》中提出了左翼电影发展的重点努力方向：首先，要重视左翼电影的组织工作，即要加强中国共产党对电影工作的领导；其次，必须争取思想言论上的一切自由特别是反对帝国主义的自由，坚决地和一切不合理的压迫作斗争；最后，电影批评界要加强对帝国主义和趣味主义电影的批判。

在无产阶级电影理论的指导下，左翼电影人积极投身于电影实践活动。相较于电影拍摄与制作的专业性、复杂性和巨额资金投入，影评较易涉足，成为中国共产党在电影界打开局面的重要切入点。党的力量进入电影界后，在电影评论方面取得显著成绩。

左翼影评人主要通过抢占现有合法报刊阵地的方式，发表关于左翼电影的评论文章。《民报》副刊“电影与戏剧”、《时报》副刊“电影时报”、《晨报》副刊“每日电影”、《中华日报》副刊“电影新地”、《申报》副刊“电影专刊”、《民报》副刊“影谭”、《文艺电影》半月刊等相继掌握在左翼影评人手中。依托这些影评阵地，左翼影评工作开展得有声有色。1932 年影评小组在成立之初，就展开对影片《人道》的批判。该片将农民的悲惨命运归咎于天灾，避谈人祸，为国民党当局开脱罪责，而且大肆宣扬三从四德的封建伦理道德以麻痹人民的斗争意志。影评小组将《人道》列为批判对象，首度“亮剑”。1932 年 7 月 23 日，《民报 · 电影与戏剧》刊登由王尘无、前烈（郑君里）、梅筠（陈万里）、鲁思四人撰写的批判文章——《人道的批判》，文章指出《人道》是“封建思想的结晶，麻醉青年的毒药”，它是一部“遗老遗少的电影、绝不是大众所需要的电影”。[①] 对《人道》的批判为反帝反封建影片的创作进一步扫清了障碍、明确了方向。

1933 年 2 月 16 日，上海大戏院正式公映苏联有声影片《生路》，这是当时中苏复交后在华公映的第一部苏联电影，中国左翼电影人热烈欢呼该片的上映，称此次苏联影片的公开首映为“新艺术的登场”。夏衍盛赞道：

① 鲁思：《关于“剧联”影评小组》，《左联回忆录》，知识产权出版社 2010 年版，第 582 页。

“这，可以毫不迟疑地说，是一部继普特符金的《母亲》和爱森休坦的《战斗舰伯巧姆金》而出现的世界电影史上值得大书特书的作品。”[①]《晨报》的副刊“每日电影”共为这部影片刊登夏衍、洪深、沈西苓、史东山、陈鲤庭、王尘无、程步高、张石川等人写的8篇评论和14篇短文，成为中国电影评论史上空前的盛事。[②]当时各个报纸上的电影副刊阵地，几乎都发表过介绍苏联电影的文章。

1933年6月18日，在电影小组的组织下，夏衍、郑伯奇、钱杏邨、洪深、王尘无、柯灵、鲁思、陈鲤庭等15位影评工作者联名发表《我们的陈诉，今后的批判是“建设的”》的声明，进一步明确左翼影评工作的方针：“一、如其是有毒害的，揭发它；二、如其是良好的教育的，宣扬它；三、编辑、演出、技术上的优点，介绍它；四、社会的背景、摄制的目的……一切，剖解它。”“自然，我们不敢相信我们的一切都是All right的，但，我们将尽可能地努力做去。宁可说错之后再研究校正，不愿含糊过去了不说。”[③]左翼电影评论工作对于加强党对电影工作的领导、促进左翼电影界的发展发挥了重大的作用。郑正秋说：“靠着前进批评家的努力，便造成了新的环境的需要，它这种力量，好比是新思潮里伸出一只时代的大手掌，把向后转的中国电影抓回头，再推向前去。”[④]

为批判资产阶级“为艺术而艺术”的电影观，电影界发生了著名的“软硬电影”之争。这场论争从1933年开始，至1936年结束。所谓软性电影，是指20世纪30年代受唯美主义艺术思潮影响的电影创作观念，代表人物主要是黄嘉谟、刘呐鸥、穆时英等。硬性电影则是与软性电影相对立的电影观念，当时软性电影论者以此指称左翼电影。在这场论战

① 程季华主编：《夏衍电影文集》第1卷，中国电影出版社2000年版，第93页。

② 丁亚平主编：《中国电影历史图志》，文化艺术出版社2015年版，第178页。

③ 丁亚平主编：《百年中国电影理论文选》(上)，文化艺术出版社2005年版，第165页。

④ 郑正秋：《如何走上前进之路》，丁亚平主编《百年中国电影理论文选》(上)，文化艺术出版社2005年版，第130页。

中，“软”“硬”双方围绕电影的本质和任务、内容与形式等问题展开激烈的论争。

1933年5月，黄嘉谟发表《现代观众的感觉》，指出现在国产电影“全是灾难病死虐待等社会黑暗面的压迫，或是事业贫乏等难题——全世界汹汹都解决不了的今世纪的难题，却硬要叫这辈神经衰弱的观众去解决，要他们陪着剧中人共同受尽压迫与困难，这种影片未免太残暴了”。[①]随后，他又发表《电影之色素与毒素》《硬性电影和软性电影》两篇文章对左翼电影进行批判。刘呐鸥的《中国电影描写的深度问题》、穆时英的《电影批评底基础问题》等文章都表达了对黄嘉谟的支持。在电影的本质问题上，他们都强调电影的艺术性，要求淡化电影的政治性，认为电影的主要作用是娱乐而非宣传教育；在电影的内容与形式上，他们则认为形式重于内容、技巧大于思想。

面对软性电影论者的强词夺理，夏衍等左翼电影人展开集中反击。夏衍相继撰写《软性的硬论》《“告诉你吧”——所谓软性电影的正体》《玻璃屋中投石者》《白障了的“生意眼”——谁戕害了中国的新生电影》等文章，对黄嘉谟等人的观点进行驳斥。夏衍在《“告诉你吧”——所谓软性电影的正体》一文中，认为软性电影论者是重形式而忽略内容的形式主义者，指出：“一个艺术作品没有内容，就等于一个躯体没有头脑……单单的形式的美，充其量，不过是一时的流行物；在作家，不过是一时的流行儿，他可以博得暂时的声名，可以供给没落的无自觉的小市民以若干的陶然和幻想，可是，在严肃的艺术史上，他们是没有被记载的资格和权力的！”[②]夏衍还批评软性电影论者以“人道的战士”或“艺术之上主义者”，甚至以“洋场恶少”姿态出没于影坛，最终目的不过是“为着他们的主子而反对在电影中反映社会的现实与防止观众感染进步的思想这么一点。”[③]在《白障了的“生意眼”——

① 黄嘉谟：《现代观众的感觉》，《现代电影》第3期，1933年5月。

②③ 程季华主编：《夏衍电影文集》第1卷，中国电影出版社2000年版，第37页。

谁戕害了中国的新生电影》一文中，夏衍以左翼电影《姐妹花》《都会的早晨》《三个摩登女性》《狂流》《母性之光》《小玩意》等反映贫苦百姓生活的左翼电影的实际票房收入，强调只有真正反映群众呼声、满足群众需求的电影作品才能受到市场的欢迎，才能保证电影制作者的利润。王尘无的《清算刘呐鸥的理论》、鲁思的《论电影批评底基准问题》等文章也都对软性电影论者的观点进行批判。

左翼影评人认为内容比形式和技巧更为重要，提倡电影的艺术性和娱乐性要让位于阶级性，电影内容要反映社会现实，发挥社会教育功能，电影要成为阶级斗争和民族解放斗争的有力武器。此后，由于白色恐怖加剧，左翼影评人无法进行有力的反击，“软硬之争”在1935年暂时偃旗息鼓，直至1936年软性电影的代表作《化身姑娘》上映遭到进步影评人的批判，“软性电影论”才败退出历史舞台。

20世纪30年代中期的“软硬之争”，实质上是一场以影评为载体的意识形态领域的争夺。左翼影评人坚持政治性，兼顾艺术性和娱乐性，拆除自身“硬性电影”的标签，完成一次对软性电影论者的有力反击。经过不断努力，左翼电影界在电影评论及无产阶级电影的理论建构方面颇有建树，为左翼电影的繁荣奠定坚实的基础。

二、左翼电影作品的上映

随着中国电影“向左转”的倾向，以共产党人为首的左翼电影工作者逐渐成为各电影公司的创作骨干。他们制作了不少经典影片，推动中国左翼电影的繁荣发展。

1932年12月29日，被誉为左翼电影“报春之燕”的《三个摩登女性》上映，该片由联华影业公司摄制，编剧为田汉。影片通过讲述不同类型女性的人生故事，批判资产阶级的享乐思想和爱情观念，歌颂自立自强、积极投身革命的进步女性，产生广泛的社会影响。随着左翼作家创作的文学作品陆续被投入拍摄，左翼电影在1933年出现一个上映高潮，当年一共上映18部左翼影片，分别是《天明》《城市之夜》《狂流》《都会的早晨》《女性的呐喊》《脂粉市场》《前程》《母性之光》《压迫》《飞絮》《挣扎》《春蚕》《小玩意》《飘零》《晨曦》《铁板红泪录》《香草美人》《民族生存》。虽然从数量上看，这18部电影仅占1933年上映的国产电影总数（共101部）的约18%，但是在质量上，这些左翼电影以其进步的思想主题引领时代潮流，发挥了先锋前驱的作用，改变了以往神侠武怪、才子佳人影片充斥中国电影市场的局面，促进了中国电影的转型。因此，1933年也被称为“中国电影年”。

1933年12月31日，《晨报·每日电影》发表了一篇年终回顾文章，推选了1933年“五张最好的中国片”：分别是《都会的早晨》《脂粉市场》《母性之光》《春蚕》《小玩意》。[①]《都会的早晨》于3月20日首映，由蔡楚生编导，影片讲述了一对同父异母的兄弟的故事，揭露和鞭挞资产阶级的阴险卑劣行径，歌颂了勤劳善良、刚强正直的劳动人民，影片连映18天而上座率不衰。《脂粉市场》于5月14日上映，编剧夏衍，导演张石川。这部影片塑造了一个具有进步思想和反抗意识的新女性形象，表现了女性的觉醒。《母性之光》于8月上映，编剧为田汉，导演卜万苍。影片讲述了女主人公被继父安排嫁人后惨被抛弃的遭遇，借女主人公之口号召民众团结起来，打破黑暗社会，为儿童创造一个健康成长的环境。10月8日，《春蚕》《小玩意》两部左翼影片同时上映。影片《春蚕》改编自茅盾“农村三部曲”的同名作品，通过讲述一家蚕农为养蚕辛勤劳苦但却破产的故事，揭示在帝国主义经济入侵背景下江南丝绸厂关门、蚕农破产的真实情况。影片《小玩意》由孙瑜编导，通过展现一名村姑的人生悲苦历程，表现了帝国主义对华的经济、军事侵略以及军阀混战给中国人民造成的巨大灾难。

除了上述5部影片，1933年的左翼电影界还有更多的精品力作值得关注，如被誉为左翼电影运动开端的标志性作品——《狂流》，这是夏衍受

① 程季华主编：《夏衍电影文集》第1卷，中国电影出版社2000年版，第27页。

命进入电影界后创作的第一个电影剧本。影片以长江流域发生的大水灾为背景，讲述普通民众为战胜洪水与地主阶级对抗的故事。《上海二十四小时》是夏衍推出《狂流》后的又一部优秀作品。影片以 20 世纪 30 年代的上海现实生活为背景，用独特的编排结构、精选的细节，暴露买办资产阶级腐朽荒淫的生活，展现城市贫民被剥削被压迫而挣扎于死亡边缘的悲惨生活。

1934 年初公映的电影《姊妹花》创造了左翼电影新的最佳票房纪录。影片讲述了一对孪生姐妹之间因阶级立场不同而发生的一出家庭惨剧，电影还涉及乡村破产、贫富悬殊等人们关注的社会问题，因此引起了观众共鸣，取得连映 60 天的佳绩。

左翼电影的兴起引起国民党当局的警觉，他们通过政治迫害和经济扼杀的双重手段对左翼电影进行压制。国民党当局逮捕了洪深、田汉、阳翰笙等左翼影人，企图以这种卑劣手段阻止左翼影片的创作；他们还通过组织暴徒打砸电影公司等手段，干扰拍摄，1933 年 11 月，国民党特务组织指使 30 余名暴徒捣毁了艺华影业公司的摄影场，并当场散发《铲除电影界赤化活动宣言》等传单，警告艺华及其他电影公司若不改变拍摄方针，将采取更加激烈的破坏手段；在进行电影审核时，国民党当局强制要求删除左翼影片的一些重要场面，否则电影就无法获得准映执照，左翼影片《香草美人》在上映前就遭到多次检查和删减，公映翌日即遭禁映；一些规模较大的影院也被要求不得放映左翼电影；国民党当局还通知银行不得借款给拍摄左翼影片的公司，让电影公司陷入经费短缺的困境而无法运行。

面对这种尖锐复杂的斗争形势，电影小组成员决定采用更加隐蔽的方式推进工作，他们以化名或用提供修改意见等方式继续支持相关公司的剧本创作，拍摄了《同仇》《到西北去》《女儿经》《乡愁》《渔光曲》《神女》等多部颇具影响力的影片。《同仇》通过讲述一个家庭伦理故事，巧妙地宣传了团结起来、一致抗日的主张。《到西北区》通过一名青年工程师的观察视角，讲述了农民田地被霸占、家人被逼自杀的悲惨故事，揭示国民党当局倡导的“开发西北”口号的实质是欺人的谎言，是资本家、官僚和地主相互勾结，对农民进行残酷剥削压榨的新手段。影片《女儿经》用一次宴会串联了 8 个独立的小故事，典型反映当时不同阶层的妇女生活，并寄予对不同妇女形象的赞美、同情、讽刺或批判。影片《乡愁》通过女主人公在九一八事变后家破人亡的悲惨遭遇，反映东北人民在家园被日军侵占后痛苦的流离生活，控诉了日本帝国主义的侵华罪行，抨击了国民党当局的对日不抵抗政策。1934 年 6 月首映的《渔光曲》讲述了 20 世纪 30 年代东海边一家渔民的故事，展现中国底层民众的悲苦人生，反映当时中国严峻的社会问题。这部现实主义题材的影片赢得了观众的热烈欢迎，创造了连映 84 天的票房奇迹！这部影片还获得了莫斯科国际电影节荣誉奖，成为中国第一部获得国际荣誉的电影。影片《神女》的女主人公因生活所迫无奈沦落风尘，后又遭流氓霸占欺凌、被邻居排斥非议，当她想另找工作、跳出火坑时，却发现举步维艰。忍无可忍之下，她杀死流氓，自己最终也锒铛入狱。影片以同情的视角展现了当时底层妇女的悲惨遭遇，表达了作者对当时黑暗社会的控诉。

为促进左翼电影的快速发展，在巩固原有阵地的同时，电影小组努力探索建立左翼电影人自己的拍摄基地。1934 年春，电影小组成员司徒慧敏争取其堂兄——电通电影器材经营者的合作，改组成立电通影片公司，成为共产党直接掌握的电影公司，电影小组还选调编导、表演、摄影、动画、音乐、美工等方面的左翼进步人士充实电通公司。在电影小组的领导下，电通公司紧密配合革命斗争形势的需要，拍摄有《桃李劫》《风云儿女》《自由神》《都市风光》四部脍炙人口的影片，反映在民族危亡的时代背景下，知识青年的觉醒和成长。《桃李劫》是电通公司成立后拍摄的第一部影片，是中国电影史上有声电影的里程碑。石凌鹤写道：“《桃李劫》是中国有声电影划时代的作品，它不仅是进步的内容，描写了失业的悲剧，典型地刻画了小市民的悲哀，而在表现方法方面，也是中国第一个使用了有声电影的技巧得到了相当美满的收获。”“其给予观众极大的影响，卖座之盛，差不多是空前少有的记录。”[①] 影片《风云儿女》讲述一名青年诗人因好友牺牲而毅然离开温柔乡、投身抗战的故事，影片以其鲜明的抗日主题和广为传唱的主题曲《义勇军进行曲》而永载中国电影史册。《自由神》展现了五四运动后一名进步知识女性经历五卅惨案、沙基惨案、一·二八淞沪抗战这13年间的一系列人生遭遇，蜕变成长为一名坚强革命者的人生历程。《都市风光》是一部音乐喜剧电影，影片以庸俗的市井生活和滑稽的人物形象展现五光十色的都市生活和人生百态，讽刺都市中的拜金主义倾向。该片被当时评论称为“中国声片之新飞跃”“艺术创作方法之新探求”。[②]

20世纪30年代是中国电影发展的第一个黄金时代。中国共产党团结带领电影界进步人士，逐步建立了左翼电影阵地，前前后后共创作拍摄了74部左翼影片，其中在1935年底前完成摄制并公映的就有53部。这些影片反映了劳苦大众的悲惨生活和救亡图存的时代吁求，改变了中国电影的旧面貌，成为20世纪30年代左翼电影运动辉煌成就的无可争议的确证。

第五节　左翼音乐的兴盛

在文艺大众化思想指导下，左翼音乐家为进步戏剧、电影谱写了大量思想鲜明的主题曲和插曲。这些歌曲随着戏剧和电影的传播风靡全国，也为抗日救亡歌咏运动的开展提供有利条件，促进左翼音乐运动的广泛展开。

一、左翼音乐理论的探索

在中国共产党创建和大革命时期，出现了一批工农革命歌曲和具有鲜明阶级立场的外国革命歌曲，显示出革命歌曲的巨大潜力，但大多数歌曲采用

---

① 石凌鹤：《应云卫论》,《中华图画杂志》第49期，1936年12月。

② 丁亚平著：《中国电影史》(上)，中国书籍出版社2022年版，第180页。

民间曲调、戏曲曲牌或学堂乐歌进行填词，在音乐理论和创新方面并无大的突破。1930 年左联、剧联成立后，比较系统地介绍马克思主义音乐观和苏联革命音乐，提倡无产阶级新兴音乐。1930 年 3 月左联出版的《大众文艺》刊发陶晶孙翻译的《革命十年间苏俄的音乐之发展》《唯物史观》《音乐之唯物史观的分析》等文。1932 年，周扬翻译的《苏联的音乐》为中国最早系统介绍了苏联社会主义革命音乐的发展。他在“译后记”中明确提出“内容上是无产阶级的，形式上是民族的音乐的创造，便是目前普罗作曲家的主要任务”。[①]1933 年《生存月刊》《东方杂志》刊发《苏联的新音乐运动》《苏联音乐的转变》等文，介绍苏联社会主义音乐的发展历程和成就，为中国无产阶级音乐提供理论经验和借鉴。

为发展无产阶级革命音乐，就必须对音乐大众化和音乐低俗化进行理论区分。黎锦晖是中国近代通俗音乐的开拓者，也是中国儿童歌舞剧和儿童歌舞表演的首创者，他创作的城市流行歌曲契合市民阶层的需求，因此广受欢迎，但他也创作了一批迎合市场低级趣味的低俗作品，助长了醉生梦死的社会享乐氛围。为批判这种音乐现象，中国无产阶级音乐的开拓者、奠基者聂耳于 1932 年以“黑天使”笔名发表了《黎锦晖的“芭蕉叶上诗”》《中国歌舞短论》，对黎锦晖的低俗香艳音乐作品进行批判，开始提出比较明确的左翼音乐概念。聂耳强调，音乐家要深入群众当中获取灵感，要站在群众的立场进行创作，这才是音乐发展的正确道路。1934 年贺绿汀在《音乐艺术的时代性》《关于黎锦晖》两篇文章中也对黎氏庸俗音乐进行批判，认为这些低俗颓唐的音乐虽然迎合了普通市民的需求，但却是“一副麻醉剂，是变相的鸦片。这东西不惟不能鼓舞人民上进，反而引导人民堕落”。[②]

为发展无产阶级革命音乐，还要批判信奉“艺术至上”的资产阶级唯心主义文艺观。1931 年 12 月，章泯、沙梅编辑出版的《戏剧与音乐》创刊

① 周扬：《苏联的音乐》，良友图书印刷公司 1932 年版，第 57 页。

② 贺绿汀：《音乐艺术的时代性》，《贺绿汀全集》第 4 卷，上海音乐出版社 1999 年版，第 19 页。

号发表了夏蔓蒂的《音乐短论》，对艺术至上主义观点进行分析批判，初步表达了马克思主义音乐观。1932 年 7 月，聂耳发表的《中国歌舞短论》在以犀利笔锋批评“香艳肉感”的黎派歌舞的同时，也批判资产阶级“为艺术而艺术”的音乐观念。他号召音乐工作者要深入群众，深切地感受劳苦大众的心声，创作出为群众喜闻爱唱的音乐作品。

无产阶级音乐大众化的发展，遭到了以张昊（汀石）为代表的资产阶级唯心主义音乐派的攻击，从而引发论争。1934 年 10 月张昊发表《从音乐艺术说到中国的实用主义》，认为左翼音乐家提倡的音乐大众化，其实质是将“音乐变成大众解放自己的武器”，这种强调音乐的实际功能、忽视审美本质的“工具论”是一种实用主义。剧联音乐小组的重要成员吕骥随即发表《反对毒害音乐》《答毒害音乐的唯心论者——汀石君》等文章，对张昊的观点予以批驳。吕骥在《反对毒害音乐》一文中写道：“因汀石君对于下层机构与上层机构之关系没有明白地正确地认识，才有他这篇唯心论者底观点之论文产生。也因为他没深入青年——尤其民众生活之深处，不能认识民众之物质生活是什么样的物质生活，才有他底平衡精神生活与物质生活之要求。”① 吕骥认为，在当时的社会条件下，普通群众更关心的是物质生活的提升或社会变革，张昊没有深入群众了解他们的真实诉求，这是中了唯心论者的毒害。

随着后来抗日救亡歌咏运动的发展，左翼音乐大众化的发展方向日益明确，其后的论争转向有关音乐技术方面，促进了左翼音乐在理论和创作技术上的不断提升。

二、左翼音乐创作实践

在无产阶级音乐大众化理论的指引下，左翼音乐工作者创作出一大批反

① 穆华：《反对毒害音乐》，张静蔚主编：《搜索历史——中国近现代音乐文论选编》，上海音乐出版社 2004 年版，第 200 页。

映人民现实生活和时代精神的音乐作品。这些音乐作品通过舞台、银幕、唱片、广播等途径得到广泛传播，产生了重要的社会影响。

在戏剧音乐方面，聂耳、吕骥、张曙等作曲家创作出许多优秀的戏剧音乐，不少作品被传唱至今。1933年，聂耳为话剧《饥饿线》谱写了插曲《饥寒交迫之歌》(董每戡词)，这是一位贫苦母亲抱着婴儿唱的摇篮曲，该曲没有寻常摇篮曲的温馨柔美，而是带着穷困母亲对悲苦命运的泣诉。1934年，他还为田汉编写的新歌剧《扬子江暴风雨》谱写了《码头工人歌》《打桩歌》《打砖歌》《前进歌》《卖报歌》，在为《码头工人歌》(蒲风词)谱曲之前，聂耳亲自到黄浦江边体验工人的生活，在反复修改后成功地创作出《码头工人歌》。《卖报歌》(安娥词)是由聂耳创作的一首脍炙人口的儿童歌曲，歌词以朴实生动的语言描述了旧社会报童的苦难生活，歌曲曲调简洁明快，生动地刻画出一个天真活泼的报童形象。1935年，聂耳为田汉的话剧《回春之曲》写了《告别南洋》《慰劳歌》《春回来了》《梅娘曲》四首歌曲，聂耳的谱曲能力得到田汉的高度赞扬。田汉曾回忆道："1934年我写了三幕剧《回春之曲》的一些歌词，全是通过间接联系交给聂耳的，但他还是处理得那样合乎要求。其中的《告别南洋》写得有些像中国旧体诗的七言古风，我怕作曲者很难处理，有心改写，但聂耳还是无难地谱好了，而且谱得那么有力，这给我很大鼓励。"①

1934年，吕骥为话剧《母亲》谱写插曲《伯惠尔之歌》(田汉词)，后又为街头剧《放下你的鞭子》创作了插曲《新编"九一八"小调》(崔嵬、钢鸣词)，如泣如诉的歌谣，控诉日本军国主义的罪行，表现了东北人民四处流亡的真实境况。1935年是左翼音乐家张曙创作的高峰期，他为话剧《械斗争》创作了歌曲《公仇》，还为话剧《洪水》谱写了八首插曲，分别是《筑堤歌》《百里红灯》《色迷歌》《红布衣》《石榴花》《云儿词》《九里山前》《风雨催眠曲》，体现了极强的音乐创造能力。

---

① 田汉：《忆聂耳》，选自《聂耳全集（增订版）》下卷，文化艺术出版社2011年版，第197页。

在电影音乐方面，1933 年，田汉、任光、聂耳共同为电影《母性之光》创作音乐，由田汉作词、聂耳谱曲的影片插曲《开矿歌》以对仗的歌词、深沉激昂的旋律，表达了对革命的向往之情；由田汉作词、任光谱曲的同名主题曲《母性之光》及插曲《南洋歌》《春之恋歌》也很好地烘托了人物的情绪，深化了影片主题。在 1934 年上映的电影《渔光曲》中，由安娥作词、任光谱曲的同名主题曲《渔光曲》也随着电影的热映风靡全国。为了更好地完成谱曲工作，曲作者任光特意到吴淞口观察渔民们的生活状态，为这首歌创作出委婉惆怅的旋律。1934 年底，田汉、聂耳为电影《桃李劫》谱写了主题曲《毕业歌》，该曲以铿锵有力的歌词配合高亢嘹亮的曲调，激励着广大青年学生团结一致抗日救国。

1935 年元旦，讲述筑路工人牺牲性命保护公路、为抗战作出贡献的电影《大路》上映，孙师毅、孙瑜、安娥、陈伯吹、聂耳、任光共同为影片创作了五首歌曲——《开路先锋》《大路歌》《燕燕歌》《新凤阳歌》《小野猫》。主题曲《大路歌》通过筑路工人沉重有力的劳动号子，表现出工人阶级豪迈乐观的精神面貌。同年 5 月，由许幸之导演，田汉、夏衍编剧的抗战影片《风云儿女》上映，影片配有歌曲《义勇军进行曲》（田汉词、聂耳曲）、《铁蹄下的歌女》（许幸之词、聂耳曲），其中，《义勇军进行曲》以其高昂激越、铿锵有力的旋律和鼓舞人心的歌词，表达了中国人民对帝国主义侵略的强烈愤恨和反抗精神，成为广为传唱的经典歌曲。同年，孙师毅、吕骥为电通公司拍摄的影片《自由神》创作了《自由神之歌》，歌词质朴，曲调铿锵有力，表达了全国军民强烈要求停止内战一致对外的迫切愿望。此外，贺绿汀为影片《船家女》谱写有歌曲《西湖春晓》《摇船歌》《神女》，冼星海为电影《王先生到农村去》《时势英雄》分别创作了《搬夫曲》《运动会歌》等歌曲。1935 年，吕骥、黄自、赵元任、贺绿汀共同为中国第一部音乐喜剧影片《都市风光》进行配乐工作，影片音乐既表现出高超的创作水平，又展现了进步思想，紧扣时代主题。

三、抗日救亡歌咏运动的兴起

左翼音乐运动最为突出的成就之一，就是群众性抗日救亡歌咏运动的兴起。大量左翼歌曲的创作和传唱，为群众歌咏运动的兴起提供了必要条件，不断高涨的抗日救亡运动为群众歌咏运动提供了必要的社会环境。1935 年开始出现的大量歌咏团体，成为群众抗日救亡歌咏运动快速发展的骨干力量。当时在上海影响最广泛的歌咏团体是民众歌咏会和业余合唱团。

民众歌咏会于 1935 年 2 月成立，发起人为中华基督教青年会全国协会干事刘良模，歌咏会成员是来自上海各行各业的爱国青年，有店员、普通职员、教师以及大中院校的学生。该会明确提出为民族解放而唱歌，并号召“凡是会唱歌的人，都应该把这雄壮的歌声传播到他的周围的群众中间去”。①

民众歌咏会成立后，练唱的第一首歌曲就是刘良模编写的《救中国》，随后会员们又陆续学会《大路歌》《开路先锋》《毕业歌》《打回老家去》《义勇军进行曲》等曲目。为了提高歌咏会的演唱水平，青年会还设立师范班培养教唱、指挥人才，邀请左翼音乐家吕骥进行授课。在左翼音乐人的大力支持下，歌咏会以举办歌咏大会、到广播电台去教唱歌曲等形式开展活动，影响日益扩大，会员从最初的 90 余人很快发展到 1000 多人，成为抗日救亡运动中出现最早、影响最大的歌咏团体。刘良模还利用青年会干事的身份赴苏州、无锡、宁波、北平、武汉、厦门、福州等各地，帮助建立歌咏会团体。

受到民众歌咏会成立的启发，1935 年 5 月，吕骥、沙梅在上海组织成立业余合唱团，早期成员主要为音乐界、电影戏剧界的专业人士为主，后来许多爱国学生、教师、职业青年等也都加入进来。业余合唱团是中国共产党人直接领导的合唱团体，不仅练唱进步歌曲，还组织成员学习科学社会主义

---

① 刘良模：《上海抗日救亡的歌咏运动（1978）》，选自《刘良模先生纪念文集》，中华基督教青年会全国协会 2010 年版，第 51 页。

思想和党的路线方针政策。除了关注自身发展，业余合唱团的成员几乎每人都联系一个或多个群众歌咏团体，帮助开展教学活动，提升群众歌咏团体的歌唱水平。此外，业余合唱团成员还深入工人夜校尤其是女工夜校进行教唱，培养群众文艺骨干。吕骥、孟波经常到浦东女工夜校、提篮桥女工夜校开展活动。在他们鼓励动员下，两校的部分教师都加入了业余合唱团，待老师们学成后，再分别深入各工厂、学校进行教唱。如此不断传唱，使更多青年音乐爱好者加入群众歌咏队伍，共同促进群众抗日救亡歌咏活动的发展。

在抗日救亡运动中，还涌现出“新声”“量才”“怒吼”“立信”等众多歌咏团体，他们不仅组织广大群众练唱抗日救亡歌曲，还组织读书会、各种纪念活动和抗日救亡游行示威等活动。1935 年 8 月 16 日在金城大戏院举行聂耳追悼大会，与会的歌咏团体演唱了由聂耳谱曲的《义勇军进行曲》《大路歌》等作品，以缅怀这位天才音乐家。

1935 年底，一二・九运动的爆发掀起了全国抗日救亡运动的新高潮，从上海发起的群众抗日歌咏运动逐渐影响到全国。群众歌咏运动唱响了中华儿女团结御侮的决心，坚定了中国人民抗战必胜的信念。

第四章

左翼哲学社会科学的繁荣和发展

1927年大革命失败后，中国革命处于低潮，政治斗争错综复杂，“中国向何处去”是国内各种重要政治力量和学术派别都要思考的问题。中国共产党在独立自主领导土地革命和武装斗争的同时，进一步运用马克思主义基本原理，探索中国社会和中国革命性质，以适应新的斗争需求。在中国共产党的领导下，左翼哲学社会科学工作者以勇猛无畏的斗争精神，坚决与各种反马克思主义及非马克思主义派别作斗争，对冲破国民党的文化“围剿”、推动马克思主义中国化起到重要作用。

第一节　左翼哲学社会科学的论战

在中国革命处于艰难曲折时期，面对严重的内忧外患，马克思主义无疑是分析中国社会、改造中国社会的理论利器。中国共产党组织进步社会科学工作者，运用马克思主义理论武器，批驳各种反马克思主义和非马克思主义观点，先后开展中国社会性质、中国社会史、中国农村社会性质3场有关中国革命根本问题的大论战，为中国革命新道路的探索实践，为中国共产党领导的土地革命斗争提供较为科学系统的理论根据和支撑。

一、关于中国社会性质的论战

1928年中共六大通过《政治议决案》，继续阐释中国半殖民地半封建社会性质，指出现阶段中国革命的性质是资产阶级民主革命，重要革命任务仍然是反帝反封建，并制定基本正确的政治路线，对中国革命的复兴和发展起到积极作用。对此，代表帝国主义、军阀地主、官僚买办阶级的各种反马克思主义和非马克思主义派别，群起而攻之，纷纷撰文歪曲中国社会性质，否定中国共产党提出中国半殖民地半封建社会性质的论断，进而否定中国共产党领导的土地革命战争，由此出现关于中国社会性质问题的大论战。这场论战，涉及中国是否继续革命、应当进行什么性质的革命、依靠谁来革命、革命往哪里发展等根本问题，是当时思想理论战线上一场尖锐的斗争。为捍卫中共六大制定的方针政策和党领导的土地革命战争，许多共产党员和左翼社会科学工作者投入这场斗争。

由于中国革命问题与共产国际密切相关，首先在共产主义运动内部出现反对中共六大决议、歪曲中国社会性质的托陈取消派。托洛茨基在《共产国际第六次大会后的中国问题》等著述中认为，蒋介石发动的四一二反革命政变代表中国资产阶级的利益和要求，表明资产阶级统治了中国，封建势力只是微乎其微的“残余”。托洛茨基认为目前中国并无革命局势，无产阶级只能等条件逐渐成熟后，才能把社会主义革命提到议事日程上来，中国共产党不应组织工农红军进行武装革命斗争、建立工农苏维埃政权。受托洛茨基思想的影响，1929 年陈独秀、彭述之等中国托派开始在中国共产党内部组织“左派反对派”，在中国社会性质及革命性质、任务、道路等根本问题上，反对中共六大通过的政治路线，提出同党对立的主张。

1929 年 8 月至 10 月，陈独秀多次写信给中共中央，认为大革命失败后资产阶级已在政治上取得胜利，中国已走上资本主义和平发展道路，无产阶级应在资本主义高度发达之后，再进行社会主义革命。这实际上就是要求取消反帝反封建的革命任务，否定党所领导的武装革命斗争。8 月，中共中央发布通告，号召全党开展反对托派斗争，在思想理论上驳斥托派的谬论。10 月，中共中央政治局作出关于反对党内机会主义与托洛茨基主义反对派的决议，批判陈独秀等人对于中国革命的根本问题的取消主义观点，并要求他们立即解散托派组织，停止一切反党的宣传与活动。在他们顽固坚持托派观点、拒不接受党的教育挽救并继续进行小组组织活动后，11 月中共中央将陈独秀、彭述之等人开除出党。随后党与一些中国托派分子在理论上进行了较为长期的斗争。

同期，以国民党文人陶希圣为代表的“新生命派”，以汪精卫、陈公博为代表的国民党改组派，以及以胡适为代表的资产阶级改良主义者，为了反对马克思主义传播和反帝反封建的民主革命，也肆意歪曲中国的社会性质。

1928 年 10 月起陶希圣陆续在《新生命》杂志上发表《中国社会到底是甚么社会》等文，主张“中国封建制度崩坏论”，认为“在春秋战国的时候有商业、有官僚，已足够证明当时封建制度的崩坏了”，而秦汉至清朝中国是“商业资本主义社会”，自鸦片战争以后中国则已过渡到资本主义社会了，进而否认中国是半殖民地半封建社会，认为中国社会性质即商业资本主义社会，矛头直指中共六大制定的相关决议。1929 年他将相关文章汇编为《中国社会之史的分析》《中国社会与中国革命》出版。由于陶希圣等人主要以《新生命》月刊为阵地，因此该派被称为“新生命派”。

国民党改组派以汪精卫、陈公博等为代表，是国民党内形成的一个既反共又反蒋的政治派别。中共六大决议传出后，他们撰文否定中国社会性质是半殖民地半封建社会，认为“无论由政治上看还是由经济上看，中国现在绝没有封建阶级”，“封建制度的经济的，社会的，思想的基础，现在已不存在。中国没有农奴，中国的农民没有守田的义务，没有强迫的力役，所以中国没有封建制度”。[①] 改组派与“新生命派”在关于中国社会性质问题上，虽然所用论据不同，但最终结论是一样，就是认为中国没有封建制度。

以胡适为代表的一些资产阶级改良派，在上海开设新月书店，以《新月》杂志为阵地，撰文讨论中国社会性质。胡适在《我们走那条路?》兜售“五鬼闹中华”论，认为在中国“封建制度早已在二千年就崩坏了”，中国的问题全在于贫穷、疾病、愚昧、贪污和扰乱这“五鬼”所致，铲除这“五鬼”不是用暴力革命，而是要国民党政府“一点一滴”改良。[②]

针对上述各种不同观点，1929 年 7 月中共中央根据六届二中全会精神发出通告，指出：“继续反资产阶级改良主义的坚决斗争，要从群众斗争中揭破改良主义的欺骗，同时，理论上的攻击也是非常必要”，“各种不正确的倾向，必须领导全党与之作坚决斗争。不正确的组织观念，必须坚决地反

① 顾孟余:《国民党必须有阶级基础吗》,《前进》半月刊第 1 卷第 3 号，1927 年 7 月。

② 胡适:《我们走那条路?》,《新月》第 2 卷第 10 期，1929 年 12 月 10 日。

对，而反对派在党内的活动，更须予以理论上的指斥组织上的制裁”。[①]12月，时任中共中央宣传部部长的李立三撰写《中国革命与取消派》，从帝国主义怎样统治中国、封建势力与封建制度、资产阶级改良主义等方面，系统论证中国社会的半殖民地半封建性质，驳斥对中国社会性质的种种错误理论，将社会性质论战引向深入。同年，李达连续写出《中国产业革命概观》《社会之基础知识》《民族问题》三部专著，在充分考察中国社会经济基础上，说明中国半殖民地半封建社会性质，指出“打倒帝国主义的侵略，廓清封建势力和封建制度，是中国革命的唯一对象，同时又是发展产业的唯一前提”。[②]

中央文委创办《新思潮》刊物，组织马克思主义的社会科学工作者及左翼学者，批驳各种歪曲中国社会性质的谬论。1930年4月《新思潮》第5期编纂“中国经济研究专号”，发表潘东周的《中国经济的性质》、吴黎平的《中国土地问题》、向省吾的《帝国主义与中国经济》《中国的商业资本》、王学文的《中国资本主义在中国经济中的地位其发展及其前途》、李一氓的《中国劳动问题》等文章，批驳各种关于中国社会性质的错误论点。

1930年5月社联成立后，继续组织进步社会科学工作者开展关于中国社会性质的研究，使中国社会是一个半殖民地半封建社会的论断得到普遍认可。由此，遭到从莫斯科中山大学回国的托派成员严灵峰等人的反扑。1930年，严灵峰、任曙等组织“战斗社”，创办《动力》杂志，出版《中国经济问题研究》《中国经济研究结论》等书进行理论攻击，被称为“动力派”。

针对托派成员的攻击，左翼社会科学工作者针锋相对，给以有力的批驳。其中影响较大的有赖田的《中国经济的现状及其前途》、伯虎的《中

① 《中央通告第四十号——中国共产党第六届第二次中央全体会议的决议与精神》，中共中央文献研究室、中央档案馆编：《建党以来重要文献选编》第6册，中央文献出版社2011年版，第312、316页。

② 李达：《中国产业革命概观》，《李达文集》第1卷，人民出版社1980年版，第488页。

国经济的性质》，思云（王学文）的《中国经济的性质是什么？——评中国几位社会科学家的见解》，刘梦云（张闻天）的《中国经济之性质问题研究——评任曙君的〈中国经济研究〉》、何史文（瞿秋白）的《中国的经济和阶级关系》等。因为双方论争分别以《新思潮》和《动力》杂志为主阵地，因此又被称为“新思潮派”和“动力派”的论战。双方论争的主要观点如下：

在关于帝国主义使中国沦为半殖民地的论争中，“动力派”主张帝国主义对于封建经济制度处于完全不可调和的矛盾地位，帝国主义推动中国社会向资本主义发展和扩大，否认中国半殖民地的社会性质。“新思潮派”反驳道：帝国主义侵略中国的目的是要“把中国变成帝国主义经济的附庸，变成它的原料出产地，它的商品市场，它的投资场所，所以它不但不能帮助中国资本主义的独立发展，而且阻碍中国资本主义的独立发展，它不但不消灭乡村中间的封建式的剥削，而且加紧了这种剥削”。[①]“新思潮派”指出，帝国主义为了使中国的民族资本不能形成与它抗衡的力量，宁可把封建势力作为同盟者，扶植和维持封建主义的力量，因此帝国主义侵入中国后，不仅没有破坏封建制度的经济基础，而且还要维持封建剥削关系、巩固封建制度的经济基础，致使中国不能完全进入资本主义社会。

在中国社会半封建性质的论争中，“动力派”把商品经济与资本主义经济相混同，提出中国资本主义已“发展到了代替封建经济而支配中国经济生活的地步”，否认中国半封建的社会性质。“新思潮派”根据马克思《资本论》的观点，指出资本主义经济固然是商品经济，但不能说凡是商品经济就是资本主义经济，资本主义经济只是商品经济发展的一个阶段。中国商业资本虽然发展得非常早，但它不能支配生产方式，且中国没有发生工业革命，没有改变中国社会的封建关系，因此以中国商品资本发展很早为依据而说中国封

① 转引自中共上海市委党史资料征集委员会主编：《三十年代中国社会性质论战》，知识出版社1987年版，第29页。

建制度早就“崩坏”的观点是错误的。近代中国虽有“资本”因素的产生，但封建力量依然强大，因此中国仍然是半殖民地半封建社会。①

在对帝国主义与中国民族资本主义关系的认识方面，“动力派”否认帝国主义在华经济与中国民族资本主义之间的矛盾，鼓吹“华洋资本不分彼此，应该一视同仁”。“新思潮派”驳斥道：帝国主义经济与中国资本主义经济在破坏旧的生产关系，以及在华经济的发展上固然有同样的作用，但“它们中间有矛盾的存在，有本质上和地位上的差异”，“居于支配地位的是帝国主义的经济，而居于领导地位的也是帝国主义的经济，中国经济明显地居于隶属的地位，成为了各帝国主义的附庸”。②“新思潮派”认为，中国民族资本主义在第一次世界大战期间确有相当的发展，但战后帝国主义卷土重来受到阻碍而不能发展，因此决不能把外国资本主义与民族资本主义等量齐观。在帝国主义统治下，中国封建势力仍然存在，中国民族资本主义只有坚决进行反帝反封建的斗争，中国民族资本才能得到充分发展，广大劳动群众才能获得解放。

限于当时历史条件，在 20 世纪 30 年代这场中国社会性质问题的考察中，虽然存有简单粗疏等不足，但总体而言，左翼社会科学工作者通过论战，在理论上捍卫了中国共产党领导的反帝反封建的革命斗争，为其后形成完整的新民主主义革命理论，奠定了一定的思想理论基础。

二、关于中国社会史的论战

为了弄清中国现实社会的性质，必须对中国社会历史进行研究，因此正当中国社会性质问题论战正酣之时，史学界也参与到论战中，引起中国社会史问题的论战。

1929 年陶希圣出版《中国社会之史的分析》《中国封建社会史》两本

① 潘东周：《中国经济的性质》，《新思潮》第 5 期，1930 年 4 月 15 日。

② 刘苏华：《唯物辩证法与严灵峰》，《读书杂志》第 4 辑，1933 年 4 月 1 日。

书，将中国社会性质的论战引入社会史领域。1930 年 1 月郭沫若将此前发表的研究文章结集为《中国古代社会研究》出版，批判大革命失败后出现的“中国国情特殊论”“马列主义不适合中国”等谬论，尝试运用马克思主义唯物史观研究中国古代历史，把鸦片战争前的中国历史划分为原始社会、奴隶社会和封建社会等几种社会经济形态的演进历史，肯定马克思主义关于社会发展一般规律完全适合于中国国情，引起广泛的社会影响。“新生命派”、托派以及其他资产阶级学者则给以攻击，认为中国共产党关于中国社会性质和民主革命纲领的论断抄袭“欧美学者解剖欧洲社会所得结论，而漫加演绎”。

以吕振羽、翦伯赞、侯外庐、何干之、邓拓为代表的一批信仰马克思主义的知识分子，支持郭沫若的基本观点，参加到社会史论战。1931 年王礼锡任《读书杂志》主编，专门开辟“中国社会史论战”专栏，发表各种关于中国社会史的讨论文章，并在其后两年内以《中国社会史的论战》为题结为 4 辑先后出版，中国社会史论战形成高潮。同时，天津的、北平的一些报刊也发文参与论战。

中国社会史问题论战主要围绕亚细亚生产方式、中国历史上是否存在奴隶制社会、鸦片战争以前的中国社会性质是什么这三个主要问题展开讨论。

一是关于“亚细亚生产方式”问题的争论。马克思在《政治经济学批判》的“序言”中提出在社会经济形态演进中大体说来有亚细亚的、古代的、封建的和现代资产阶级的生产方式，以及与其相应几个社会经济时代，但是对“亚细亚生产方式”并无明确定义，因此对其理解一直存有很多争议。如杜畏之、李季、胡秋原等人认为亚细亚生产方式是东方社会特有的一种社会经济形态，反对机械套用马克思所说的人类社会演进的四种形态。李达、郭沫若、何干之、吕振羽、侯外庐等依据马克思主义关于人类社会发展演进的一般规律，将亚细亚生产方式理解为“古代的原始共产社会”或“东方国家的奴隶制度”，从不同角度阐述马克思社会经济发展演进形态的学说。

二是关于中国历史上是否存在奴隶制社会的问题。王礼锡、胡秋原等否认中国有奴隶社会这一阶段，认为氏族社会之后即接着封建社会；陶希圣、梅思平等或认为中国历史上根本就不存在奴隶社会，或认为奴隶社会只是一种过渡阶段。马克思主义史学者郭沫若通过对古文物的深入研究，认为中国存在奴隶社会，西周属于奴隶社会。吕振羽、翦伯赞、邓拓等支持中国存在奴隶社会观点，并进一步揭示奴隶社会的起点。翦伯赞先后发表《中国农村社会之本质及其历史发展阶段之划分》《前封建时期之中国农村社会》，对“前封建时期”的中国社会进行论述，论证中国农村社会的本质不是一个独特的或是亚细亚的生产方法，而是“封建的生产方法”，他论证西周为封建社会。

三是关于鸦片战争前的中国社会性质问题。“新生命派”、托派及其他一些资产阶级学者认为中国的资本主义社会由来已久，提出所谓“前（先）资本主义社会”“商业资本主义社会”“资本主义化的社会”“专制主义社会”等含混不清的概念，意在为“中国近代资本主义社会论”制造历史和理论依据。“动力派”的代表人物李季认为，中国封建制度在二千年前就崩坏了，“自鸦片战争至现在为资本主义时代”，“军阀所代表的却不是旧的残余，而是新兴的资本关系”。“新生命派”陶希圣认为，中国自有神话传说以来一直至清末鸦片战争以前都是封建社会，认为土地问题不是中国的主要问题，革命的目的仅仅是收回关税的自主权，以此淡化反帝斗争。

尽管马克思主义史学者在封建社会的起始点上存有意见分歧，但对鸦片战争前的中国属于封建社会的认识是高度一致的。郭沫若在《中国古代社会研究》中指出，“秦统一了天下以后在名目上虽然是废封建而为郡县，其实中国的封建制度一直到最近百年都是岿然的存在着的”。1933年，侯外庐在翻译《资本论》期间，撰写《社会史导论》《中国古代社会和老子》等研究文章，针对社会史论战中理论问题的某些混乱，做“总的批判”，并力求从思想、经济与历史的角度探讨中国古代的生产方式问题。同年，吕振羽在《文史》杂志创刊号上发表《中国社会形势发展的诸阶段》，用经济基础决定上层建筑的原理，指出“中国社会的现阶段，便是半殖民地半封建社会”。1934年吕振羽出版《史前期中国社会研究》肯定了鸦片战争前中国的封建社会性质，其后又出版《殷周时代的中国社会》，提出殷商奴隶制论、西周封建论、春秋战国之际封建制转化论等论证翔实的观点，为中国马克思主义历史学的发展奠定坚实基础。

1934 年陶希圣主编的《食货》创刊，虽继续讨论中国社会史，但已引不起大的波澜和影响。1935 年起，学术界开始对这场论战进行总结。1937 年何干之出版《中国社会史问题论战》《近代中国启蒙运动史》两本书，回顾和总结这场论战的经过和成果。在中国社会史论战中，虽然各方观点不同，但通过论争在一定程度上揭示了中国社会历史的发展过程，推动了马克思主义唯物史观的普及和研究。

三、关于中国农村社会性质的论战

随着近代中国社会性质、中国社会史问题论战的全面展开，中国农村社会性质问题逐渐凸显，成为各方争论的焦点和核心。中国是农业大国，对农村社会性质的认识问题，不仅仅是讨论农村经济问题，还关系到对党所领导的土地革命战争等重大问题的认识。

20 世纪 30 年代初，中国农村水旱灾害严重，加上新军阀混战及日本帝国主义入侵，致使农村经济日益衰落，农民日益贫困，阶级矛盾尖锐，社会动荡不安。南京国民政府组建“农村复兴委员会”，试图以各种改良措施复兴农村，致使各种改良主义论调盛行。特别是一些托派分子，如严灵峰出版《中国农村经济问题研究》、任曙出版《中国经济研究诸论》等著作，夸大中国农村的所谓“资本主义化”，认为中国农村资本主义已占支配地位，并论述有关土地问题、租佃关系，以此攻击中国共产党在农村的武装斗争，挑起中国农村社会性质论战。

为批判托派这种观点，1933 年 7 月《新中华》杂志发表张闻天的《中国农村经济的现阶段——任曙、严灵峰先生的理论批评》，系统论述目前中国农村经济的特质是“由封建经济过渡到资本主义的半封建经济”。严灵峰、任曙又在《新中华》杂志分别发表《中国农村经济现阶段性质的商讨》《论中国农村经济的现阶段的性质》等文坚持原有观点，断定中国农村经济是资本主义性质。

双方的论战很快引起学界的关注和讨论，并形成两大主要阵营。一方以中国农村经济研究会的马克思主义经济学者为主要成员，主要由中共党员陈翰笙领导的农村调查团组成。陈翰笙曾在共产国际的农民运动研究所工作，1928 年回国后被聘为国民党中央研究院社会科学研究所副所长。为了解中国农村社会性质，陈翰笙带领由 40 多名爱国青年组成的农村社会调查团，在几年时间内足迹遍及大半个中国，对中国的农村社会性质进行广泛而深入的调查。1933 年 6 月，陈翰笙、吴觉农、孙晓村、王寅生、张劲夫、钱俊瑞、张锡昌、薛暮桥、孙冶方、冯和法等共同成立中国农村经济研究会，陈翰笙被推为理事会主席。1934 年 10 月，该研究会创办公开刊物《中国农村》月刊，刊登大量农村调查报告和论文，论证改革封建土地制度的必要性，对党所领导的土地革命起到配合支持作用。因他们以《中国农村》月刊为主阵地，称为“中国农村派”。

另外一方以中国经济研究会创办的《中国经济》为主要阵地，称为“中国经济派”阵营。1934 年 9 月，该派王宜昌、王毓铨在《中国经济》发表《中国农村经济研究方法》，主张中国经济是资本主义经济性质，反对在中国进行土地革命。1935 年 1 月，王宜昌发文攻击《中国农村》上发表的《怎样分类观察农户经济》观点，提出农村经济研究要“转换方向”。

针对“中国经济派”的错误观点，“中国农村派”旗帜鲜明地进行反击。“中国农村派”认为研究农村经济“最根本的问题是要彻底地明了农村生产关系和这些生产关系在殖民地化过程中的种种变化”，“寻找那些压迫中国农民的主要因子”，争取民族翻身独立，同时“间接地可以促成资本主义内在矛盾的消灭，完成全世界的和平和全人类的自由”。[①] 双方争论主要集中在中国农村经济研究的方法和对象、中国农村性质问题、中国农业发展道路三

① 《发刊词》，《中国农村》第 1 卷第 1 期，1934 年 10 月。

个问题。

对于中国农村经济的研究对象是生产力还是生产关系问题，是论战双方争论的首要问题。“中国经济派”极力反对马克思主义者对中国农村生产关系的研究，认为中国农村经济的主要研究对象是生产力，并否认生产关系对生产力的反作用。“中国农村派”认为中国农村经济的研究对象是生产关系，明确指出：“我们开宗明义第一句应当是说，研究中国农村经济者的研究对象，是中国农村的生产关系，或是在农业生产、交换和分配过程之中人与人的社会关系，而不是别的。”① 他们认为有意无意地把社会问题转化而为技术问题，实际上是掩盖了地主阶级压迫、剥削农民的阶级实质；技术固然是构成生产力的一个重要因素，但是技术必须由劳动者来掌握，才能形成现实的生产力，否认生产关系对生产力的反作用的企图是为国民党的反动统治进行辩护。

关于中国农村社会性质的问题，是争论的中心问题。这个问题牵涉到下面几个具体问题。一是关于中国农村社会阶级划分的问题。“中国经济派”否认中国农村社会的半殖民地半封建性质，指责把农村各阶级划分为地主、富农、中农、贫农、雇农，是“将封建的关系与资本的关系相混淆”，是“一团糟”的划分方法。他们还以“口头约定的契约”转为“文书的契约”为据，论证地租形态从实物地租向货币地租的转化，证明农村土地资本主义化。还以农村雇佣劳动者人口已占农村人口10%左右为依据，说明资本制佃农方式在中国农村已经深化。“中国农村派”则坚持农村各阶级的划分，认为划分农村阶级的主要因素有三：所有田地的多少、所有田地的田权关系、从事农业方面劳动的雇佣关系。② 把农村各阶级划分为地主、富农、中农、贫农和雇农，才能全面显示出社会全体的机构、能把握农村中生产关系的核心（租佃关系和雇佣关系）、正确估定农村各阶级的地位，从而说明

① 钱俊瑞：《现阶段中国农村经济研究的任务》，中国农村经济研究会编：《中国农村社会性质论战》，新知书店1936年版，第85页。

② 薛暮桥：《答王宜昌先生》，《中国农村》第1卷第6期，1935年3月1日。

农村的阶级关系并未资本主义化。① 他们认为既不能从“口头契约”与“文书契约”的形式上去认识租佃关系，也不能仅从雇佣劳动者人数去考察雇佣性质，必须研究土地占有形态下人与人之间的本质关系，分析雇佣劳动的社会性质。少量农村雇佣劳动出现，在中国农村并未占主要地位，不足以表明农村社会的资本主义性质。调查资料表明中国存在的各种雇佣方式，都还带着浓重的封建甚至奴隶意味，多少带有一点强制性质。②

二是关于帝国主义与农村经济和民族资本的关系问题。“中国经济派”否认封建势力在中国农村的统治地位，反对帝国主义对农村和民族资本的侵略。“中国农村派”认为，帝国主义对中国农村的剥削和统治是以维持落后的封建生产关系为前提的。正是由于帝国主义与封建主义勾结，使中国农村保留半殖民地半封建的社会特征，作为外国资本侵略中国的“前卫”，民族资本也难以发展壮大。③

关于是否进行土地革命的问题，关系到中国农村发展的革命道路问题。“中国经济派”否认中国农村存在着严重的土地问题，反对中国革命的反封建任务，认为农村经济问题应“以资本问题为中心”，“资本分配问题才是重要的，土地分配问题在一九二七年大革命以后便过去了”。针对这种谬论，“中国农村派”指出“土地问题是中国农村问题的核心”，调查结果表明中国农村的土地 70% 集中在仅占农村人口 10% 的地主、富农手里，而占人口 90% 的广大贫苦农民只占有 30% 的土地。这就是农村中封建的和半封建的生产关系赖以建立的基础，也是农村中商业资本和高利贷资本活动的基础。中国农村的主要任务是铲除封建秩序，但因这种封建秩序被帝国主义所把持，所以反对封建主义、反对帝国主义是中国农村劳苦大众争取解放的不可

① 钱俊瑞：《现阶段中国农村经济研究的任务》，中国农村经济研究会编：《中国农村社会性质论战》，新知书店 1935 年版。

② 薛暮桥：《评陈正漠先生著〈各省农工雇佣习惯之调查研究〉》，《中国农村》第 1 卷第 7 期，1935 年 4 月 1 日。

③ 钱俊瑞：《中国农村社会性质与农业改造问题》，中国农村经济研究会编：《中国农村社会性质论战》，新知书店 1935 年版。

分离的任务。

农村社会性质论战持续一年多时间，1936 年下半年随着民族危机的加深和抗日民族统一战线的逐渐形成，逐渐转变为以“研究中华民族对敌抗战的物质和社会基础”国防经济为主。其间“中国农村派”将论战双方的主要论文汇编成《中国农村社会性质论战》出版，评价“此次论战虽然不能够说已经获得正确结论，但是自信已把多数读者的水准提升一个较高阶段”。[①]通过论战，深化对中国农村经济及中国社会性质的认识，使更多人认识到中国农村要实行根本改造，只有实行中国共产党领导的土地革命，废除封建和半封建的农业生产关系，才能彻底解决农村问题。

中国社会性质、中国社会史论战、中国农村社会性质论战是一个问题的多方面探讨，前后经历了 8 年多时间，涉及政治、经济、历史等领域，是近代政治思想史上一次有广泛影响和深度的重大理论斗争。通过这些论战，使越来越多的知识分子接受了“近代中国是一个半殖民地半封建的社会”这一论断。时人评说：“那次论战以后，这样的结论事实上都已在思想界中无形地揭晓了。现在你随便拉着一个稍稍留心中国经济问题的人，问他中国经济底性质如何，他就会毫不犹豫地答复你：中国经济是半殖民地半封建性经济。”[②]通过这些论战，扩大了马克思主义的影响，从理论上有力地支持了中国共产党领导的土地革命和武装斗争的深入发展。其后毛泽东在延安发表的《中国革命和中国共产党》《新民主主义论》等重要文章，系统阐明中国革命的基本问题和基本规律、中国共产党对于中国革命的基本理论和基本路线，标志党在革命理论上的成熟。

四、马克思主义哲学的论战和普及

左翼社会科学工作的蓬勃发展，使马克思主义哲学特别是辩证唯物主义

---

① 《编后余记》，《中国农村》第 1 卷第 12 期，1935 年 9 月 30 日。

② 沈志远：《现阶段中国经济之基本性质》，《新中华》第 3 卷第 13 期，1935 年 7 月 10 日。

得到极为广泛的传播和影响。这引起国民党及其资产阶级学者的惊恐，发起对马克思主义哲学的进攻，从而引发一场哲学大论战。

资产阶级学者张东荪以新康德主义为武器首先向马克思主义哲学发起猛烈进攻。1931 年起他陆续发表《辩证法的各种问题》《唯物辩证法之总检》等文章，1934 年又将同类文章编成《唯物辩证法论战》一书，对唯物辩证法发起攻击。曾留学莫斯科中山大学、后叛变到国民党阵营的叶青，以正统马克思主义自诩，他站在机械论和唯心论立场，撰写文章批判张东荪、胡适等人的哲学思想，并将批判文章结集为《胡适批判》《张东荪哲学批判》《哲学论战》《新哲学论战》《哲学论文集》出版。其实他们之间并无实质的不同，实际上都反对马克思主义，歪曲马克思主义哲学。面对他们的进攻，艾思奇、邓拓等马克思主义哲学家积极应战，彻底揭露他们反马克思主义和假马克思主义者的虚伪荒谬之处。1935 年论战集中爆发，1936 年达到高潮，持续至 1937 年停止。论战的主题相当广泛，主要集中在以下几个方面：

其一，双方就“哲学消灭论”和马克思主义辩证法对人类认识史是否具有意义展开论争。张东荪、叶青都对马克思主义辩证法持否定态度。张东荪认为辩证现象并不是天上万物所有。叶青反复鼓吹哲学消灭论，认为黑格尔为哲学的高峰，现在已到科学时代，哲学已融汇于科学中，他还宣称马克思和恩格斯也主张哲学消灭论。对此，艾思奇驳斥道，要把哲学这一门学问，完全消灭掉，使它没有一个自己特有的领域和对象，是机械论的错误观点。他说哲学“必须以各科学部门为研究基础，同时，它又可以反过来指导各科学部门的研究”。他驳斥了叶青对马克思主义哲学和黑格尔哲学关系的歪曲，指出“新唯物论紧接着黑格尔之后而建立起来，它从黑格尔取得了很重要的遗产，加以批判，改作，才成功一个划时代的新哲学”。①

其二，双方对唯物辩证法是否具有客观性普遍性进行论战。论战主要从

① 艾思奇：《论黑格尔哲学的“颠倒”》，《艾思奇文集》第 1 卷，人民出版社 1981 年版，第 111、115—116 页。

矛盾统一、质量互变、否定之否定三个方面展开。张东荪、叶青都否认矛盾的普遍性和矛盾统一律，不承认统一的相对性、斗争的绝对性，否定差别可以转化为矛盾。他们否定质量互变规律是辩证法的基本规律，叶青只承认质变，张东荪只承认量变，对否定之否定规律他们也都持反对的态度。对此，邓拓发表《形式逻辑还是唯物辩证法》、陈伯达发表《腐败哲学的没落》等给以有力批判。艾思奇、李达等进一步指出对立统一规律是辩证法的核心，辩证法所理解的统一是对立物的统一，是指事物本身具有两个可相互渗透和转化的对立的因素，统一不能离开对立而有其意义，统一是正在斗争着的对立物的统一。艾思奇指出马克思主义特别看重质量变化，将质量互变规律和矛盾统一律、否定之否定律并列起来，提高到“根本法则的地位上来了”，其结果“使唯物论的方法论和观念论的方法论才有了实质上的区别”。他强调“否定之否定是解决矛盾的总枢纽”，运动的事物决不会永远停滞在一定的阶段，事物要从一个阶段进展到另一个阶段，必须将旧的矛盾解决才行。否定之否定包含着两次的否定，这就是将旧的矛盾中的对立物双方都否定的意思。①

其三，双方关于内因和外因在事物发展中的作用问题进行论战。叶青认为内因、外因相互作用是对等的，两方没有高下之分。在叶青的矛盾思想中，有时也认为一切事物的发展都是合规律的，都是内因促成的，然而又认为这是“一般之中有特殊”。他认为中国历史的发展是不合规律的，故当注重外因，因而提出中国历史发展的“外烁论”，应当“予外因论以适当的位置”。艾思奇批驳道：“辩证法是把内因看做一切事物发展的根本动力的。辩证法对于外因虽然并不忽视，但认为内因是基础，是本质，是发展的必须性的决定的原因。”② 他指出中国近代历史的发展，外力确实有很大作用，然而不能因此就说中国的发展没有内在的规律。夸大外力，抹煞内在的推动力，把民族解放的前途说成是“受外力左右”的观点，其实是为了替帝国主义侵

① 艾思奇:《论黑格尔哲学的“颠倒”》,《艾思奇文集》第1卷，人民出版社1981年版，第117—120页。

② 艾思奇:《关于内因论与外因论》,《艾思奇文集》第1卷，人民出版社1981年版，第325页。

略中国辩护。

其四，双方关于实践与理论、存在与思维的问题进行论战。叶青主张实践来源于理论的唯心观念，认为“思维决定存在”在社会方面有其正确性。胡绳批判这种谬论，阐明实践的客观性，指出“唯物论的实践论是说人类能、也只能在物质条件限制下改造物质世界”，“在实践中改变世界的行为是拿认识世界做前提的，决不是任意的活动”。他强调理论对于实践的依赖关系，“理论本身是从实践中汲取来的，而且也只有在实践过程中，才能证明我们对于理论的了解是否正确”。[①] 艾思奇指出：“实践是辩证法唯物论的理论之核心”，“实践是人类认识的基础，没有实践，也就没有认识”。他阐明存在决定意识，意识又具有反作用，“人的意识虽然是决定于他的社会的存在，但意识的力量，同样能帮助着人去改变社会”，但是“人类的行为，不论是伦理的或其他的行为，都必须依循着事物的必然法则”。[②]

在哲学论战期间，艾思奇出版的《大众哲学》在马克思主义的普及和传播方面发挥重要作用。艾思奇在日本留学时即参加中共东京支部的社会主义学习小组，1933 年加入社联，1934 年经社联安排到《申报》流通图书馆读书指导部工作。11 月任《读书生活》半月刊杂志编辑，开始为《读书生活》每期撰写一篇《哲学讲话》。到 1935 年 11 月共写了 24 篇，1936 年 1 月将其汇集为《哲学讲话》出版（不久被国民党当局以“宣传唯物史观，鼓吹阶级斗争”的罪名查禁，稍加修改后更名为《大众哲学》再版）。《大众哲学》笔法新颖，深入浅出，开创宣传马克思主义通俗著作之先。它打破了哲学的神秘感，以大众常用的语言和切身的生活事例，针对人民大众特别是广大青年面临的种种现实问题，用马克思主义的科学世界观和方法论进行启蒙，指明了“中国向何处去”的道路，使许多在苦闷徘徊中的进步青年由

① 胡绳：《宇宙和社会本体》《关于真理的诸问题》，钟离蒙、杨凤麟主编：《中国现代哲学史资料汇编》第 2 集第 3 册，辽宁大学哲学系 1982 年编印，第 311—315 页。

② 艾思奇：《客观主义的真面目》《中庸观念的分析》，《艾思奇文集》第 1 卷，人民出版社 1981 年版，第 103、74 页。

此看到希望光明而投身革命行列。1936 年秋毛泽东给在西安做统战工作的叶剑英发电报，让购买的一批书籍中就包括《大众哲学》，并寄给红军大学的学员和苏联的留学生学习。[①] 该书产生巨大的社会影响，在两年之内共出 10 版，从 1936 年出版到 1948 年已出 32 版，发行上百万册，成为马克思主义哲学传播史上的一道亮丽景色。

在中国哲学论战中，由于当时埋论水平所限，在理性认识和感性认识关系、内因和外因关系、矛盾普遍性原理、主要矛盾和次要矛盾、矛盾的主要方面和次要方面等原理方面，还存在阐述不太周严、不太彻底等问题。然而，在当时条件下，对社会大众特别是进步青年逐渐认清反马克思主义和非马克思主义者的本质，扩大马克思主义哲学的影响力具有重要作用。后来毛泽东的《实践论》《矛盾论》对这场哲学论战和普及中涉及的重要问题、内容都有论述。这两篇极具创造性的马克思主义哲学重要著作，是对以往马克思主义中国化的哲学研究与革命实践的理论概括与思想升华。

第二节　世界语的传播应用

九一八事变前，世界语在中国虽有一定的发展，但与普通大众生活关系不大。九一八事变后中华民族面临生死存亡之际，语联团结广大进步世界语者，走入广大群众，对内开展抗日救亡运动，对外进行国际宣传，并在推进拉丁化新文字改革中，引领世界语者走上为民族和人民解放而奋斗的道路。

一、“为中国的解放而用世界语”

1931 年春，很早就学习和研究世界语的胡愈之，在莫斯科短暂停留后

① 《致叶剑英、刘鼎》(1936 年 10 月 22 日)，《毛泽东书信选集》，人民文学出版社 1983 年版，第 80 页。

写出著名的《莫斯科印象记》(序言用世界语写成)，展示苏联社会主义制度的新气象和新成就，该书虽遭到查禁，但影响广泛。九一八事变后，面临严重的内忧外患，世界语作为广泛使用的国际语，在对外交流沟通和国际宣传中的作用日益凸显，让世界语成为世界大众解放的工具成为普遍共识。

1931年九一八事变后，汉口世界语学会最先在会刊《希望》发表世界语文章《全世界人民请注意，世界和平正在受到威胁》，配图旁注“日军在沈阳城内以机关枪任意射杀华人之状”，第一时间向全世界揭露日本帝国主义罪行。中国共产党人顺应时势，1931年12月成立中国语联。语联成立后，作为无产阶级世界语者国际（IPE）的一个支部，积极进行无产阶级世界语通讯（PEK）工作。同时，随着抗日救亡斗争的加深，提出“为中国的解放而用世界语”口号，将推广世界语活动与抗日救亡运动密切结合起来。

1933年4月，胡愈之指出世界语的现实急迫任务：“很多的世界语者，忽略了世界语者改造世界的实际任务，以为世界语本身就是目的，却不必过问一切实际的世界。这样便把世界语运动和现实世界隔离了”，“真正的世界语者，却不能抛弃了现实世界，除了文字以外处处要想到怎样用世界语去帮助世界改造，并且亲自参加这改造的工作”。[①]7月，《世界语之光》发表铁新《为什么学习世界语》，指出的第一条就是“为了全世界被压迫阶级的解放，而学习世界语”。为凝聚抗日力量，鼓励更多世界语者加入民族解放运动，9月10日上海世界语者协会举行第二次大会，通过“为中国的解放而用世界语”的响亮口号。这个口号反映中国世界语者的心声，因而很快就成为中国世界语运动的战斗纲领，每期封面上印有这个口号的《世界》也成为全国世界语者的一面旗帜。[②]

语联通过各种方式，推动世界语运动。一是举办展览，开办书店，编写教材，培训函授，扩大世界语的影响。1932年12月，语联以中国世界语

① 胡愈之：《巴比塞与〈世界〉》，《世界》第5号，1933年4月15日。

② 陈辛仁主编：《现代中外文化交流史略》，中国书籍出版社1997年版，第231页。

函授学社的名义，举办小型世界语展览会，陈列各国世界语书刊、唱片。上海世界语者协会也开办函授学社、世界语书店、讲习班、图书馆和巡回教授团，并向一些大学派遣世界语教师，推广世界语。①1932 年成立的中国世界语书店和 1934 年成立的上海世界书店，经售《共产党宣言》《国家与革命》《列宁主义基础》等世界语译本和革命书籍；发行《现代中文世界语辞典》《世界语会话指南》等工具书，出版胡愈之编写的《世界语四十年》、乐嘉煊编写的《世界语初级讲义》等教材书籍。这些图书在“绿星旗”掩护下在国统区流传，为国内世界语者开辟一条接触革命思想的渠道。②尤其是开办工人世界语学习班，在工人群众中宣传世界语，对世界语走大众化传播和发展有重要意义。

二是创办进步世界语刊物。语联出版的《中国普罗世界语》稿件主要来源于中国共产党的对外宣传机构——中国工人通讯社出版的“工农通讯”。该刊用世界语冲破帝国主义和国民党的新闻垄断与封锁，对外报道中华苏维埃全国第一次代表大会、中共中央主张停止内战共同抗日宣言、东北义勇军抗日斗争、一二·九学生运动等情况，增进与全世界革命人民的团结和交流。因国外报刊获取中国革命的报道很难，该刊的通讯报道深受欢迎，同时中国无产阶级世界语通讯分社也选取外国有关民族解放运动的斗争材料，给国内进步报刊发表。上海世界语者协会的会刊《世界》为月刊，1933 年 4 月该刊出版特辑，欢迎法国著名进步作家巴比塞出席在中国召开的远东反战大会。《世界》因刊登大量有关苏联建设的文章和信息，月刊销量很大，引起保守分子的抨击诋毁。为此，1933 年 9 月，《世界》刊文表明：“关于苏联世界语运动的消息，以及建设的实况，正和别国的消息一样，我们有材料还是登下去，怀疑也顾不得什么。”③《世界》副刊《文学》用世界语译载中

① 侯志平：《世界语在中国一百年》，中国世界语出版社 1999 年版，第 92 页。

② 朱联保：《近现代上海出版业印象记》，学林出版社 1993 年版，第 51 页。

③ 叶籁士：《从创刊到现在——〈世界〉九个月来的生长》，《叶籁士文集》，中国世界语出版社 1995 年版，第 20 页。

国文学作品，刊登鲁迅的《黑暗中国的文艺界现状》《这样的战士》等文章。

在“为中国的解放而用世界语”的口号影响下，上海世界语者协会成为团结进步青年的中心，至1933年协会会员424人，以青年学生、店职员为主。其中学生占45%，店职员占24%，教员占14%。[①] 协会是中共地下党员碰头集会的地方，也是革命根据地紧缺物资的集散地。[②]

二、提倡拉丁化汉字改革

世界语词根来源于印欧语系，语法简明，简单易学，语音优美，为中国近代语言文字的改革提供借鉴和启迪。中国文字改革始于清末，伴随中国近代社会新思潮和新文化运动而兴起。20世纪30年代，中国世界语运动结合中国新文字运动，继续推动拉丁化汉字改革。

中国拉丁化汉字改革与苏联的拉丁化新文字运动有直接关系。十月革命后，苏联曾掀起一场主张用拉丁字母代替俄文的运动，苏联中国劳动者共产主义大学中国问题研究所也开始研究中文拉丁化问题。随之，在莫斯科的瞿秋白、吴玉章、林伯渠、萧三等中国共产党人，及苏联郭质生、莱赫捷、史萍青等一些汉学家从事中国文字拉丁化问题研究。1929年10月，瞿秋白起草的《中国拉丁字母方案》在莫斯科发表，这是最早的汉字拉丁化方案。1931年9月，苏联专家和部分中共党员联合在海参崴召开中国文字拉丁化第一次代表大会，刘长胜（王湘宝）当选为远东地区新字母委员会主席团副主席，通过主要由瞿秋白拟定的《中国的拉丁化新文字方案》，确立《中国汉字拉丁化的原则和规则》。这次大会之后，汉字拉丁化在远东地区实际展开，用于侨居苏联的十万华工扫盲，取得一定成效。但由于当时中苏还没建立正式外交关系以及受新闻封锁影响，该方案并未传入国内。

---

① 叶籁士：《回忆语联——三十年代的世界语和新文字运动》，《叶籁士文集》，中国世界语出版社1995年版，第82页。

② 乐美素：《上海世界语者协会——我的家》，《世界语者乐嘉煊纪念文集》，中国文史出版社2007年版，第58页。

随着左翼文化运动的发展，许多世界语者都参与汉字拉丁化运动。1933 年，萧三在苏联撰写的《中国语书法之拉丁化》，被译成世界语登在国际革命世界语作家协会的机关刊物《新阶段》上。当时左联正在讨论大众文艺问题，瞿秋白在《再论大众文艺答止敬》一文中提出用拉丁字母拼音的问题，引起在汉口的世界语者焦风（方善镜）的注意。1933 年 8 月 12 日，焦风在中外出版公司的《国际每日文选》翻译发表萧三的《中国语书法之拉丁化》一文，介绍拉丁化新文字问题，很快引起进步文化界的关注。同时，上海《大晚报》登了塔斯社一条电讯："海参崴苏联企业中之中国工人 1500 人，已在学习用拉丁字母阅读并书写中国文字。该新字母为苏联语言学家所创制，最近才供诸实用。平均言之，练习三个月即能识字。目前海参崴华侨之驱除文盲工作，进行异常迅速。"

萧三的文章和塔斯社的电讯，引起语联的注意。1933 年 9 月号的《世界》上登出一条用世界语写的启事，要求苏联世界语者向中国提供有关中国新文字的资料。10 月《世界》杂志创办副刊《言语科学》的创刊词说要介绍"在目前非常迫切的中国语拉丁化问题"，指出"中国拉丁化问题，更是中国大众的切身问题"。[①] 创刊号中用世界语刊登启事，请苏联世界语者提供在苏联出版的有关中国拉丁化新文字各种材料，并很快得到回应。[②] 随后，就开始收到苏联寄来的有关资料和文艺作品，由几种方案写成的《中国语书法拉丁化方案之介绍》也被传至国内。由此，全国大批世界语者投身于新文字运动中，提出"在国内我们用拉丁化新文字！在国外我们用世界语！"的口号，拉丁新文字方案逐渐为人们所接受。

作为左翼文化运动的一部分，汉字拉丁化运动初期就体现了强大组织力。1934 年，为反击国民党提倡文言读经的复古运动，陈望道、胡愈之等发动一场全国大众语讨论活动，语联成员和不少进步文化工作者参与其中。

① 《〈言语科学〉创刊词》，《叶籁士文集》，中国世界语出版社 1995 年版，第 24—25 页。

② 叶籁士：《新文字怎样被介绍到中国来》，《新文字周刊》第 3 期，1949 年 12 月 24 日。

仅上海一地，六七月间就发表有关大众语的辩论文章160多篇。论战中，鲁迅、张庚、叶籁士先后发表文章给以支持，认为拼音文字和大众语并行不悖，是消灭文盲、提高大众文化水平的利器。8月，上海生活书店创刊《太白》半月刊，由陈望道主编，“太白”亦即“大白话”。他们认为只有实行新文字才能正确解决大众语问题，主张大众语就是“大众说得出，听得懂，看得明白的语言文字”，是代表大众意识的语言。①

1934年在上海成立的中文拉丁化研究会和1935年语联出版的半公开刊物，在世界语和中文拉丁化推广中起到重要作用。叶籁士和王鹭如（王益）担任《Sin Wenz 月刊》编辑，这是国内第一个专门宣传和讨论新文字问题的半公开刊物。为宣传推广拉丁化新文字，1935年，叶籁士编写《中国话写法拉丁化：理论·原则·方案》，出版后累计印刷发行近2万册，流传广泛。叶籁士编纂的《工人用拉丁化课本》，霍应人编写《拉丁化检字》，胡绳编写《上海话新文字概论》等工具书，也都发挥了一定作用。

1935年秋，胡绳经叶籁士介绍加入语联外围组织上海世界语者协会，并担任《世界》编辑。文总书记胡乔木找胡绳谈文字改革和拉丁化的方案。1935年12月，陶行知、邹韬奋及语联有关人员在上海发起成立全国性推行拉丁化字的团体中国新文字研究会，由胡绳负责草拟《我们对于推行新文字的意见》。该意见写道：现在中国出现一种拼音新文字，“我们觉得这种新文字值得向全国介绍的了。我们深望大家一齐来研究它，推行它，使它成为推进大众文化和民族解放运动的重要工具”。② 这份征求意见得到社会各界的大力支持，蔡元培、鲁迅、柳亚子、郭沫若、茅盾、陈望道等688人在文件上签名。翌年毛泽东看到这个意见书后写信给蔡元培表示赞赏。

在北平、太原、广州等地也相继成立了具有地区联合性质的新文字研究

① 陈子展：《文言—白话——大众语》，《申报·自由谈》1934年6月18日。
② 《我们对于推行新文字的意见》，《中国语言》创刊号，1936年5月10日。

会。一二·九运动后，北平掀起一个小的汉字拉丁化高潮，迅速结成30多个拉丁化社团，有800多人参加。[①]受国内影响，在一些海外华人团体中也成立新文字团体。新文字改革运动与群众抗日救亡运动紧密结合，使中国的汉字拉丁化运动迅速在国内打开局面，造成广泛的影响力。

在中国世界语运动中，胡愈之、鲁迅作出了重要贡献。胡愈之是中国世界语运动重要的开拓者和领导者。他早就发文认为："我国学者，苟欲急起直追，应世界之潮流，以冀灌输新思想新科学于我中国，则研究世界语，实为先务之急。"[②]他领导上海世界语者协会提出"为了中国的解放而用世界语"口号，引导世界语者走向抗日救亡道路。他还参与建立上海世界语学会、中国普罗世界语联盟（中国青年世界语者联盟）、上海世界语者学会，翻译和创作不少世界语作品，在推动世界语的传播和新文字改革中作出重要贡献。

鲁迅大力支持世界语和拉丁化文字改革。在五四新文化运动时期，他就参加《新青年》关于世界语的讨论，强调要学习世界语的精神，用世界语交流学术文艺和先进思想，促进人类社会的进步。在语联推进的文字拉丁化改革中，鲁迅认为拉丁化没有空谈的弊病，说得出，就写得来，它和民众是有联系的，"而且由只识拉丁化的人们写起创作来，才是中国文学的新生，才是现代中国的新文学"。[③]鲁迅发表《门外文谈》《汉字和拉丁化》《中国语文的新生》《关于新文字》等系列文章，扩大对新文字改革的共识。作为进步青年的良师益友，鲁迅在自己主编的《奔流》《译文》等刊物为他们提供世界语译作的发表园地。邮政局一名普通职员孙用自学世界语后翻译匈牙利诗人裴多菲的长诗《勇敢的约翰》，鲁迅看到译稿后，回信称赞"译文极好，可以诵读"，并助其于1931年由湖风书店出版。为使其尽快出版，鲁迅从

---

① 湛晓白：《二十世纪三十年代汉字拉丁化运动勃兴考述》，《中共党史研究》2018年第2期。

② 胡愈之：《世界语在学术上之地位》，《胡愈之文集》第1卷，生活·读书·新知三联书店1996年版，第4页。

③ 鲁迅：《论新文字》，《鲁迅全集》第6卷，人民文学出版社2005年版，第458页。

1929 年 11 月到 1931 年 11 月两年时间中，写信给孙用 21 封，与书局或有关接洽书信 12 封，接洽 5 次，为制图亲自跑制版所 1 次，编校次数 5 次，自己还先垫付数百元制版费、版税。① 世界语学习和拉丁语文字改革对提升民众自我认识、促进阶级意识觉醒、推动革命文化发展、增进全世界无产者的团结联合，起到积极作用。

第三节　左翼新闻出版阵地的拓展

报纸杂志是近代重要的传播媒介和载体。1927 年大革命失败之后，左翼新闻出版工作者想方设法冲破国民党的新闻出版审查打压，出版进步报纸杂志，创办进步书店，为揭露国民党的反动统治，粉碎国民党文化的“围剿”、宣传革命思想作出重要贡献。

一、左翼期刊图书的出版

1927 年大革命失败之后，国民党不断加强文化管制，封闭进步书店，查禁进步报刊，打压进步出版工作者。1927 年 7 月，国民政府制定《邮政检查暂行条例》，明确规定检查委员应行注意“关于共产党及帝国主义者宣传之件”等事项。1929 年颁布《查禁反动刊物令》《取缔销售共产书籍办法》《取缔销售共产书籍办法令》，发布《宣传品审查条例》《日报登记办法》，1930 年发布《出版法》《出版法实施细则》《修正指导党报条例》，1932 年发布《宣传品审查标准》，1933 年发布《修正重要都市新闻检查办法》等法规条令，钳制左翼新闻出版。面对国民党不断升级打压的专制统治，左翼文化人不惧打压，勇毅前行，推动左翼出版业的发展，为左翼文化运动不断创造新的斗争阵地。

① 许广平：《鲁迅回忆录》，长江文艺出版社 2010 年版，第 179—181 页。

在左联成立前，创造社成员创办的理论刊物有《文化批判》月刊、《流沙》半月刊、《新思潮》，太阳社创办的刊物有《太阳月刊》《海风周报》，鲁迅主编有《朝花周刊》《艺苑朝华》《萌芽月刊》等。1930 年左联、社联等成立后，更是出版大量进步期刊。

1934 年鲁迅、茅盾为伊罗生选编英译中国短篇小说《草鞋脚》而编写的中国左翼文艺期刊编目中，列举从 1928 年春到 1934 年 3 月出版的重要期刊，并给以精要的简介评论。其中在上海创刊的就有 14 种：《太阳月刊》《文化批判》《创造月刊》《奔流》《萌芽》《拓荒者》《巴尔底山》《前哨》（第 2 期改名《文学导报》）《北斗》《十字街头》《文学月报》《文艺》《春光》《文艺新闻》等。除《北斗》《文学月报》和《文艺新闻》是公开出版外，其他大都秘密发行，且存在时间都很短。

鲁迅、茅盾在该编目中，指出《萌芽》的执笔者，“大都是新成立的左翼作家联盟的重要干部。这个杂志对于马克斯主义文艺理论以及外国普罗文学名著的介绍是尽过力的”。评价《巴尔底山》，“这是一种短小精悍的批评的周刊，也是一般文化的刊物。这也和左联有直接关系的”。指出《文学导报》，“对于国民党的民族主义文艺运动，连续给以尖锐的攻击；对于‘大众文艺’的建设有过热烈的讨论和建议；左联对于文学运动的重要决议案也在这刊物上发表”。指出《北斗》和《文学月报》是左联直接领导的公开刊物，《北斗》执笔者除了左联的作家外，也有“自由主义”的中间作家，它在青年中间很有些相当的影响。《文学月报》“一方面是差不多所有的左联作家全在这刊物上发表作品，又一方面是最优秀的‘自由主义’的中间作家也在这刊物发表作品”，“特别是吸引了许多青年作家上文坛是这刊物的特色”。《十字街头》是左联的半公开刊物，“重要内容是关于翻译的讨论（这是对于当时一些借口看不懂直译而攻击左倾文艺译品的回答），以及揭发国民党政府对日本帝国主义屈伏的文章”。编目中还提到“刊物中命运最长”的是《文艺新闻》，1931 年 3 月 16 日创刊，1932 年 6 月 20 日被禁，“这个小小刊物主要内容是国内外文艺情报（左翼的）和短论。在当时，这成为唯一可读的左倾小刊物。这也是左联领导的”。①

1932年，著名教育家、民主主义战士陶行知创办生活教育社，出版《生活教育》杂志，戴伯韬为主编，教联成员丁华、王洞若、张劲夫参加编委。1933年夏，中央文总出版综合性月刊《正路》，由社联盟员张耀华任主编，蔡馥生任副主编。艾思奇在该刊创刊号发表《抽象作用与辩证法》，在第2期发表《进化论与真凭实据》，宣传马克思主义哲学思想。

1934年，随着民族危机日益深重，进步刊物似雨后春笋般发展，被称为“杂志年”。9月，鲁迅、茅盾、黎烈文发起的《译文》创刊，该刊后由黄源主编。同月，由胡愈之发起，钱俊瑞、金仲华等主编的《世界知识》，陈望道主编的提倡文化大众化运动的《太白》月刊创刊。10月，中国农村经济研究会创办的《中国农村》，由薛暮桥主编，对中国农村经济问题进行报道和研究。11月，以进步知识青年为读者对象的综合性杂志《读书生活》半月刊创刊，李公朴任主编，柳湜、艾思奇、夏征农任编辑。

1935年，抗日救国运动不断高涨，5月，平心、艾寒松主编的《读书与出版》出版，7月，沈兹九主编的《妇女生活》创刊，10月，沙千里、徐步主编的综合性半月刊《生活知识》创刊，宣传左翼文化。

左翼期刊是国民党查禁的重点对象，再加上有些文章比较“左”，更难以公开发行，使大多左翼刊物寿命不长，一再被查禁，弄到后来“什么刊物都不能出了”。②但是，还是有些期刊设法得以延续。如介绍各国革命情况的《世界》杂志出了二期就被封，后出版《寰球》《东方与西方》得以延续。《生活知识》被当局以“鼓吹全国武装救国，提倡拉丁文”罪名查禁，改为《新知识》半月刊继续出版。

进步出版机构是左翼文化运动的重要推动力量。左联成立后，左翼文化人及与他们紧密相连的进步文化者不断开办各类书店，满足市场对左翼文艺

---

① 茅盾、鲁迅：《中国左翼文艺定期刊编目》，北京鲁迅博物馆鲁迅研究室编：《鲁迅研究资料》6，天津人民出版社1980年版，第23—29页。

② 王学文：《三十年代上海文化战线的一些斗争情况》，《党史资料丛刊》1980年第3期。

和新兴社会科学的需求，为宣传革命思想和建立文化界统一战线奠定一定基础。[①] 根据进步出版机构的人员组成，大致有以下几部分组成：

一是在中共党组织直接领导和支持下创办的书店。1928 年中共中央在上海成立出版社，对外挂牌无产阶级书店，维持一年即被查封。1929 年成立华兴书局，曾用春阳书店、启阳书店、浦江书店等名义出版图书，主要出版马列主义理论著作和介绍苏联革命的图书。它先后出版有列宁的《国家与革命》《两个策略》《共产主义运动中的“左派”幼稚病》等著作。它编辑出版的《马克斯主义的基础》小册子，收集马克思、恩格斯的《共产党宣言》及其 3 篇序言、马克思的《雇佣劳动与资本》、恩格斯的《共产主义原理》等 6 篇论著。编者在小册子上说道：“劳苦群众的知识分子、革命的青年战士，迅速动员其伟大的科学研究精神，从社会经济进化上，从人类历史的发展上，从阶级斗争的规律上去认识无产阶级科学的社会主义的马克斯主义。这是我们思想上的武装，这是我们推翻资本主义及战胜资本主义的辩护士的重要工具。”[②]1930 年至 1931 年两年间，被国民党当局查禁的华兴书局出版物就达 49 种。1932 年华兴书局被查封。

中共中央出版部 1930 年前后还开办有沪滨书店，专门出版马列主义理论书籍和进步作家文艺作品，文委书记潘汉年兼任书店党团书记。1931 年，共产党员宣侠父开办湖风书局，出版《北斗》《文学导报》等左联机关刊物和左翼文学著作。

发展迅速的生活书店、新知书店与中国共产党领导的左翼文化有密切关系。1932 年 7 月，邹韬奋、徐伯昕创立生活书店。它的前身是 1925 年 10 月创刊的《生活》周刊社。1931 年九一八事变后，《生活》周刊社主编邹韬奋，在左翼文化人、《东方杂志》主编胡愈之的影响和帮助下，很快靠

① 邢科：《左翼之网：中国共产党领导的上海出版业——以 20 世纪二三十年代的上海为中心》，《中国出版史研究》2019 年第 4 期。

② 中共中央马恩列斯著作编译局马恩室：《马克思恩格斯著作在中国的传播》，人民出版社 1983 年版，第 278 页。

近党组织。为促进进步文化出版事业，鼓舞人民抗日斗志，他主持成立生活书店，胡愈之为书店起草合作社章程。生活书店成立后发展迅速，从1933年到1935年共出版的杂志期刊9种，包括《新生》《世界知识》《文学》《生活知识》《译文》《太白》《妇女生活》《生活教育》《读书与出版》，图书出版共700多种，其中以系列丛书、丛刊、文库方式出版的有30多套。新知书店是钱俊瑞、徐雪寒、华应申等于1935年秋创立的书店，对传播马克思主义理论，宣传党的抗日民族统一战线政策起到重要作用。

二是与创造社、太阳社、我们社等左翼文化团体有关的出版机构。与创造社密切相关的有：1927年张静庐与同乡洪雪帆及沈松泉合办现代书局，它发行了南国社的机关刊物《南国月刊》。张静庐还另办有联合书店、上海杂志公司等，出版了郭沫若《中国古代社会研究》等著作，发行李公朴主编《读书生活》半月刊等期刊。张资平创办的乐群书店，周全平创办的西门书店，郑伯奇开办的文献书房，以及江南书店、泰东图书局、光华书局等都与创造社人员有密切关系。

与太阳社、我们社系统密切相关的有：1927年，蒋光慈、钱杏邨、杨邨人、孟超等创建的春野书店，孟超与冯雪峰等组建的引擎社出版《引擎》月刊。杜国庠、洪灵菲等创办的我们社，开办晓山书店。1928年夏，杜国庠、柯柏年等创办的南强书局，聘请李达任总编辑，出版恩格斯的《费尔巴哈论》、杨匏安的《西洋史要》、柯柏年的《经济学方法论》、施存统的《社会问题大要》、杨贤江的《新教育大纲》等新兴哲学社会科学类书籍。

李达还在张秉文开办的太平洋书店任职，该书店是一些共产党员和进步人士秘密活动的场所，出版《马克思国家论》《马克思与列宁之农业政策》等著作。1928年冬，李达、邓初民、熊得山创办昆仑书店，出版《反杜林论》《唯物史观经济史》《资本论》最早的中译本（陈启修译本）等马克思主义著作。1932年昆仑书店被当局查封，李达另建笔耕堂书店，出版《辩证法唯物论教程》等社科理论著作。1932年，郭静唐与楼适夷创办天马书店，出版进步文学著作。

三是与鲁迅紧密相关的出版机构。鲁迅主办或参与的有朝花社、三闲书屋、野草书屋、铁木艺术社、版画丛刊会和诸夏怀霜社等出版社，还与内山书店关系非常密切。内山书店为日本友好人士内山完造所设，起初经营一般性读物。1927 年 10 月鲁迅抵沪后，对内山完造给以极大影响，书店开始经销进步的中外文书籍，成为左翼作家和出版人聚会交流的重要场所。它发行当时被禁售的鲁迅著作《伪自由书》《南腔北调集》《准风月谈》等，并代售鲁迅自费出版的《铁流》等 6 种文学读物。

四是协助爱国将领、爱国文化人士创办的进步出版机构。在胡愈之的支持下，由章锡深、夏丏尊创办的开明书店，在广大青年和知识界有很大影响。1930 年川军进步将领陈离在共产党员杨伯恺的建议下创办辛垦书店，杨伯恺实际负责，左联成员任白戈、沙汀是书店的核心成员。

还有一些书店，虽然左翼文化人士既无所有权，也无管理权，但可以在内策划出版左翼著作。如供职于世界书局的文学研究会成员徐蔚南策划出版著名的“ABC 丛书”，包括杨贤江的《教育史 ABC》、刘叔琴的《生活进化史 ABC》等书籍。其他还有一些出版机构虽与左翼人士没有直接关系，但顺应历史潮流，为满足读者对左翼读物的需求，刊行一些左翼进步书刊。1934 年世界书局出版的《文艺讲座》，是由傅东华、茅盾等 6 人合编的 7 部文艺专著合并而成。

社联成员在马克思主义出版中起到重要作用。在李达、艾思奇、沈志远、张如心、彭康、李一氓、朱镜我等努力下，马克思主义哲学的经典著作基本以全译本的形式翻译过来。① 其中重要的有：杨贤江翻译的恩格斯《家庭、私有制和国家的起源》，中译本名为《家族、私有财产及国家之起源》。李一氓翻译马克思的《哲学的贫困》，译名为《哲学之贫困》。彭嘉生翻译恩格斯的《路德维希・费尔巴哈和德国古典哲学的终结》，译本名为《费尔巴哈论》。吴黎平翻译恩格斯《反杜林论》，根据苏联芬格尔特和薛尔文特合

① 李曙新：《中国共产党哲学思想史》，中共党史出版社 2003 年版，第 98 页。

著的原本，编译《辩证法唯物论与唯物史观》。张如心编撰的《无产阶级底哲学》《辩证法学说概论》《苏俄哲学潮流概论》《哲学概论》四部著作，推进马克思主义哲学的系统传播。此外，马克思的《资本论》(第一卷)《政治经济学批判》，恩格斯的《自然辩证法》，列宁的《唯物主义与经验批判主义》《国家与革命》等全译本也都得以出版，为深入学习和研究马克思主义哲学理论创造条件。

在国民党文化打压变本加厉情形下，进步出版机构不断遭受打压和破坏。1933年11月，光华书局、良友图书公司、神州国光社遭捣毁。1934年2月19日，上海各书店收到国民党当局查禁“反动”书刊的正式公文。其中有149种图书遭到查禁，牵涉到东华、新中国、现代、泰东、商务、中华、良友、天马、开明、新月、湖风、光华、北新等25家书店，涉及茅盾、鲁迅、郭沫若、夏衍、蒋光慈等28位左翼作家的37种作品。1935年8月国民党秘密印发《中央取缔反动书籍杂志一览》，查禁社会科学书刊676种。从1929年至1935年，社会科学和文艺书刊被查禁扣押的达千余种。但是，进步文化出版人并没被吓到，而是更加顽强奋斗，设法通过各种方式促使左翼出版业的向前发展。

二、左翼新闻阵地的开拓

中国共产党创建伊始就非常注重新闻报刊的重要社会作用。大革命失败后，针对国民党政府对新闻出版的严厉管制，设法通过公开或秘密等各种方法开辟新闻舆论阵地。

1931年，瞿秋白要求左翼文化工作者通过公开合法途径，在公开报纸的副刊开辟宣传舆论阵地。在此思想引领下，左翼文化工作者在《新闻报》的“艺海”、《大晚报》的“剪影”、《大美晚报》的“文化街”等大报副刊上，以杂文、影评、打油诗、漫画等各类形式，宣传进步文化思想。在《东方杂志》《申报月刊》等综合性杂志上撰文，抨击蒋介石“攘外必先安内”的消极政策，宣传中国共产党抗日救国主张。

1931 年 3 月 16 日，袁殊创刊《文艺新闻》在左翼新闻运动发展中发挥重要作用。袁殊 1929 年到日本东京东亚预备学校新闻系学习，在校期间编写出版《学校新闻讲话》和《新闻法制论》；1931 年 10 月加入中国共产党，成为中共特科的一名秘密情报人员。他利用各种关系，先后成为新生通讯社记者、华美晚报记者，并主办外论编译社、中国联合新闻社、上海编译社。同时，他还担任上海记者工会执行委员，与著名记者恽逸群、范长江等人发起中国青年记者协会等新闻团体。

为把“大众办报”理念付诸实践，袁殊创办的《文艺新闻》周刊的宗旨是：“要在文化的进程中，服役于文艺界，学术界，出版界，如一般新闻纸之社会的存在一样，成为专门于文化的有时效之新闻纸。以绝对的新闻的立场，与新闻之本身的功用，致力于文化之报告与批判。”并指出“文化的主人是大众，《文艺新闻》的主人亦是大众”。[①] 该刊发表的鲁迅《我对于〈文艺新闻〉的意见》、瞿秋白的《“自由人”的文化运动——答复胡秋原和“文化评论”》、冯雪峰的《“阿狗文艺论者”的丑脸谱》等文章，在传播革命思想和左翼文化中起到重要作用。1931 年，李求实、柔石、胡也频、冯铿、殷夫左联五烈士遇害后，《文艺新闻》第 3 期第 2 版刊发头条新闻《在地狱或人间的作家？——一封读者来信 / 探听他们踪迹》，以读者来信的方式，巧妙地突破了国民党的新闻封锁，最早披露左联五烈士的遇害消息。第 5 期刊登另一封读者来信，对上述来信作出回应，正式向外界公布左联五烈士遇难的消息。第 6 期第 2 版头条位置登载左联五烈士照片。其后又陆续发表许多悼念左联五烈士的文章，形成广泛的社会影响。

在新闻理论方面，1931 年 10 月《文艺新闻》第 33 期刊登《中国新闻学研究会宣言》，指出当时上海新闻界的实际情形，揭露资产阶级和封建资本主义报刊的本质。《宣言》阐释马克思主义大众化新闻学思想，指出

① 袁殊：《〈文艺新闻〉之发刊》，《中国新文学大系（1927—1937）》第 19 集，上海文艺出版社 1989 年版，第 212 页。

“新闻之发生，是依据于社会生活的需要；社会生活的整体，是基于被压迫的广大的万万千千的社会群众”。1932 年 6 月 20 日，该刊阐明中国新闻研究会主要原则和研究内容，说明其从事于认识、研究并批判“目前为止的过去的新闻学及新闻事业之历史的社会的存在”，以及从事于探讨并建立“目前客观需要上的新兴新闻学及新闻事业之有历史价值的基础理论”。① 该刊在左翼新闻运动中占据重要地位，对左翼文化工作策略的转变也起到一定作用。茅盾指出：“从《前哨》(以及其他‘左联’的刊物)的迅速被禁和《文艺新闻》能够坚持出刊，使得‘左联’及其成员逐渐认清合法斗争的必要与重要，开始作策略上的转变。”②

中国新闻学研究会尽力维护新闻工作者权益。1931 年，上海《时事新报》将绝大部分任职十数年的编辑同人无故解职，引起轩然大波。中国新闻学研究会坚定地站在被解职报业同人的立场，通过公开事件过程、组织声援活动等方式积极给以调解，成为“甘为打倒操纵报界的资本家的前锋”。1932 年 3 月，记联成立后，通过《中国左翼新闻记者联盟斗争纲领》《开办国际通讯社传播革命消息》《广泛建立工农通讯员》《开展工厂、学校、兵营的墙报活动》等决议，提倡马克思主义新闻大众化的道路，使新闻事业“成为鼓动大众、组织大众之武器”。

记联团结进步新闻工作者，创办国际新闻社，出版《集纳批判》周刊和《华报》，报道抗日救亡运动的消息，抨击国民党的不抵抗政策。1933 年袁殊领导记联，以组织“记者座谈”的形式，探索“新兴阶级的新闻理论”。参加人员主要有记联成员，新世纪通讯社、申报电讯社和新声通讯社的记者，《新闻报》《大美晚报》和《新新新报》的记者，以及复旦大学、沪江大学新闻系师生等 30 余人。③

“记者座谈”除探讨新闻用字用语以及小型报等理论与实践问题，抗议

① 《在这纲要指示下努力于新闻研究》，《文艺新闻》第 60 号，1932 年 6 月 20 日。

② 茅盾：《我走过的道路》上，人民文学出版社 1997 年版，第 455 页。

③ 华东师范大学传播学系编：《传播学研究集刊》第 1 辑，上海古籍出版社 2003 年版，第 98 页。

不合理的新闻检查、争取言论自由，揭批欺骗性假新闻外，还以“记者座谈”专栏关注新闻界职业道德问题，发表过《新闻记者歌》。1935年，因新上映的左翼电影《新女性》中有讽刺黄色小报记者造谣勒索情节，引起新闻界争议，“记者座谈”同人借机展开新闻界风纪问题的讨论。为扩大影响，从1935年4月开始，又增出“记者座谈”的兄弟刊《报人》，附于《中华日报》，每周二出版。①

知名记者恽逸群担任《大美晚报》“记者座谈”专栏编辑，在该团体中发挥重要作用。一二·九学生运动爆发，恽逸群曾兼任救国会机关报《救亡情报》的编委和编辑，为党的新闻事业不断奋斗。

三、《申报》的转变和“新生事件”

《申报》是中国近代报刊史中最有影响的报刊之一。20世纪二三十年代，《申报》的主持人史量才，力主在政治斗争中保持中立态度，避免卷入党派之争。九一八事变后，史量才深受民族危机的刺激，并在宋庆龄、陶行知等民主进步人士的影响下，政治态度起了重大变化，使《申报》敢于登载批判时政、切中时弊的文章。同时还设立了一些新文化部门，成为左翼文化运动的重要工作阵地。

九一八事变后不久，《申报》如实报道蒋介石实行不抵抗政策导致沈阳沦陷的情况，宣传力主抗战的观点。1932年一·二八淞沪抗战爆发后的第二天，《申报》即发表时评抨击国民党当局“处处隐忍，甚至全部接受日本人之要求”，指出十九路军此次奋起抗战是“万难再忍，自不能不起而作正当之防卫”。1月30日、31日《申报》接连发表陶行知撰写的时评《敬告国民》《国家的军队》，呼吁全市民众踊跃参战、积极支援军队、救济难民。在一·二八淞沪抗战中，史量才进一步认清国民党误国误民的内外政策。

① 《记者座谈通告》，《大美晚报》中文版，1935年3月28日第3版。转引自徐基中：《媒介、角色与信任：〈记者座谈〉研究》，安徽大学硕士论文2013年，第17页。

4月12日，《申报》发表《论绥靖》的评论，公开反对蒋介石的“剿共”政策。6月，蒋介石发动苏区的第四次“围剿”后，《申报》接连发表由陶行知执笔的一论、再论、三论《剿匪与造匪》时评，连续批评国民党军事“围剿”行动。12月，宋庆龄、蔡元培等发起成立中国民权保障同盟，《申报》又发表大量同盟的代电、消息。1933年3月，共产党员廖承志、罗登贤、余文化3人在上海租界被捕，《申报》及时报道同盟营救的经过，并发表律师的辩护声明。

同时，为适应抗日救亡形势的新需要，史量才还对《申报》进行一系列改革。他在《申报》总经理下设立总管理处，聘请陶行知为顾问，黄炎培、戈公振为设计部正、副主任。《申报》抓住《时评》和《自由谈》副刊，增辟“读者通讯”栏和各种周刊，约请胡愈之、金仲华等左翼文化人撰稿。其中《申报》副刊《自由谈》影响很大，瞿秋白在其上化名发表10多篇文章，鲁迅从1933年1月30日至1934年8月23日在《自由谈》用48个笔名共发表143篇文章，成为该副刊的旗手。

《申报》还创办《申报月刊》《申报年鉴》《申报丛书》刊物，开办申报流通图书馆、申报新闻函授学校、申报业余补习学校、申报妇女补习学校和申报服务部等社会文化事业部门，不断增强社会影响。特别是聘请李公朴、柳湜、艾思奇主持的读书指导部，在《申报》开辟《读书问答》专栏，解答有关哲学社会科学问题，对提高进步青年学习革命思想觉悟有极大的帮助。

《申报》政治态度的转变是新闻出版界的一件大事，为国民党当局所仇恨。1934年11月13日，史量才携子从杭州休假返沪途中遭国民党特务暗杀，时年56岁。这起惨案引起强烈的社会震撼，使更多人认识到国民党法西斯统治的本质。

《生活》《新生》周刊作为当时有很大社会影响的刊物，也是左翼文化工作者的重要阵地。《生活》周刊1925年10月创刊于上海，是中华职业教育社的机关刊物。1926年10月邹韬奋接任主编后锐意革新，使刊物从单纯谈论职业教育和青年人的修养问题转向讨论社会问题，但在社会上影响还不大。九一八事变后，面临严重的中华民族危机，邹韬奋在胡愈之的影响下，很快走上抗日救亡革命道路，从此《生活》周刊登载揭露社会恶俗和新军阀斗争的文章日渐增多。

一·二八淞沪抗战爆发后，《生活》周刊立即印发“紧急号外”，报道抗战消息。其后几日又连续出版“紧急临时增刊”，号召在此危急存亡之时人人应存“为国效死的精神，共同起来为国家民族努力”。刊物发行量直线上升，至1932年增至15万份，打破当时中国期刊发行量的最高纪录。从而引起国民党重点关注和禁邮干涉行为。为此，1932年7月邹韬奋与人合作成立生活书店，专门开辟新的出版发行渠道。1933年6月，邹韬奋被列入国民党特务的黑名单，被迫流亡国外。出国时他把《生活》周刊委托给胡愈之、徐伯昕等人主持。12月，国民党反动派以“言论反动，毁谤党国”的罪名将该刊查封。《生活》周刊停刊不久，《新生》周刊传承其精神在上海崛起。

《新生》周刊总编辑和发行人杜重远，原是东北实业家、著名的抗日领袖，九一八事变后被迫流亡在外，成为东北民众抗日救国会常委。杜重远流亡到上海后，以《生活》周刊记者身份到长江流域各省考察，沿途宣传抗日。《生活》周刊被封后，他认为该刊秉持的抗日救亡精神不能中断，抗日救亡活动不能停止，1934年2月9日在上海创刊《新生》周刊，工作人员基本上是《生活》周刊的原班人马。《新生》周刊继续高举抗日救国的旗帜，发行量也达到10余万份。日本帝国主义对《新生》周刊伺机进行打击报复。

1935年5月4日，《新生》刊登艾寒松化名“易水”写的《闲话皇帝》，泛谈各国皇权制度，指出日本天皇只是名义，“日本的军部、资产阶级是日本的真正统治者”。日本侵略者借此寻衅，说这篇文章“侮辱天皇，妨碍邦交”，向国民党当局提出“抗议”、“向日谢罪”、对《新生》作者编者处以徒刑等无理要求。国民党政府竟然屈从压力，训令上海市政府向日本方面道歉、撤换公安局长、罢免7名图书审查委员会委员、逮捕《闲话皇帝》的作者。艾寒松在共产党人的帮助下秘密赴法避难，杜重远被国民党当局判处 14 个月徒刑，《新生》周刊被迫停刊。这就是当时轰动一时的“《新生》事件”。

邹韬奋得知“《新生》事件”消息后立即启程回国，继续参加战斗。1935 年 11 月 16 日，他创办《大众生活》周刊，撰写发刊词《我们的灯塔》，将实现民族解放、铲除封建残余、克服个人主义作为创刊的三大目标。该刊积极宣传中国共产党提出的抗日民族统一战线主张，声援国际反法西斯斗争，发行数达 15 万份，后增至 20 万份。1936 年 2 月 29 日，《大众生活》又被查封，邹韬奋被迫再次流亡。3 月 7 日金仲华主编《永生》周刊出版，在狂风暴雨中将抗日救国的火炬再次传递下去。左翼新闻出版工作者不惧困难，团结广大进步力量和中间力量，为唤醒民众的抗日救亡意识、振奋民族斗争精神起到重要作用。

第四节　左翼教育的实践探索

在中国革命处于低潮时期，左翼教育工作者在探索马克思主义教育理论的同时，推进大众化教育。教联成立后，广泛团结进步教育人士，走上工农大众教育与革命斗争实际相结合的道路，在教育界开展革命活动，发展革命势力。

一、探索新兴教育理论

大革命失败后中国出现多种教育思想。一方面，国民党政府实施“党化教育”“三民主义教育”，另一方面，资产阶级教育理论渐趋成熟，各种乡村教育实践也风行一时。另外还存在帝国主义教育、教育复古运动。特别是“教育救国论”“教育独立说”“教育万能论”“先教育，后革命说”等形形色色的资产阶级教育主张，认为教育可以超越政治、脱离阶级斗争，易使青少年脱离现实、丧失革命意志。然而，在中国阶级斗争、民族矛盾极其复杂尖锐的历史条件下，这些教育思想并不能实现救国救民的真正目的，因而马克思主义教育理论得到快速传播。

马克思主义教育理论家杨贤江，是最先探索运用马克思主义原理解决中国教育实际问题的左翼教育家。他编写的《新教育大纲》是一本旗帜鲜明的马克思主义教育哲学著作，在左翼教育运动中发挥重要作用。

杨贤江，1922 年加入中国共产党，曾在上海大学社会学系、上大附中任教，参加过上海工人三次武装起义和上海临时市政府的筹组工作。大革命失败后他避居日本，其间，认真研究马克思主义教育理论，翻译出版恩格斯《家庭、私有制及国家的起源》第一个中文全译本，翻译上田茂树的《新兴俄国之教育》、平克维支的《苏维埃共和国新教育》等教育著作。他信仰马克思辩证唯物主义历史观，认识到以往中国教育史上的各种不足后，决意编写一部有关书籍。1928 年 11 月他在日本完成《教育史 ABC》书稿，翌年出版，其后两年时间内再版 4 次。《教育史 ABC》抛弃以往以“王朝体系”作为分期的标准，依据社会历史形态的更迭论述教育演变的历程，深刻揭露了教育的阶级本质，是中国第一本运用马克思主义唯物史观研究中国教育史的著作。杨贤江归国后，曾任中央文委委员，参与组建社联，在左翼文化运动中发挥积极作用。他根据中央文委的指示，撰写《中国教育状况的批评》，指出国民党所标榜的教育实质是教育“官僚化、反动化、帝国主义化”，击中国民党教育的本质要害。

1930 年 2 月杨贤江出版《新教育大纲》，通俗系统地介绍马克思主义教育史观，特别是向有志于教育战线的青年斗士解释教育的本质作用，以辟除对教育的迷信、纠正对教育的误解，对于“不一定志愿在教育阵地上工作的青年，也可以由此得到不少新见解”。① 它根据马克思主义教育理论，批判社会上存在的过于夸大教育的各种资产阶级改良主义学说和错误的教育效能观，深入剖析教师的阶级属性，提出教育工作者应担负对青年进行“全人

① 《杨贤江全集》第 3 卷，河南教育出版社 1995 年版，第 260 页。

生”指导的教育培训理念，对青年全面发展具有重要的指导意义。1936 年该书被反动当局列为禁书，“然求购者愈众”，不断再版，一批青年受该书的启发走上革命道路。

杨贤江的教育思想代表当时新兴的无产阶级教育思想。他运用马克思关于经济基础和上层建筑的关系、社会决定教育的理论观点，分析教育的起源本质和阶级属性，批判旧社会制度下存在教育与劳动分离、统治阶级掌握教育权、教育为统治阶级服务、学校教育与师徒制教育间对立、男女教育的不平等各种教育弊端。他赞同马克思主义关于人的全面发展的教育理论，提倡对儿童和少年、工人应按不同的年龄循序渐进授以智育、体育和技术教育课程。认为教师的主要责任就是责无旁贷地为学生“指导全人生”，对他们的学业、求职、婚姻和兴趣爱好、生活起居等方面进行全面指导，使他们成为推动社会革命的重要力量。

关于教育和革命的关系问题，他认为教育不能代替革命，“教育救国说”“教育万能论”“教育改造说”在革命的关键阶段都会对革命事业造成消极影响，若要推翻不合理的旧社会旧制度，改变中国贫穷落后的命运，只有通过革命。他认为教育工作者大多出身于社会贫困阶层，都属于被支配阶级，为了保障自身利益，也为了解救蒙受苦难的劳苦大众，必须团结积聚起来肩负政治使命，“形成为一种社会势力”，发挥中坚力量。他还结合实际提出要扩大平民教育，提高工农的文化水平。尽管他的教育理论体系在某些方面并不深透，但体现了马克思主义教育中国化的初步探索。

二、支持创办工学团教育

提高工农大众的教育水平，对中国革命的胜利至关重要。中国共产党作为无产阶级政党，从创建伊始就积极开办工人补习学校，注重启发工农群众觉悟，培养工农力量。大革命失败后，中国共产党继续致力于发展教育大众化。1929 年 5 月，全国总工会成立教育委员会，提倡创办工人读书班、工人学校。1932 年教联成立后，引领一些坚定的共产党员、青年团员和进步知识分子，设法采取各种方式，继续推进工农大众化教育。

著名的民主战士陶行知在上海发起创办工学团教育，教联的不少负责人和骨干都是陶行知的学生，赞同他将生活教育与民主革命结合起来的思想，通过参与组建工学团这种新兴教育团体，推动左翼教育事业的发展。

1927 年，陶行知在南京晓庄创办乡村师范学校，主张生活即教育、社会即学校，以教、学、做合而为一的方法，探索乡村教育和救国方法，参与创办该校的三名教师、学生都是中共地下党员。1930 年 4 月，学校因参加反日罢工革命活动，被国民党当局查封，陶行知被通缉而避难上海，后流亡日本。从南京晓庄师范学校出来的一批中共党员、青年学生，在上海继续开展生活教育活动，参加革命活动。1932 年初迫于国内外舆论的压力，国民党取消对陶行知的通缉令，陶行知回到上海。

一・二八淞沪抗战爆发后，陶行知主张团结抗日，提倡“工以养生、学以明生、团以保生”的生活教育方式，在上海试行工学团教育。陶行知在《乡村工学团试验初步计划说明书》中说道：“乡村工学团是一个小工场，一个小学校，一个小社会，在这里面包含着生产的意义，长进的意义，平等互助自卫卫人的意义，它是将工场、学校、社会打成一片，产生了一个改造乡村的富有生活的新细胞。”①

1932 年 10 月，陶行知在上海宝山大场孟家木桥领导创办山海工学团，其下还设置分团。这是一种半工半读性质的新兴学校，对广大劳动人民、贫困家庭子女很有吸引力。团长马侣贤。团员多为农民子弟。工场、学校、社会打成一片，人人生产，人人长进，平等互助， 自卫卫人。主要训练内容有军事、生产、科学、认字、民权、生育等六大方面。陶行知特意编写的一套共 4 册的国语教科书《老少通千字课》，包括常用字和简单的应用文。1934 年，陶行知提出“小先生制”，本着“即知即传”的原则互教互学，

① 陶行知：《乡村工学团试验初步计划说明书》，华中师范学院教育科学研究所主编：《陶行知全集》第 2 卷，湖南教育出版社 1985 年版，第 593 页。

开展普及教育运动。“小先生制”发展迅速，到 1934 年底已推行到全国 19 个省、4 个特别市，在上海及其四郊已有小先生万余人，在国外也迅速引起反响。①

为不断壮大进步力量，在山海工学团内有教联和中国青年反帝大同盟两个组织协同作战。其内建立中共秘密党组织，由王东放、林一心、张健负责，有严竟成、张劲夫等 10 余名党员。1935 年中共上海党组织遭到严重破坏后，中国青年反帝大同盟负责与教联联合成立中共大场区委员会，书记王洞若，继续推动左翼教育运动。② 由于不少山海工学团成员加入教联，使其成为开展革命活动的重要阵地。

与山海工学团齐名的是晨更工学团。1932 年冬，教联成员徐明清在陶行知、黄警顽等支持下，在北新泾镇成立晨更工学团。在晨更工学团内成立共青团，陈茜若、陈企霞曾先后任书记。晨更工学团白天办幼儿园、小学，晚上办工人、农民、店员学习班及外语学习班。左联、社联、剧联等一些团体成员来指导工农剧运工作，介绍田沅、俞启威、孙达生、王东放、吴莆生（吴新稼）等一些进步革命者和学生来工作，还有一些刚从监狱释放出来暂时无家可归的同志也来帮助工作。1934 年 2 月，晨更工学团在开展一·二八两周年纪念时突遭搜查，陈企霞、袁超俊、王东放等 5 人被捕，晨更工学团及晨光图书馆封闭。晨更工学团被封闭不久，在陶行知的支持帮助下，又办起兆丰流通图书馆，继续送文化、送知识到群众中去。③

其他工学团体，还有朱泽甫主办的光华大学所属光华工学团，孙铭勋、戴自俺办的劳勃生路劳工幼儿园，方明主办的流浪儿童工学团、静安寺报童工学团，朱冰如创办的浦东女工读书班等。这些工学团教员根据不

① 周洪宇：《陶行知教育思想教师简读》，华中师范大学出版社 2021 年版，第 74—75 页。

② 林一心：《山海工学团地下党工作回忆》，《上海党史资料汇编》第 2 编下册，上海书店出版社 2018 年版，第 989—990 页。

③ 徐明清：《回忆晨更工学团》，安徽省陶行知教育思想研究会编：《陶行知一生》，湖南教育出版社 1984 年版，第 244—249 页。

同文化程度的教育对象因材施教、编写教材，探索教育为工农大众服务的道路。

中共党组织和教联非常重视山海工学团、晨更工学团这两个公开合法的工学团体，使其成为左翼文化工作者开展革命活动的重要阵地，同时推进工学团普及教育运动开花结果，取得明显成效。

左翼教育工作者还为汪达之组建的新安旅行团提供帮助。汪达之早年就读于安徽省立师范学校，1928 年成为南京晓庄师范学校学生。晓庄学校被查封后，汪达之受陶行知委派到淮安新安小学代行校长一职，继续从事生活教育实验。1933 年秋，他组织 7 位学校小朋友组成的新安儿童自动旅行团，从淮安到上海开展认识社会、实行“社会即学校”试验，希望“给中国的破牢狱一般封锁着的儿童们一个新鲜的刺激”。他们在上海的 40 天中，深入工厂、学校卖报、演讲、唱进步歌曲，进行爱国救亡宣传，获取生活费用。同时参观工厂、码头，体会到工人阶级的苦难、帝国主义侵略者的暴虐情形，深受教育。这次新安儿童旅行团的成功实践，为 1935 年他们成立新安旅行团积累一定经验。

面对日本帝国主义不断进犯中国的严重形势，1935 年 10 月 10 日由 14 名新安小学的小学生组成新安旅行团，携带一套电影放映工具和一些唱片，在汪达之的带领下，从淮安出发后，辗转各地宣传抗日救国，学习社会知识。1936 年 7 月，新安旅行团到达上海后，积极参加救国会发起的抵制日货和抗日缉私活动。上海左翼文化界热情欢迎这支文艺新军，并给以多方帮助。艾思奇、孙冶方、骆耕漠等为他们讲授哲学、中国农村经济问题和国内外形势，孙铭勋向他们介绍工农红军长征和陕北根据地的情况，金仲华、钱俊瑞等主讲国内外形势，洪深、张庚讲授戏剧表演相关知识，冼星海、盛家伦等教唱歌并讲授乐理，吕骥、孟波、麦新等也与旅行团成员见面交流。8 月，新安旅行团参加刘良模组织的抗日救亡歌咏活动，9 月，参加上海各界举行的九一八五周年游行活动，10 月，在鲁迅葬礼中参加挽歌队。1937 年初，新安旅行团还分别参加上海妇女儿童绥远前线慰劳团和上海文化界绥远前线慰劳团。[①] 丰富的课程安排和实践活动，提升了他们的思想认识。新安旅行团前后活动时间长达 17 年，先后有 600 多人参加，行程数万多公里，影响很大，在中国青少年教育史上留下精彩篇章。

三、在女工夜校开展革命教育

1928 年春，中华基督教女青年会在浦东、闸北、杨树浦、虹口创建了 4 所女工学校（1930 年后改名为女工夜校），后又在小沙渡路三和里、曹家渡康福里、菜市路设立几所女工夜校。女工夜校大多借用中小学校舍，校址常变。每所夜校几百名女工学生，一般设有特级班、高级班和初级班。因女青年会是公开合法机构，与上层人士有广泛联系，并得到国外进步力量支持，中共上海党组织通过派精干党员进入青年会任干事、为女工夜校介绍教师等方式，使其长时期成为党的大众化教育重地。

在国内外革命思想影响下，上海女青年会中有一些思想进步、民族意识强的干事，支持共产党推动的大众教育工作。邓裕志、曹亮是其中的代表性人物。邓裕志先后毕业于女子金陵大学、纽约州立大学研究院，1926 年起在女青年会全国协会终身任职，1932 年起任女青年会劳工部主任干事，领导女青年会的女工夜校工作。她与夜校中的共产党人团结合作，将女工教育与民族事业紧密结合，使女工夜校成为既是教育、组织女工群众的场所，又是党联系周围工厂女工的活动中心，也是培养工人运动骨干和发展党的力量的重要阵地。[②] 曹亮，燕京大学毕业后在女青年会全国协会任职，1931 年任基督教所办的麦伦中学教务长，1934 年由田汉、阳翰笙介绍加入中国共产党，曾任文总党团成员兼社联书记，对女工夜校的发展方向起到重要作用。[③]

① 陈明等编：《烽火五万里　回忆新安旅行团》，中国城市经济社会出版社 1989 年版，第 328—329 页。

② 邓裕志：《上海基督教女青年会女工夜校》，收录于《邓裕志先生纪念文集》，中华基督教女青年会全国协会 2000 年版，第 20 页。

③ 张淑义：《在上海基督教女青年会工作前后》，中共上海市委党史研究室编：《上海党史资料汇编》第 2 编下册，上海书店出版社 2018 年版，第 834 页。

文总、教联都很重视女工夜校阵地，文总陈处泰，教联丁华、张敬人、王洞若都对女工夜校的工作抓得很紧。① 一些中共党员被派至女工夜校工作。1932 年秋，陶行知介绍上海美专毕业的姚剑秋到兆丰路女工夜校任教，1933 年介绍徐明清到浦东女校任教。1935 年教联派邓洁接替被捕的姚剑秋，并随即由徐明清发展入党。不少左翼文化工作者支持女工夜校的工作，他们到女工夜校开展讲演、唱歌、演剧、参观等社会活动，提高女工的文艺水平和政治觉悟。赵铭彝被介绍到女工夜校教唱歌，同时在三个夜校教唱歌。冼星海、麦新、孟波、崔嵬、陈荒煤等曾到夜校教唱演剧，对女工的生活有深入了解，并从中汲取创作灵感。聂耳曾踏着晨霜夜路体验女工的生活，深刻体会她们的思想和苦痛，谱写出《新女性》组歌，“他能以充沛的感情思想赋予这个歌曲以血肉生命，从而完成了一个这样完美生动的创作”。② 不少夜校学生在这些活动影响下，逐渐成长为坚强的共产党员和革命战士。

女青年会浦东女工夜校，是女青年会干事邓裕志于 1928 年创办的浦东劳工新村贫民夜校发展而来，多是烟厂女工。教联派徐明清到该校开展工作，她初到时夜校并无生气，找学员谈心时有各种不满，有的说任课老师“叫我们唱《毛毛雨》《妹妹我爱你》《燕双飞》等歌曲。我们整天劳累，饭都吃不饱，哪里有心思唱这些东西！”徐明清请吕骥教唱救亡歌曲，请徐韬教演剧，女工们学会后到街头演出，收到很好效果。她们说“没想到革命歌曲、戏剧的宣传鼓动力这么大！”经过徐明清有针对性地工作，教学质量不断提高。尤其是创办的“午间读书班”很兴旺，学生人数发展至 180 余名。由此也带动其他女工夜校相继开办这样的“午间读书班”。③

① 邓洁：《三十年代上海基督教女青年会的女工夜校》，《上海党史资料汇编》第 2 编上册，上海书店出版社 2018 年版，第 525 页。

② 蔡楚生：《忆聂耳》，《蔡楚生文集》第 2 卷，中国广播电视出版社 2006 年版，第 216 页。

③ 徐明清：《我和上海女青年会浦东女工夜校》，中共上海市杨浦区委党史资料征集办公室等编：《播种育人战斗——沪东地下党领导的工人夜校》，1996 年 4 月印刷，第 42—53 页。

杨树浦女工夜校老师大多是共产党员、青年团员，有徐佩玲、张恒、邓洁（林淑华）、丁宁（丁恺）、任秀棠等。该校每周末组织工友团（友光团）活动，开展朗诵、演讲、歌咏、演戏活动。在唱歌方面，教女工学了不少革命歌曲及纱厂工人自己创作的歌曲，激发了她们斗争的勇气，看到光辉的未来。教歌唱演剧的不仅有夜校教师，还请吕骥、麦新、冼星海、周钢鸣、孟波、刘良模、丁当、崔嵬、田蔚等来教学，深受学生欢迎。“他们毫无架子，视我们为亲姐妹，他们仔细地介绍歌词、剧情内容，然后一遍遍地教，直至教会为止。”①

兆丰路女工夜校除正式上课外，也组织许多课外活动。友光团每周举行一次活动，开会时总要唱救亡歌曲，“唱得热气腾腾，振奋人心”。学校除邀请左翼文艺人士乐家教唱救亡歌曲、排演戏剧外，她们还根据自己的经历，编写《工人自叹》《活不下去》《我们过着努力的生活》《茶馆小调》等歌曲，自编自演《往哪里去》《天亮了》等反映女工受压迫剥削的话剧。女工夜校像一座革命熔炉，锻炼夜校师生，使她们成为坚强的战士，投入到爱国救亡运动的激流中。②

左翼音乐者到工人夜校进行革命文艺活动，撒播革命种子，对一些进步青年的成长有很大影响。如张修、张恒姐妹，1936 年夏她们从社联转到教联，开展女工教育工作。张修在女青年会浦东女工夜校当特级班老师，张恒在提篮桥女工夜校当高级班老师。由于吕骥、孟波等常到她们夜校开展活动，两人便参加了业余合唱团，开始每周一次的歌咏活动。她们学会后再分头到工厂、学校、农村教唱，将进步歌声传至更多人群，促使革命力量不断壮大。③

---

① 刘贞：《回顾在女青年会杨树浦女工夜校》，《播种育人战斗——沪东地下党领导的工人夜校》，1996 年 4 月印刷，第 90—93 页。

② 陈维清：《在上海兆丰路女工夜校教书》，《播种育人战斗——沪东地下党领导的工人夜校》，1996 年 4 月印刷，第 103—104 页。

③ 张修：《上海女工补习学校点滴回忆》，《上海党史资料汇编》第 2 编上册，上海书店出版社 2018 年版，第 530—533 页。

在教联的组织下，一些进步女工夜校学员学习《帝国主义论》《国家与革命》《政治经济学》等马列著作，提高思想理论水平。同时，还引领她们参加实际革命活动，曾参加支援美亚绸厂、福新面粉厂等工人罢工行动。她们在上海妇女救国会、各界救国联合会组织的重大纪念活动、声援绥远抗战、营救“七君子”斗争和反日大罢工中，都无所畏惧，冲锋在前。

逐渐高涨的抗日救亡运动中，不断增强群众的民族意识，为左翼文化运动的持续发展奠定各方面基础。1935 年底 1936 年初，为贯彻中国共产党提出的建立抗日民族统一战线策略方针，教联与其他左翼文化团体相继解散。教联成员和众多左翼教育工作者转入新成立的国难教育社等救国会团体，继续为中国革命而奋斗。

第五章 左联的解散和左翼文化运动的后期成果

为适应一二·九运动后抗日救亡运动新形势，贯彻执行党的抗日民族统一战线政策，1935 年底 1936 年初，左联等左翼文化团体纷纷解散。左翼文化工作者以发起组织或参加救国会等方式，广泛团结文化界爱国进步力量，继续担负革命救亡的时代重任，取得丰富的文化成果。

第一节　左联解散和“两个口号”论争

1935 年上半年，由于中共中央在上海机构连续遭到重大破坏，党中央在国统区的领导机构不复存在。但是，中央文委系统包括文总及各左翼文化团体内的一些党、团组织仍然存在，中共党员、青年团员仍然坚守各自岗位，继续顽强奋斗。为贯彻党的建立抗日民族统一战线政策，1935 年底 1936 年初左联等左翼文化团体自行解散，继而结束“两个口号”论争，促使左翼文化内部的团结统一。

一、新文委成立和左联解散

1935 年 2 月 19 日，中共上海中央局、江苏省委、中央文委遭到严重破坏。随后，上海统一的党组织难以恢复重建并与中共中央失去联系。尚在长征途中的中央非常关注上海党组织情形，1935 年上半年先后派陈云、潘汉年到上海负责上海党组织的重建工作。但由于上海党组织破坏严重，环境恶化，他们难以在上海立足，遂遵照指示赴莫斯科。但是，中央文委系统及左翼文化团体内部党组织并没遭到完全破坏，还有一些共产党员、青年团员坚持独立自主地开展革命工作。

为了更好地领导正在高涨的抗日救亡运动，1935 年夏，左联、社联等左翼文化团体联合起来，决定重建中央文委（简称新文委），推选周扬为文委书记，章汉夫、钱亦石、夏衍、吴敏（杨放之）为委员。翌年初，委员又增加邓洁、钱俊瑞。其中章汉夫、吴敏、邓洁都刚从监狱出来即投入新的战斗。在新文委的分工中，夏衍分管戏剧、电影工作，周扬分管文学工作，章汉夫帮助钱亦石负责社联。新文委作为临时性组织，“待江苏省委重建或和中央取得联系后，请示追认或改组”。① 同时，通过整顿调整，成立新文总，陈处泰为负责人。不久陈处泰被捕，1935 年 10 月又组成新的文总党团，书记胡乔木，成员有邓洁、王翰。于伶曾任新文总的组织秘书，分管教联、剧联、语联的组织联络工作。② 在新文总所属的左翼文化团体中，左联党团书记为周扬，行政书记徐懋庸；社联党团书记为钱亦石，行政书记李凡夫，王翰、陈家康为党团成员；剧联党团书记于伶，张庚、章泯为党团成员；电影小组仍由夏衍负责。

1935 年 10 月，根据抗日救亡运动的新形势，新文总和所属各联盟都制定新的纲领草案，有《中国左翼文化总同盟纲领草案》《中国社会科学者联盟纲领草案》《中国左翼作家联盟纲领草案》《中国新兴教育者联盟纲领草案》《中国左翼报人联盟纲领草案》《中国妇女运动大同盟纲领草案》。其中多了《中国妇女运动大同盟纲领草案》，体现左翼文化运动后期的新变化和新调整。这些新纲领草案在“文总”的内部刊物《文报》第十一期上刊出。同时，新文总发出《关于新纲领的紧急通告》，指出左翼文化工作须结合广大群众的要求，不问政治立场与派别，争取在中华民族独立自由与领土完整、反帝抗日反蒋、保卫新文化等口号下，结成广泛的统一战线。通告还指出：纲领不是教条，而是行动的指导，全体同志要把自己工作中得到的具体经验，“使它具体化，并且修改它、完善它”，希望“全体同志不能抱着联盟中心主义的态度，对于姐妹联盟的工作漠不关心”，要加强相互间的团结和合作。③

针对华北事变以来的日益严重的民族危机形势，新文委抓紧组织学习共

---

① 夏衍：《懒寻旧梦录》（增订本），中华书局 2016 年版，第 189 页。

② 孔海珠：《于伶传论》，上海人民出版社 2014 年版，第 125—127 页。

③ 中共上海市委党史资料征集委员会等编：《上海革命文化大事记（1919—1937）》，上海书店出版社 1995 年版，第 487 页。

产国际七大精神和《八一宣言》精神，用以武装思想，指导实际工作。共产国际七大于1935年7月25日至8月20日在莫斯科召开，主要议题是讨论建立世界反法西斯统一战线问题，中共驻共产国际代表团出席这次大会。8月1日，中共驻共产国际代表团根据共产国际七大精神，草拟《中国苏维埃政府、中国共产党中央为抗日救国告全体同胞书》(即《八一宣言》)，主张停止内战，组织国防政府和抗日联军，对日作战。10月1日，该宣言在法国巴黎出版的中文报纸《救国报》发表。①

新文委成员欣喜地从中看到党的新主张，这也是他们与党中央失去联系后首次看到党的明确指示。同时，他们还从英文版的《国际通讯》上看到共产国际七大文件，了解到共产国际的最新精神。他们赶紧组织翻译，油印刻写，散发给广大盟员学习。10月25日《文报》第十一期附刊《研究资料》第一期专门刊印这些珍贵的文献资料。其中有季米特洛夫的报告全文、中共代表团报告节录、中国首席代表在大会上的演讲词、大会的总结等报告，都是从英文转译。这些文件对上海党、团组织转变工作策略产生重大影响。新文委专门开会，由周扬主持的会，学习《八一宣言》、《救国报》、季米特洛夫的报告，有40多个人参加学习。②

1935年11月中旬，中共驻共产国际代表团张浩从苏联回国到达陕北瓦窑堡，向中共中央传达共产国际七大精神和《八一宣言》内容。12月，党的瓦窑堡会议正式确立抗日民族统一战线政策。瓦窑堡会议后，刘少奇被党中央派往北方局担任书记，着力推进国统区的工作。他连续发表《肃清关门主义和冒险主义》《关于白区职工运动的提纲》《公开工作与秘密工作的区别及其联系》《关于过去白区工作给中央的一封信》《关于白区的党和群众》等文章，对国统区的工作方法和经验进行全面总结，推动国统区工作转向抗日民族统一战线的轨道，对上海左翼文化运动的发展方向起到很大作用。

---

① 1935年5月15日中共驻共产国际代表团在巴黎出版的华文报纸，12月9日改为《救国时报》出版。

② 孔海珠：《左翼·上海》，上海文艺出版社2003年版，第130页。

共产国际七大闭幕后，中共驻共产国际代表团为了更广泛团结文化界进步爱国力量，促进抗日民族统一战线的形成，授意左联驻国际革命作家联盟代表萧三写信给国内左翼文化界，明确指示解散左联，另外发起组织一个更为广大的文学联合团体。

萧三信中指出："我们的工作要有一个大的转变。我们认为：在组织方面——取消左联，发宣言解散它，另外发起，组织一个广大的文学团体，极力夺取公开的可能，在'保护国家'，'挽救中华民族'，'继续"五四"精神'或完成'五四'使命，'反复古'等口号之下，吸引大批作家加入反帝反封建的联合战线上来，'凡是不愿作亡国奴的作家，文学家，知识分子，联合起来！'——这，就是我们进行的方针"。但是，信中又指出左联的局限性，认为它"向来所有的关门主义——宗派主义，未能广大地英勇反帝反封建的联合战线"，不能把"进步的中间作家组织到我们的阵营里面来"。[①] 如此说法将本身具有联合性质的左联与要新建立的抗日民族统一战线对立起来，使解散左联作为实现新统一战线的前提，理由其实并不充分，且也与实际情况不尽相符。左联从1931年11月决议和1932年11月张闻天的《文艺战线上的关门主义》发表后，根据革命形势发展和经验教训积累，在克服"左"倾关门主义和宗派主义方面不断取得进展。因此，收到萧三来信后，左翼文化内部对解散左联的看法并不一致。左联是国际革命作家联盟的一个支部，自然听命服从于国际，因此虽然有不同意见，但萧三的信无疑是导致左联解散的直接原因。

11月底或12月初，鲁迅收到萧三给左联的信后，让人转交给新文委成员、左联实际负责人周扬。[②] 鲁迅转交这份重要的信件时没有表态。周扬、夏衍等认为萧三来信符合共产国际七大精神，也符合党中央关于停止内战、共同抗日的重大策略调整，"就毫不迟疑地决定了解散左联，和文委所属各

① 上海鲁迅纪念馆编辑：《纪念与研究》第2辑，上海鲁迅纪念馆1980年版，第170—172页。
② 田刚：《关于萧三"莫斯科来信"的几点辨正》，《鲁迅研究月刊》2008年第2期。

联，另行组织更广泛的文化、文艺团体”。[①]

在此过程中，新文委曾向党外人士陈望道、郑振铎、巴金等传达萧三来信的内容，并听取他们的意见，他们表示赞同。还分别请茅盾和时任左联行政书记的徐懋庸征求鲁迅意见，鲁迅赞同成立新的更广大的统一战线文化团体，但认为不必解散左联，因为“左联是左翼作家的一面旗帜，旗一倒，等于是向敌人宣布我们失败了”。鲁迅对茅盾说：“组织文艺家抗日统一战线的团体我赞成，‘礼拜六’派参加进来也不妨，只要他们赞成抗日。如果他们进来以后又反对抗日了，可以把他们再开除出去。至于解散左联我认为没有必要。文艺家的统一战线组织要有人领导，领导这个组织的当然是我们，是左联。解散了左联，这个统一战线组织就没有了核心，这样虽说我们把人家统过来，结果恐怕反要被人家统了去。”[②]他对徐懋庸也说出同样的意见：“组织统一战线团体，我是赞成的，但以为左联不宜解散。”[③]

经过沟通，鲁迅最终表示赞成解散左联，但要求正式发表一个解散左联的宣言，说明左联解散不是“溃散”，而是为适应革命形势建立文艺界抗日统一战线新团体的需要。新文委鉴于左翼团体众多、各种情况复杂，决定只发表一个文总解散的宣言，后来又考虑到发表宣言对于筹建救国会有影响，宣言也没发表。因此鲁迅对左联这样一个影响很大团体，不声不响解散的方式表示遗憾。而从左联在当时文化界的作用和地位来看，应该公开发表解散宣言的。[④]如此，文总结束，左联、社联等其他左翼文化团体大都自行解散或停止活动。

在左翼文化团体解散过程中，正处于一二·九运动爆发后进入抗日救亡运动新高潮的时期，新文委通过联系沈钧儒、何香凝、陶行知、邹韬奋、章

① 夏衍：《懒寻旧梦录》（增订本），中华书局 2016 年版，第 193 页。

② 茅盾：《我走过的道路》中，人民文学出版社 1984 年版，第 307—308 页。

③ 徐懋庸：《我和鲁迅的关系始末》，《徐懋庸回忆录》，人民文学出版社 1982 年版，第 86 页。

④ 胡乔木：《一九三五年至一九三七年间在上海坚持地下斗争的文委、文总和江苏省临委》，中共上海市委党史研究室编：《上海党史资料汇编》第 2 编上册，上海书店出版社 2018 年版，第 227—228 页。

乃器等一批著名社会人士，加紧派一些左翼文化工作者深入到各界群众，发起组织各行各业的救国会，很快组织起文化界救国会、妇女界救国会、职业界救国会、学生界救国会、国难教育社等救国会团体。在此基础上，又先后成立上海各界救国联合会、全国各界救国联合会，使各界爱国群众投入到抗日救亡运动的洪流。如此无形之中，推动左翼文化运动向抗日救亡运动转向，打开党的文化工作的新局面。

在上海成立的各类救国会，基本上是按社会职业划分的由不同阶级成分组成的群众性团体，有工人、店员、学生、民族资本家等各界人士参加。如职业界救国会，由原左翼文化团体人员、共青团、中华民族武装自卫委员会（简称武卫会）、蚁社等各系统人员参加，已超出原来左翼文化团体的管理范围。再由“文委”这样的文化机构领导救国会及其开展的抗日救亡活动，已不太合适。因此，1936 年 2 月新文委在与中共中央失去联系情形下，成立中共江苏省临时工作委员会（简称江苏临委），邓洁任书记，委员有胡乔木、王翰（原属社联）、丁华（原属教联）、王新元（原属左联）。江苏临委在各救国会中建立党团，不设区委。1936 年春，鲁迅曾与江苏临委书记邓洁秘密会谈，商讨发展左翼文化运动问题，王尧山、林枫、胡风等参加。①

1936 年 4 月 25 日，中共中央派冯雪峰从陕北到达上海，负责建立电台、统一战线和重建上海党组织的准备工作。鉴于上海党组织严重破坏情形，冯雪峰遵照中央指示，先通过鲁迅找到原左联组织部部长、中共党员周文，再通过周文找到曾任教联党团书记的王尧山，共同工作。至此，上海的党组织恢复与党中央的直接联系，重新在党中央的领导下开展工作，新文委、江苏临委完成其历史使命。

1936 年 10 月，中共驻上海办事处成立，潘汉年、冯雪峰为正、副主任。年底，中共（上海）临时工作委员会成立，由王尧山（为书记）、沙文

① 王尧山：《鲁迅先生逝世 50 周年的回忆》，《王尧山文稿选》，上海科学普及出版社 2000 年版，第 230—257 页。

汉、林枫参加，负责整理上海各系统党组织。1937 年 5 月，中共中央派刘晓到上海正式负责党组织恢复重建工作。刘晓与先行来沪的冯雪峰，以及王尧山组成三人团，作为上海党组织的领导机构，负责重建上海党组织。在重建过程中，他们做到认真审查党员，逐个确认党籍，把重建党组织和领导群众抗日救亡运动紧密结合起来。

二、平息“两个口号”论争

在左翼文化团体解散时，如何在实际工作中贯彻执行党的抗日民族统一战线政策，团结一切主张抗日救国的文化人士组成联合战线，在当时是个复杂的难题。当时，在左翼文化内部曾发生“国防文学”和“民族革命战争的大众文学”两个口号的争论。经过半年争论，在思想认识逐渐统一的基础上，广大进步文艺界在党的抗日统一战线旗帜下团结起来。

周扬最早提出“国防文学”口号。1934 年 10 月 2 日，他以“企”的笔名在《大晚报・火炬》发表《“国防文学”》一文，主要介绍苏联“国防文学”，但当时并没有引起多大影响。1935 年 12 月党的瓦窑堡会议确定抗日民族统一战线政策，为将其贯彻落实到具体工作中，周立波在《时事新报・每周文学》发表《关于“国防文学”》，认为“中国的国防文学是反帝反汉奸的广大群众运动中的意识上的武装”，是“特殊的武器”，再次提出“国防文学”主张。1936 年初在左联解散之际，周扬等又郑重提出“国防文学”的口号，号召各阶层、各派别的作家站在抗日民族统一战线的立场上，创作更多抗日救亡文艺作品。同时，“国防戏剧”“国防诗歌”“国防音乐”“国防电影”“国防木刻”等口号相继出现。1936 年 2 月，《生活知识》第 1 卷第 10 期出版《国防戏剧特辑》，《国防诗歌丛书》由乐华图书公司出版。3 月，《生活知识》第 1 卷第 11 期出版《国防文学特辑》，刊登一组相关文章。4 月 5 日，《生活知识》第 1 卷第 12 期推出《国防音乐特辑》。

在“国防文学”热烈讨论中，有人表达不同看法。1936 年 5 月 5 日，徐行发表《我们现在需要什么文学》，认为“国防文学”的提出“完全否认了 1925—1927 年间的血的教训，把这些被历史车轮轧碎了的废物说得俨然是同路人了”。[①] 鲁迅、茅盾、胡风等认为“国防文学”过于笼统模糊，过于强调在“国防文学”的口号下的联合，而未明确认识到无产阶级在统一战线中的领导地位；在抗战问题上各种力量、各派作家是应联合起来，但并不意味着应消除相互间的一切分歧，泯灭一切恩怨。冯雪峰从延安到上海后，经与鲁迅、胡风面商，提出“民族革命战争的大众文学”的口号，以补救“国防文学”口号在阶级立场上的不明确性，以及在创作方法上的不科学性。

6 月 1 日，胡风在《文学丛报》发表《人民大众向文学要求什么?》，以个人名义公开“民族革命战争的大众文学”口号。该文发表前未经鲁迅审看，文中也没提及此前与鲁迅等人商讨之事，更未提及“国防文学”以及这两个口号之间的关系。该文发表后，即遭到“国防文学”口号提倡者的反对。其后论争双方的主要力量都撰文表达看法，在革命文艺内部产生关于“两个口号”的公开论争。

6 月 5 日，周扬在《文学界》月刊创刊号发表《关于国防文学》进行反击，指出“国防文学”就是“把文学上的反帝反封建的任务推进到一个新阶段的文学”，“国防文学”应当成为汉奸以外的一切作家的作品之最中心的主题。6 月 10 日，徐懋庸在《光明》半月刊创刊号上刊登评论《“人民大众向文学要求什么”》，批评胡风另提“民族革命战争的大众文学”这一口号“是故意标新立异，是混淆大众的视听，分化整个新文艺运动的路线”。

在论争另一方，6 月 15 日，鲁迅、茅盾等 78 人署名《中国文艺工作者宣言》在《译文》发表。同月，《夜莺》第 1 卷第 4 期推出《民族革命战争的大众文学特辑》，收录鲁迅、胡风、聂绀弩等人撰写的 6 篇文章，阐释“民族革命战争的大众文学”口号的内容、特征。聂绀弩在《创作口号和联合问题》中指出“民族革命战争的大众文学”新口号最具特色的地方，在于“更明确地更不含糊地指出了现阶段文学的内容的特质；更明确地更不含糊

① 徐行：《我们现在需要什么文学》，《新东方》第 1 卷第 3 期，1936 年 5 月 5 日。

地指出现阶段的作家所应该努力的方向；一切的误会，曲解和野心的利用都不容易加到它的头上来”。①

在双方论争日益激烈情形下，6月25日《光明》第1卷第2期以“文艺家协会成立之日”为主题，发表夏丏尊、郑伯奇、陈子展、艾思奇、梅雨等人文章，呼吁文艺界团结起来。

为了尽快结束双方激烈的论争，在冯雪峰的安排下，7月1日鲁迅发表《答托洛斯基派的信》《论现在我们的文学运动——病中答访问者》。由于鲁迅病重，这两篇文章由他授意，经冯雪峰起草后再由他审定。由于此前鲁迅不赞成解散左联，并对“国防文学”口号有不同看法，拒绝参加由“国防文学”赞成者发起成立的中国文艺家协会，因而被污蔑“破坏统一战线”，托派也趁机致信鲁迅，试图拉拢他争取他的支持。因此鲁迅在《答托洛斯基派的信》中痛斥托派：“你们的高超的理论，将不受中国大众所欢迎，你们的所为有背于中国人现在为人的道德。我要对你们讲的话，就仅仅这一点。”指出“那切切实实，足踏在地上，为着现在中国人的生存而流血奋斗者，我得引为同志，是自以为光荣的”。②

鲁迅在《论现在我们的文学运动——病中答访问者》中，解释“民族革命战争的大众文学”口号与统一战线的关系，指出“民族革命战争的大众文学，是无产阶级革命文学的一发展，是无产革命文学在现在时候的真实的更广大的内容”，“因此，新的口号的提出，不能看作革命文学运动的停止，或者说‘此路不通’了。所以，决非停止了历来的反对法西斯主义，反对一切反动者的流血的斗争，而是将斗争更深入，更扩大，更实际，更细微曲折，将斗争具体化到抗日反汉奸的斗争，将一切斗争汇合到抗日反汉奸斗争这总流里去。决非革命文学要放弃它的阶级的领导的责任，而是将它的责任更加

① 聂绀弩：《创作口号和联合问题》，《聂绀弩杂文集》，生活·读书·新知三联书店1995年版，第137页。

② 中国社会科学院文学研究所现代文学研究室编：《“两个口号”论争资料选编》上，人民文学出版社1982年版，第389—390页。

重，更放大，重到和大到要使全民族，不分阶级和党派，一致去对外。这个民族的立场，才真是阶级的立场”。他认为“民族革命战争的大众文学，正如无产革命文学的口号一样”，大致是一个总口号，下面可随时应变提出如“国防文学”“救亡文学”“救日文艺”等具体口号，表达了他顾全大局、坚持团结的愿望。[①]

8月10日，茅盾发表《关于引起纠纷的两个口号》，在赞同“民族革命战争的大众文学”口号基础上，进一步阐明“两个口号”的关系，认为：“民族革命战争的大众文学”应是现在左翼作家创作的口号！“国防文学”是全国一切作家关系间的标帜！“我们所希望的是全国任何作家都在抗日的共同目标之下联合起来，但在创作上需要更大的自由。”[②] 然而，周扬对此并不认同，发表《与茅盾先生论国防文学口号》，坚持“国防文学”的主张，认为“‘民族革命战争的大众文学’不能成为现阶段文学上统一战线的口号”，“不必在‘国防文学’的口号之外另提别的口号，自外于文学上的统一战线的运动”。[③]8月初，徐懋庸在给鲁迅的信中，批判鲁迅，认为鲁迅最近半年来的言行“助长恶劣的倾向”，看人不准，“不看事而只看人”是鲁迅近半年来错误的根由。还指责鲁迅“对于现在的基本政策没有了解”，另提“民族革命战争的大众文学”口号，是危害联合统一战线的。

为全面回答徐懋庸对鲁迅的指责，8月15日《作家》刊登由冯雪峰执笔或起草、以鲁迅的名义发表的《答徐懋庸并关于抗日统一战线问题》。鲁迅在文中详细论述对文艺界统一战线和“两个口号”的意见，郑重地重申自己对抗日民族统一战线政策坚决拥护的态度。他说“文艺家在抗日问题上的联合是无条件的”，并“赞成一切文学家，任何派别的文学家在抗日的口号下统一起来的主张”。但在文学问题上“仍可以互相批判”，不应当用口号限

① 鲁迅：《论现在我们的文学运动——病中答访问者，O.V. 笔录》，《现实文学》第1期，1936年7月1日。

② 茅盾：《关于引起纠纷的两个口号》，《文学界》第1卷第3期，1936年8月10日。

③ 周扬：《与茅盾先生论国防文学口号》，《文学界》第1卷第3期，1936年8月10日。

制作家的写作，口号不在于谁提出，而在于是否正确。有些作者不写国防为主题的作品，仍可从各方面参加抗日的联合战线。他解释“民族革命战争的大众文学”口号的提出，“是为了推动一向囿于普洛革命文学的左翼作家跑到抗日的民族革命战争的前线上去，它是为了补救‘国防文学’这名词本身的在文学思想意义上的不明了性，以及纠正一些注进‘国防文学’这名词里去的不正确意见”，它是正当的、正确的。他认为这“两个口号”可以并存，“国防文学”这个口号“仍应当存在，因为存在对于抗日运动有利益”。① 鲁迅全面透彻地阐述了“两个口号”之间的关系，引起强烈反响，也得到各方的反思和基本认可。由此，持续4个多月的“两个口号”的论争基本平息。

同时，许多进步文化人士厌倦论争，希望尽快以实际创作作品，加快推进全国民众的抗日救亡运动。9月20日，《新认识》第2号刊登由章汉夫执笔的《文艺界的统一战线问题》，总结吸收论争双方的观点，认为通过论争克服了宗派主义，提高了大家的思想认识。

在双方认识逐步统一的基础上，冯雪峰、刘少奇先后发表具有总结性的文章。9月15日，冯雪峰以吕克玉笔名发表《对于文学运动几个问题的意见》，认为：“茅盾先生和鲁迅先生的意见，就是对我们很好的指示。”并将鲁迅和茅盾的意见归纳为“有机的三原则”：一是一切作家无条件地在抗日的问题上联合起来；二是赞成作家自由创作，不受任何主义束缚；三是尽量努力提倡“民族革命战争的大众文学”或“国防文学”，甚至提倡“现实主义的创作方法”。②10月1日，茅盾和郑振铎起草、冯雪峰审定的《文艺界同人为团结御侮与言论自由宣言》发表，标志着文艺界统一战线条件的成熟。10月15日，刘少奇以莫文华名义发表《我观这次文艺论战的意义》，进一步从政治上对这场论争进行总结，认为“文坛上的宗派主义、关门主义，现在似乎还没有完全克服掉，但在论战的发展的过程中，很明白的，已

① 鲁迅：《答徐懋庸并关于抗日民族统一战线问题》，《作家》第1卷第5期，1936年8月。

② 冯雪峰：《对于文学运动几个问题的意见》，《作家》第1卷第6号，1936年9月15日。

逐渐克服了许多”，“如果以为这次论争是在争口号，那就表明还没有了解到正确的观点，将论争的真义抹杀了”。①

“两个口号”的论争，也引起远在陕北的中共中央领导的高度关注。1936年7月6日，张闻天、周恩来致信给冯雪峰，指示他要“同一切关门主义做坚决斗争”，并表示对鲁迅、茅盾诚挚的关心，指出：“他们为抗日救国的努力，我们都很钦佩。希望你转致我们的敬意。对于你老师（指鲁迅）的任何怀疑，我们都是不相信的。请他也不要为一些轻薄的议论，而发气。”②1938年5月，徐懋庸在延安向毛泽东汇报左联及“两个口号”论争时，毛泽东指出：这次争论的性质，是革命阵营内部的争论，不是革命与反革命之间的争论，“我们在延安，也争论得激烈”，“但是你们是有错误的，就是对鲁迅不尊重。鲁迅是中国无产阶级革命文艺运动的旗手，你们应该尊重他”。毛泽东还明确指出徐懋庸的信写得很不好，“在某些具体问题上，鲁迅可能有误会，有些话也说得不一定恰当”。③周扬后来也坦言：当时并不知“民族革命战争的大众文学”这口号是鲁迅提出的，是认为在“国防文学”之外另提一个口号，这“就分散了力量”，“这里面当然也有宗派情绪”。④

据不完全统计，关于“两个口号”论争的文章多达480多篇，大多在上海的刊物上发表。1936年10月，由光明书局出版的《现阶段的文学论战》（一名《国防文学论集》），汇集论战中一些重要文章，以上海文艺科学研究会的名义。同月，由新潮出版社以“救亡文化丛书之一”出版的《国防文学论战》，收入“两个口号”论争中59篇重要文章，书后还附录论争双方各自发表的宣言，即《中国文艺家协会宣言》《中国文艺工作者宣言》，以及《文艺界同人为团结御侮与言论自由宣言》，以表明论争双方的“求大同

① 刘少奇：《我观这次文艺论战的意义》，《作家》第2卷第1期，1936年10月15日。
② 转自程中原：《张闻天论》，河海大学出版社2000年版，第440—441页。
③ 曲一日主编：《毛泽东评说中国文学》，吉林人民出版社1998年版，第153—154页。
④ 赵浩生：《周扬笑谈历史功过》，《新文学史料》1979年第2期。

存小异”。1937年1月10日，杨晋豪编选的关于“两个口号”论争资料集《现阶段的中国文艺论问题》，由上海北新书局出版，在“前言”中主张用“抗战文艺”口号代替两个口号，表明全民族抗战的大势所趋。

第二节　推动文化界统一联合和救国会运动

一二·九运动后，左翼文化人在中国共产党倡导的抗日民族统一战线方针指导下，团结广大进步爱国文化人士，不断推动抗日救亡运动。同时，不断促进进步文化界的团结统一，为迎接全民族抗战的到来奠定坚实的基础。

一、文化界统一战线的逐渐形成

九一八事变后，面对中华民族救亡图存危机形势，左翼文化界不断克服“左”倾关门主义，推进文化界的联合统一。1932年11月，张闻天在党中央机关报《斗争》上发表《文艺战线上的关门主义》，提出团结广大进步作家组成统一战线问题，明确指出“革命的小资产阶级的文学家，不是我们的敌人，而是我们的同盟者”。① 在此思想指引下，左联强调要对“进步的作家”“有好的倾向的作家”“开始动摇而有倾向到革命方向来的可能的作家”“一般广大的而革命化或开始革命化的青年”，尽“领导和组织的责任”，注重发展左翼文化的同盟军。②

1935年，面对华北事变、失去同中共中央联系、国民党文化“围剿”等各种不利处境，左翼文化人勇敢担当起时代重任，深入实际生活，和群众打成一片，不得不“进一步抛弃宗派主义、关门主义，投身到抗日统一战

① 张闻天：《文艺战线上的关门主义》，《张闻天文集》第1卷，中共党史出版社2012年版，第217页。

② 《中国无产阶级革命文学的新任务》，马良春、张大明编：《三十年代左翼文艺资料选编》，四川人民出版社1980年版，第183页。

线的洪流中去了”。[1]10月，新文总发出《关于新纲领的紧急通知》，指出：“左翼文化运动必须综合广大群众的积极要求，不问政治的立场与派别，在争取中国民族独立自由与领土完整，反帝抗日反蒋，在保卫新文化等口号下，结成广泛的统一战线，而以抗日反蒋为最主要的斗争目标。”

一二·九运动掀起全国人民的抗日救亡高潮，12月12日文化界爱国知识分子马相伯、沈钧儒、陶行知、邹韬奋等283人签名发表由胡愈之起草的《上海文化界救国运动宣言》，指出：“华北教育界‘最后一课’的决心，是值得赞佩的。华北青年热烈的爱国运动，尤其引起我们十二万分的同情。”提出八项救国主张：坚持领土和主权的完整，否认一切有损领土主权的条约和协定；坚决反对在中国领土内以任何名义成立由外力策动的特殊行政组织；坚决否认以地方事件解决东北问题和华北问题；要求即日出兵讨伐冀东及东北伪组织；要求用全国的兵力财力反抗敌人的侵略；严惩一切卖国贼并抄没其财产；要求人民结社、集会、言论、出版之自由；把全国民众立刻自动组织起来，采取有效的手段，贯彻上海文化界救国主张。[2]

12月27日，上海文化界救国会发表第二次宣言，强调“我们现在要先组织自己，用集团的力量，来负担我们时代的任务”。宣言除重申第一次救国运动宣言中的八项主张外，对于全国的文化工作者提出具体要求：大中小学的教师们，迅速地站在学生面前，领导学生救国运动；从事新闻事业的人们，忠实地报告救国运动消息，树立公正舆论；著作家们，本着各自的文化领域，用各种方式，激发大众斗争的意识，建立正确的理论领导；反对文化统制，反对文化界汉奸；全国文化界联合组织救亡的统一阵线，领导民族解放运动。[3] 这些主张代表全国人民的心声，受到各界群众一致赞同。

1936年1月11日，顾执中、萨空了、恽逸群、陆诒等71人联合发

---

① 夏衍：《懒寻旧梦录》（增补本），中华书局2016年版，第180页。

② 《上海文化界救国运动宣言》，《大众生活》第1卷第6期，1935年12月21日。

③ 中共上海市委党史资料征集委员会编：《“一二·九”以后上海救国会史料选辑》，上海社会科学院出版社1987年印制，第68—70页。

表《上海新闻记者为争取言论自由宣言》，呼吁民众奋起参加抗日救亡运动，“以集中全国的力量，收复失地，争取中华民族解放的胜利前途！”①

2月1日，《新文化》月刊创刊，在“代发刊词”《新文化需要统一战线》中指出：“文化运动是政治运动的一种反映。在这里，我们以为和政治上统一战线一同，一切清醒的文化工作人员，一切清醒的智识分子，实在也有统一战线的迫切的需要。”“目前中国文化界的唯一重大的分野，既不是自然科学、人文科学或纯粹科学、应用科学的区别，更不是精神文明物质文明，现实主义浪漫主义乃至幽默不幽默、抽烟不抽烟的对立，却是一个或降或战或生或死的问题。”文中还谈到统一战线中资产阶级和工人阶级的不同立场，以及工人阶级在统一战线中的立场和任务。“资产阶级在统一战线里提防着自己的队伍给赤化，工人阶级也不得不警告着自己的队伍务必不要染上了腐败的自由主义跟偏狭的国家主义，务必不要染上了和平的幻想。工人阶级愈是为统一战线而斗争，愈加要记牢政治和文化的物质的基础和党派性。工人阶级在统一战线里头决不能一刻放松了对于别的任何阶级的批评。”②3月1日，具有统一战线性质的中苏文化协会上海分会在八仙桥青年会举行成立大会，社会文化各界名人出席。

1936年6月7日，由原左联的部分负责人周扬、夏衍等发起组建的具有抗日统一战线性质的作家团体——中国文艺家协会成立，选举茅盾、夏丏尊、傅东华、洪深、叶圣陶、郑振铎、徐懋庸、王统照、沈起予9人为理事，郑伯奇、何家槐、欧阳予倩、沙汀、白薇5人为候补理事。茅盾为常务理事会召集人，签名加入者共111人，其中原左联盟员50人。大会通过《中国文艺家协会组织缘起》《中国文艺家协会章程》《中国文艺家协会宣言》，宣称：“在全民族一致的大目标下，文艺上主张不同的作家们可以是一条战线上的战友。文艺上主张的不同，并不妨碍我们为了民族利益而团结

① 《上海新闻记者为争取言论自由宣言》，《大众生活》第1卷第9期，1936年1月11日。

② 新文化社同人：《新文化需要统一战线》，中国社会科学院文学研究所现代文学研究室编：《“两个口号”论争资料选编》上，知识产权出版社2010年版，第23—24页。

一致。”①

由于当时还处在“两个口号”论争时期，鲁迅、胡风、巴金等主张“民族革命战争的大众文学”口号的作家也行动起来，发起成立中国文艺工作者协会。由巴金、黎烈文起草《中国文艺工作者宣言》，经鲁迅指导、黎烈文加以整理后分头征集签名。签名者有鲁迅、茅盾、曹靖华、曹禺、靳以、黎烈文、欧阳山、胡风、张天翼、赵家璧、萧乾、唐弢、聂绀弩等新老左翼作家 78 人。宣言表示：“我们，文艺上的工作者，目光从来没有离开过现实，工作从来没有放松过争取民族自由的奋斗。我们并不是今天才发现救亡图存的运动的重要的”，“我们愿意和站在同一战线上的一切争取民主自由的斗士热烈地握手”。②6 月 15 日，该宣言在《作家》刊物发表。在双方还处于激烈论争情形下，这两个团体虽发表了宣言，但都没有开展实际活动，这也从另一方面说明团结一致的重要性。

随着“两个口号”论争的结束，左翼文化界内部抛弃前嫌，走向团结。10 月 1 日，包括论争双方和其他不同派别的作家巴金、王统照、包天笑、沈起予、林语堂、洪深、周瘦鹃、茅盾、陈望道、郭沫若、夏丏尊、张天翼、傅东华、叶绍钧、郑伯奇、郑振铎、赵家璧、黎烈文、鲁迅、谢冰心、丰子恺等 21 人联名发表《文艺界同人为团结御侮与言论自由宣言》，呼吁：“全国文学界同人应不分新旧派别，为抗日救国而联合。”“在文学上，我们不强求其相同，但在抗日救国上，我们应团结一致以求行动之更有力。”“国民自由发表其救国意见，文学者自由发表其救国文艺，在今日已不仅为人民之权利，亦且为人民应尽之天职。”③ 表明文艺界抗日民族统一战线的初步形成。10 月 15 日，《小说家》创刊亮出“齐心创作”的旗号，试图弥补论争双方之间的门户隔阂，表明并肩作战、共同创作的普遍共识。经过多年的发

① 《中国文艺家协会宣言》，马良春、张大明编：《三十年代左翼文艺资料选编》，四川人民出版社 1980 年版，第 212 页。

② 《中国文艺工作者宣言》，《文季月刊》第 1 卷第 2 期，1936 年 7 月。

③ 《文艺界同人为团结御侮与言论自由宣言》，《文学》月刊第 7 卷第 4 号，1936 年 10 月 1 日。

展，进步文艺界统一战线的初步形成，为迎接全民族抗战奠定统一的思想基础。

二、在救国会系统中进行新斗争

中国共产党抗日民族统一战线的提出，为抗日救亡运动的发展指明发展方向。在左翼文化联盟解散之际，面对强敌侵凌和国民党的“攘外必先安内”不抵抗政策，左翼文化人以强烈的爱国责任感和民族自信心，通过发起和参加各类救国会团体，唤醒民众，组织民众，推动抗日救亡运动向前发展，使上海成为全民族抗战爆发前的全国抗日救亡运动中心。同时，抗日救亡运动的蓬勃发展，也为左翼文化运动的不断发展提供有利的社会环境和民众基础。

1935 年一二·九运动消息传来，上海文化界首先响应，发表《上海文化界救国运动宣言》。上海妇女界首先成立救国会组织。12 月 21 日，中华妇女同盟会、妇女生活社、妇女园地社、妇女大众社、妇女文化协会、妇女新地社、微明社等众多妇女团体及史良、胡子婴、陈波儿等个人发起筹备的上海妇女界救国联合会，在北四川路青年会召开成立大会，共 1000 多位妇女出席大会，会议结束后举行大游行。女律师史良在大会上报告妇女界救国会筹备经过，何香凝抱病出席大会并演讲。会议通过妇女界救国会章程、宣言以及《告全国妇女书》，号召中华妇女同胞冲破思想牢笼，团结起来，共同担负救国责任。会议选举史良、沈兹九、韩学章、杜君慧、胡子婴、王孝英、罗琼等 11 人为理事，组成理事会。理事会下社总务、组织、宣传。在救国会内成立中共秘密党团，杜君慧任书记，由文总领导，长时期与周扬联系。①

上海妇女界之所以能率先成立救国会，与一些中共秘密党员和左翼文化

① 杜君慧：《有关上海妇女救国联合会情况的回忆》，中共上海市委党史研究室编：《上海党史资料汇编》第 2 编下册，上海书店出版社 2018 年版，第 801—802 页。

人长期在妇女界活动有密切关系。1932 年沈兹九经史量才同意在申报副刊《自由谈》星期日的版面创办《妇女园地》，受到读者欢迎。史量才遭暗杀后，《妇女园地》受到影响，沈兹九等继续创办《妇女生活》刊物，同时通过组织各类妇女团体，帮助妇女界了解马克思主义和妇女解放思想。除组织读书会外，她们还组织上海妇女问题研究会、教师联合会、蜜蜂社、店员组织、歌咏队等团体，开展各类活动，团结广大妇女群众。沈兹九、罗叔章、史良、胡子婴等女界名流都是蜜蜂社成员，她们经常到量才补习学校开会，商量工作。① 在她们积极筹备上海妇女界救国会时，得到《妇女生活》杂志社等不少进步妇女团体的帮助和参与。

上海文化界救国会的力量非常强大。1935 年 12 月 27 日，上海文化界知名人士共 300 余人，在西藏路宁波同乡会召开上海文化界救国会成立大会。大会通过文化界救国会章程，选举沈钧儒、马相伯、邹韬奋、章乃器、陶行知、李公朴、王造时等 35 人为执行委员。文化界救国会主要由几部分人员组成：一部分是大学教授，如沈钧儒（法学院教务长）、潘大逵（法学院副教务长、教授）、王造时（光华大学教授、文学院院长）、彭文应（光华大学教授）、陈望道（复旦大学教授）、曹聚仁（复旦大学教授）、钱亦石（暨南大学教授、中华书局编辑）；一部分是新闻出版界人士，如胡愈之是法国哈瓦斯通讯社成员，邹韬奋是生活周刊主编，李公朴是申报图书馆馆长，艾思奇、夏征农、柳湜等都是办刊物的中共地下党员；其他还有银行界章乃器，律师界沙千里、史良，教育家陶行知，戏剧电影界夏衍、蔡楚生、应云卫、田汉、洪深等。在上海文化界救国会内建有中共秘密党团，书记是钱俊瑞，党团成员有王新元和孙克定。②

针对国民党宣称救国会是共产党“利用文化团体及知识分子在救国的口

① 徐镜平：《沧桑巨变忆往昔》，中共上海市委党史研究室编：《上海党史资料汇编》第 2 编下册，上海书店出版社 2018 年版，第 817 页。

② 孙克定：《回忆文化界救国联合会情况》，中共上海市委党史研究室编：《上海党史资料汇编》第 2 编下册，上海书店出版社 2018 年版，第 747—750 页。

号下作卷土重来之计”、将予严厉制裁的声明，上海文化界救国会1936年2月14日发表《对国民党中宣部告国人书之辨证》，严正声明：“三军可夺帅，匹夫不可夺志。我们倘使是中宣部一纸文告所能吓倒的人，我们早就不敢在‘救国有罪’的环境下，公然以救国相号召。”“中宣部对于汉奸运动，则默加容许；对于救国运动，反严辞厉色，诬陷侮蔑，无所不用其极！这是我们所感到无限的失望的。”还正告国民党“从今日起，立刻明是非，树正义，爱惜犹存的民族元气，维系仅有的未失人心，以树立上下一心，共赴国难的基础”。①

上海各大学教授深感国难日深，责任重大。1936年1月9日，由沈钧儒、王造时、潘大逵、张定夫、潘震亚、曹聚仁、孙怀仁、周新民、汪馥炎等60多人发起成立上海大学教授救国会。他们发表宣言揭露日本帝国主义企图吞并中国的野心，指责国民党政府退让的误国行径，表示在日寇进攻面前“抵抗则生存，不抵抗就灭亡”，表示愿和爱国学生及抗日战士们站在一条线上，为中华民族的生存而战斗。

上海职业界救国会是一个规模大、群众基础稳固的救亡团体，1936年2月9日宣告成立。理事长是中华职业社社长潘仰尧，理事有沙千里、顾留馨、石志昂等，理事会下面设组织、宣传、总务等干事会。干事会中有不少是中共秘密党员，在联系群众、组织群众方面做了大量工作。职业界救国会的会员除一些高级职员和少数工商业者外，大部分都是下层店职员工，组织严密整齐。全体会员分别组成五个大队：第一大队有蚁社、法商电车公司、中国国货公司、生活书店等单位的会员；第二大队有沪东地区的蚁社成员、沪东区小学教员、上海国际电台职员、杨树浦司机训练班的学员；第三大队有量才补习学校、量才图书馆的群众；第四大队有上海银行界职员所组织的银社成员、上海市钱庄界的群众；第五大队包括三友实业社、中华职业教育

① 《上海文化界对国民党中宣部告国人书之辨证》，周天度、孙彩霞编：《救国会史料集》，中央编译出版社2006年版，第242—244页。

社、立信会计学校的职员和学员。这五个大队后改为按保险、银行、教育等行业组成分队。职业救国会通过其下众多的公开合法的社会团体，把广大中下层店职员广泛地组织起来，在上海各界救国会组织的重大群众活动中，它都能动员一二千人参加。

以陶行知名义发起，以原教联和“中青”内的党组织及其基本成员为骨干组成的国难教育社，于2月23日召开成立大会，400多人出席。国难教育社的宗旨是“谋求推进大众文化，实施国难教育，以启发中国大众行动起来争取中华民族之自由平等，保卫中华民国领土与主权之完整”。国难社总社下设总务、组织、指导、编辑、宣传五个部，推选陶行知、丁华、张敬仁、王洞若、郑伯克、张劲夫、钱亦石、沈体兰、刘良模、吴耀宗、戴伯韬等为执行委员，陶行知为社长，张劲夫被聘任为总干事，丁华、郑伯克此后也担任过总干事。国难教育社的执行委员大部分是中共党员，内部组建中共党团，丁华任党团书记。丁华被捕后由王洞若接任。

国难教育社成员并不局限于教育系统。它以原教联领导的进步群众为基础，有众多工人、店员、学生、教师、职员参加，会员最多时发展至三四千人。初期入社要填表格，以后不要求填表，以扩大各种救亡力量。① 其在全国设立分社，在上海分区设立基层组织，沪西区由吴新稼、陈蔚卿、张健、金子美，沪东区由王东放、林一心、戴季康，法南区由王起，闸北区由庄超，沪中区由李亚群等负责。在大陆商场量才补习学校内也有批社员，由刘峰负责，这部分关系以后转到职业界救国会去了。②

在陶行知的公开号召下，国难教育社不仅同生活教育社、工学团、救国会系统内其他救亡团体关系密切，也同上海教育界的许多学校、一些工厂企业里的职工团体、基督教青年会及其所办的工人夜校等团体，都建立相当密切的联

① 吴新稼：《教联和国难教育社活动片断》，上海历史研究所教师运动史组编：《上海教师运动回忆录》，上海人民出版社1984年版，第31页。

② 郑伯克：《文总三联和国难教育社的部分组织状况》，上海历史研究所教师运动史组编：《上海教师运动回忆录》，上海人民出版社1984年版，第26页。

系，成为党组织坚强、群众基础雄厚、救亡活动深入的抗日救亡团体。①

1936 年春夏之间，原教联、“中青”两方面力量联合成立中共大场区委员会，王洞若、林一心先后担任书记。中共大场区委通过山海工学团在农民中进行活动，教员以公开的“小先生”身份到农民中办识字班、夜校来培养“小先生”，发展党员，建立支部。在节假日、周末邀请文化界、戏剧、音乐界的进步人士到山海工学团开展教唱活动。11 月，国难教育社参与发动沪西日本纱厂大罢工，组织工人夜校学员积极参加。这次持续 20 天的日商纱厂反日大罢工取得胜利，是工人运动与抗日救亡运动相结合的体现。

为统一指挥全市公开的群众性救亡活动，1936 年初，新文委及江苏临委联合各个救国会设立总指挥部，有王纪华、雍文涛（职业界救国会）、陈家康（学联）、孙克定（文化界救国会）、郑伯克（国难教育社）、林立（代表妇女救国会）等成员参加。

1936 年上半年几次大的全市性群众抗日纪念活动都由该指挥部统一组织开展。一是纪念一·二八淞沪抗战 4 周年示威游行活动。这也是各界救国联合会成立的日子，1 月 28 日在河南路苏州河桥北的市商会礼堂召开纪念大会，沈钧儒、沙千里、史良等讲话。会场外组织数千群众集会。大会结束后，引领集会群众到闸北一·二八事变阵亡将士纪念碑和烈士公墓区公祭，沿途高唱纪念歌曲。二是举行三八妇女节的游行活动。3 月 8 日，上海 7 个妇女团体在北四川路青年会大礼堂举行纪念三八妇女节大会，何香凝、史良及数百群众参加。会后与会场外的群众会合，按预定线路举行游行，经过租界闹市，到斜桥广场集会。参加游行的群众不断增加，增至 3000 余人。后遭到警察弹压，两人受伤。

在上海各救国会团体纷纷成立的基础上，成立一个统一的上海各界救国联合会组织的条件日趋成熟。1936 年 1 月 28 日，借纪念一·二八淞沪抗

① 刘季平：《教联的建立及其发展》，上海历史研究所教师运动史组编：《上海教师运动回忆录》，上海人民出版社 1984 年版，第 9 页。

战 4 周年的机会，上海各界救国会团体的代表和爱国人士 1000 多人在市商会礼堂举行纪念大会，宣告上海各界救国联合会成立。会议推选沈钧儒为主席，章乃器、李公朴、陶行知、邹韬奋、王造时、史良、刘良模、沙千里、沈兹九等 30 人为理事，组成理事会。其下设立干事会，由胡子婴任总干事，徐雪寒、朱楚辛为副总干事。上海各界救国联合会以集体为单位参加，没有个人会员，基本上是每个救国会推选一两个主要负责人参加救国联合会的执委会。

上海各界救国联合会成立后，上海学生界救国会、上海工人救国会等也先后成立。5 月 6 日，上海各界救国联合会机关报《救亡情报》出版发行。钱俊瑞为总负责，徐雪寒任经理，吴大琨、刘群等负责具体编纂工作，陆诒、恽逸群是写新闻报道的义务记者。6 月，《救亡情报》改为全国各界救国联合会的机关报。该杂志社既不挂招牌，也没有正式办公地点，秘密印刷，发行量大约 1 万份。年底停刊，共出 29 期。

上海的救国会运动很快辐射全国各地，北平、天津、南京、济南、青岛、武汉、西安等全国各大城市也迅速建立救国会，并得到中共中央的关注和肯定。1936 年 4 月 25 日，中共中央为创立全国各党派的抗日人民阵线发表致上海文化界救国会、上海妇女界救国会、世界语学会、大众生活社、世界知识社等团体以及全国各党各派各帮各业的宣言，指出抗日救国是中华民族共同的要求，为抗日救国联合起来，为抗日救国而共赴国难，是所有中国人的神圣义务。

在全国救国会运动逐渐兴起的基础上，为了协调统一，进一步扩大联合力量，成立统一的全国性领导机构很有必要。先是全国学联于 5 月 29—30 日在上海成立，全国各地 28 名代表参加。在胡乔木主持下，在全国学联内成立党团组织，由陆璀、顾德欢和唐守愚三人组成，陆璀为党团书记。①

---

① 唐守愚：《回忆全国学联的一些情况》，中共上海市委党史研究室编：《上海党史资料汇编》第 2 编下册，上海书店出版社 2018 年版，第 880—881 页。

全国学联成立大会闭幕后，参加大会的代表随即作为各地救国会的代表，参加5月31日—6月1日在上海举行的全国各界救国联合会成立大会。全国20多个省市的60多个救亡团体的代表出席全国各界救国联合会成立大会，选出执行委员和候补执行委员，宋庆龄、何香凝、马相伯、沈钧儒、章乃器、陶行知、李公朴、王造时、沙千里、史良等15人为常务委员。大会通过宣言和《抗日救国初步政治纲领》，明确支持中国共产党提出的建立抗日民族统一战线主张，要求国民党停止内战、推行民主，展现求同存异、团结抗战的一致思想基础。在全国各界救国联合会常委中，有中共党员何伟、何思敬，干事中有徐雪寒、洪彪、石不烂等中共党员，实际负责具体工作。[①] 救国会具有广泛的群众基础，中国共产党在各个救国会团体中设立党团或支部以贯彻党的政策，促使救国会运动向着抗日民族统一战线的方向发展。许多人是从参加救国会运动而踏上革命的征途的。

上海是各种政治力量云集之地，有利于开展上层统战工作。1936年上半年，中共中央和中共驻共产国际代表团分别派冯雪峰及潘汉年、胡愈之到上海了解党组织情况，并与救国会领导人取得联系，积极开展统战工作。在他们三人的影响下，7月15日，沈钧儒、章乃器、陶行知、邹韬奋联名发表《团结御侮的几个基本条件与最低要求》公开信，认为“只有实行全国总动员，才能取得最后的胜利”，呼吁国共合作共同抗日，这与中国共产党提出的“停止内战、共同抗日”主张相符合。公开信发表后，毛泽东代表中国共产党和中央苏维埃政府，于8月10日、9月18日两次给他们致信，同意他们提出的纲领和要求，并表示愿意与一切参加抗日救国的党派、团体和个人诚意合作与共同奋斗。

正当文化界人士团结在抗日民族统一战线的旗帜下携手前进时，10月19日，左翼文化运动旗手鲁迅在上海逝世。噩耗传来，各界震动。经中共

---

① 徐雪寒：《我了解的全国各界救国会》，中共上海市委党史研究室编：《上海党史资料汇编》第2编下册，上海书店出版社2018年版，第745页。

上海党组织与救国会、文艺界人士周密研究，拟定葬礼方案，由蔡元培、马相伯、宋庆龄、内山完造、史沫特莱、沈钧儒、茅盾、萧三等组成公开鲁迅先生治丧委员会。治丧委员会之外，又成立治丧办事处，除履行委员会指派任务，负责丧事一切具体事务，由与鲁迅关系密切的一些左翼文艺青年组成。上海各界进步文化人闻耗立即前来，参加各项丧葬礼仪活动。

鲁迅病逝后，美术界陈烟桥和黄新波立即赶到大陆新村的鲁迅家里，各自创作一幅鲁迅遗容的速写。电影界欧阳予倩、程步高、姚莘农（姚克）等赶到大陆新村，“第一时间”拍摄鲁迅住所的情景，张石川提供两盒胶片，并与王士珍拍摄鲁迅葬礼纪录片。文学界胡风、黄源、许粤华（雨田）、周文、萧军等连续几日通宵守灵。此前斯诺、姚克为出版《活的中国》给鲁迅拍摄的肖像，成为鲁迅葬礼灵堂上的遗像。治丧委员会通过音乐界谱写的3首挽歌，分别是《鲁迅先生挽歌》（张庚作词、吕骥作曲）、《鲁迅先生挽歌》（任钧作词、冼星海作曲）和《哀悼鲁迅先生》（周钢鸣据任光《打回老家去》曲调填词），决定由麦新、孟波组织20多个救亡歌咏团体参加挽歌队。世界语工作者以语联、上海世界语者协会、中国新文字研究会和上海新文字研究会4个团体的名义参加鲁迅葬礼。在救国会出面主持下，举行三天群众性悼念仪式。10月22日下午，各界人士近万人前来送葬，葬礼中司徒乔的巨幅鲁迅遗像十分传神，张天翼的手书“鲁迅先生殡仪”横幅在送殡队伍前面也很醒目。黄源、巴金、黎烈文、胡风等十几位作家抬起鲁迅灵柩送入灵车。

盛大的群众送葬队伍高唱哀悼鲁迅先生的挽歌和抗日救亡歌曲，从胶州路出发到虹桥附近的万国公墓。蔡元培致辞，沈钧儒报告生前事略，宋庆龄、章乃器、内山完造、邹韬奋、萧军等相继发表演说。宋庆龄说道：“现在鲁迅先生死了，可是鲁迅先生之革命工作尚未完成，我们应当继续努力。追悼鲁迅先生，须效仿先生有打倒帝国主义，打倒汉奸的精神，为民族求解放！”[①] 沈钧儒、章乃器、王造时、李公朴把绣有“民族魂”的大旗覆盖在鲁

① 宋庆龄：《在鲁迅追悼会上的讲话》，《宋庆龄选集》，中华书局1966年版，第96页。

迅的灵柩上。鲁迅灵柩入墓时，在吕骥领唱下，挽歌队唱起《安息歌》。

这次规模浩大的葬礼，既是一次左翼文化的大检阅，也是一次大规模的抗日示威游行。第二天《立报》以题为《悲壮的挽歌声中万余人参加送殡，鲁迅灵柩昨安葬》进行报道。鲁迅逝世的信息由潘汉年报告中共中央后，中共中央发出唁电、送了花圈，张闻天代表党中央、中华苏维埃政府起草《为追悼鲁迅先生告全国同胞和全世界人士书》等3份电文，对鲁迅的一生给予高度评价，称他为“中国文学革命的导师、思想界的权威、文坛上最伟大的巨星”，“鲁迅先生一生的光荣战斗事业，做了中华民族一切忠实儿女的模范，做了一个为民族解放、社会解放、为世界和平而奋斗的文人的模范。他的笔是对于帝国主义、汉奸卖国贼、军阀官僚土豪劣绅、法西斯蒂，以及一切无耻之徒的大炮和照妖镜，他没有一个时候不和被压迫的大众站在一起，与那些敌人作战。他的犀利的笔尖，完美的人格，正直的言论，战斗的精神，使那些害虫毒物无处躲避，他不但鼓励着大众的勇气，向着敌人冲锋，并且他的伟大，使他的死敌也不能不佩服他、尊敬他、惧怕他”。①

中国文坛的巨星陨落了，但鲁迅不屈的战斗精神，激励着文艺界同仁继续前进。11月1日，鲁迅家属和治丧委员会在八仙桥基督教青年会举行答谢招待会，会上推举蔡元培、宋庆龄、沈钧儒、内山完造、茅盾、许广平、周建人成立鲁迅纪念委员会筹备会。18日，宋庆龄、茅盾、蔡元培致信法国作家罗曼·罗兰，指出鲁迅是“我国民族自由革命战争拥护者的象征”，“鲁迅虽然出生在中国，但他却是属于世界的”。全国各地及海外众多报刊推出悼念鲁迅先生特辑专版，开展纪念活动，推出悼念专辑，传承弘扬鲁迅精神。

在党的抗日民族统一战线政策引领下，以救国会名义举行声势浩大的包括鲁迅葬礼在内的群众抗日救亡活动，冲破了国民党反动派的封锁镇压，

① 《中国共产党中央委员会中华苏维埃人民共和国中央政府为追悼鲁迅先生告全国同胞和全世界人士书》，中央档案馆编：《中共中央文件选集》第11册，中共中央党校出版社1991年版，第103页。

极大提高了群众的政治觉悟。抗日救国运动深入人心，引起国民党的惊恐。南京国民政府颁布《维持治安紧急治罪法》，把抗日救亡运动称为“危害国家”，规定军警枪杀抗日者和镇压抗日团体活动为“合法”，规定凡宣传共产主义、主张抗日、反对妥协等内容的作品，均须修正或禁止，否则给予警告、封禁等处罚。《海燕》《大众生活》《读书生活》《漫画和生活》等很多杂志被查禁。但是，禁令打压都不能阻止抗日救亡运动的发展。

国民党当局在恼怒之下，又受日方的压力，1936 年 11 月 23 日，以“组织非法团体，勾结赤匪，煽动罢工、罢课、罢市，阴谋扰乱治安，企图颠覆政府”的罪名，逮捕救国会领袖沈钧儒、邹韬奋、李公朴、史良、沙千里、王造时、章乃器，制造“七君子”事件。24 日，全国各界救国联合会为“七君子”被捕事件发表紧急宣言，打出“立即释放被捕诸领袖”“公开保护爱国运动”“立即抗战”等口号。26 日，宋庆龄发表声明，抗议国民党政府逮捕救国会领袖。随即，在全国各地乃至海外华侨和国际友人中展开声势浩大的声援营救运动。中共上海党组织担负声援营救运动的具体组织工作，众多左翼文化人参与其中。1937 年，以宋庆龄为首发起震动全国的营救“七君子”入狱运动。在国内外正义力量的压力下，随着西安事变的和平解决，全民族抗战爆发后，“七君子”被释放，“救国无罪”斗争取得胜利。

1937 年 7 月 7 日全民族抗战爆发后，尚在重建中的中共上海党组织把文化战线作为发动群众工作、进行上层统战工作的突破口。7 月 28 日，由上海文化界救国会党团书记钱俊瑞与胡愈之及其他一些文化界上层人士联络筹划组建的上海文化界救亡协会成立。它是国共双方共同参与的具有统战性质的文化界救亡团体，推动了全民族抗战初期群众运动的蓬勃发展。

第三节　左翼文化运动的后期成果

左翼文化团体相继解散后，左翼文化工作者以抗日民族统一战线政策为指引，转变工作思想，创作各类抗战文化作品，激发人民群众的抗战热情和思想觉悟，推动左翼文化运动继续发展。

一、左翼文学持续繁荣

一二·九运动后在不断高涨的群众救亡运动中，每月都有一份或数份进步文艺新刊创办，在革命斗争中仍然发挥重要作用。虽然在国民党当局的禁锢打压下，大多存世时间不长，但展现了左翼文艺工作者顽强不屈的斗争精神。

1936 年 1 月 20 日，胡风、聂绀弩、萧军等主办的《海燕》月刊创刊，鲁迅题写封面刊名。创刊号刊登鲁迅的历史小说《出关》、杂文《“题未定”草》(六、七)、短评《文人比较学》《大小奇迹》，瞿秋白翻译高尔基的《论白党侨民的文学》，胡风评论《文艺界底风习一景》，萧红的小说《访问》等文章。创刊号受到热烈欢迎，当天 2000 册初版全部售完，当月内连印 3 次。

2 月 1 日，《新文化》月刊创刊，刊登发刊词《新文化需要统一战线》和中共驻共产国际代表团在共产国际七大的报告《论反帝统一战线和中国民族解放运动》等文章。3 月 5 日，左翼文艺月刊《夜莺》创刊，方之中编辑。16 日，《译文》月刊复刊，鲁迅写《复刊词》，开始连载鲁迅所译的果戈理《死魂灵》第二部。27 日，《东方文艺》月刊创刊，侯枫编辑。

4 月 1 日，《文学丛报》创刊，由王元亨、马子华、萧今度(聂绀弩)、周而复编辑，发行人童天涧(田间)。创刊号刊登鲁迅怀念殷夫(白莽)的《白莽遗诗序》(后改《白莽作〈孩儿塔〉序》)。5 日，《文学青年》月刊创刊，周楞伽编辑，刊登何家槐等人关于“国防文学”座谈会的记录。15 日，《作家》月刊创刊，孟十还编辑，主要撰稿者为知名左翼作家和进步作家，有“第一流作家”之称的稿源。

6 月 1 日，巴金、靳以合编的文学刊物《文季月刊》(其前身是郑振铎、靳以合编，巴金等人参与的《文学季刊》) 创刊。该刊首次发表曹禺的剧本

《日出》、鲁彦的长篇小说《野火》、巴金的长篇小说《春》的部分章节。5日，《文学界》月刊创办，名义上主编周渊（邱韵铎），实际由戴平万负责，徐懋庸、沙汀、杨骚、陈荒煤等人协助，创刊号刊登讨论夏衍创作的剧本《赛金花》座谈会记录，及夏衍的创作谈《历史与讽喻》。10日，《光明》半月刊出版，洪深、沈起予主编。创刊号刊登夏衍的报告文学《包身工》、茅盾的小说《儿子开会去了》、洪深执笔的独幕剧《走私》。

7月1日，综合性文艺刊物《现实文学》半月刊问世，主编尹庚、白曙，胡风、张天翼、欧阳山、草明等参与编辑工作。该刊登载苏联文学作品《静静的顿河》，推出悼念高尔基专栏。8月14日，《散文》月刊创刊，李励文编辑。创刊号刊登鲁迅《凯绥·珂勒惠支——民众的艺术家》、周文《关于苏联版画集》以及珂勒惠支版画4幅。9月5日，《中流》半月刊创刊，黎烈文主编，主要撰稿人有鲁迅、茅盾、巴金等。10月10日，《小说家》月刊创刊，欧阳山、丘东平编辑。

1936年11月绥远抗战爆发后，巴金、靳以与《中流》主编黎烈文、《作家》主编孟十还、《译文》主编黄源等人策划商量，发起全国读者以一日（部分生活费）捐助绥军的活动。12月5日，《中流》刊登《四杂志社致抗敌将士电》《上海杂志界慰劳绥军电》《全国读者以一日供（贡）献绥军启事》，声援绥远抗战。

因许多刊物抗战意识浓厚，"致被禁售者日有所闻"。1936年12月有14种刊物遭政府查禁，有《文季》《通俗文化》《新认识》《新世纪》《青年文化》《国际导报》《时论》《作家》《中流》《生活星期》《世界文化》《读书生活》等。[①] 虽然屡屡遭禁，但左翼文化人士没有停止创办进步文化刊物。

1937年1月，夏丏尊任社长、胡愈之主编的大型文摘月刊《月报》创刊。同月，创刊的还有聂绀弩编辑的《热风》月刊创刊，萧军、舒群、罗烽编辑的《报告》月刊。杨刚介绍埃德加·斯诺夫妇所编《活的中国》的文章

① 张静庐：《中国出版史料乙编》，中华书局1957年版，第49页。

《评〈活的中国〉》发表于《报告》月刊。3月，《希望》半月刊创刊，徐懋庸、王淑明主编，创刊号刊发胡乔木《作家间需要一个新运动》、周扬《艺术与人生》、郭沫若《君子国》等文章。同月，胡风主编的《工作与学习丛刊》创刊，共出版《二三事》《原野》《收获》《街景》4种从刊。5月，欧阳予倩、马彦祥主编的《戏剧时代》创刊，刊载介绍国内外进步戏剧文化的动态及理论文章。同月，傅东华、李青崖、叶灵凤等创办《中国文艺》月刊，发刊词写道："故节省文坛浪费在纵横捭阖上的精力起见，为求新文学的元气日臻旺盛起见，我们认为现在正是大家消释嫌隙，破除门户，一致起来将新文学扶上建设阶段的时候了。"① 在艰难形势下，左翼文艺期刊通过各种策略、途径与读者建立良好的互动关系，做到编者、读者、作者三者之间的及时沟通、共同成长，最大程度发挥进步期刊的传播效力。②

1936年后左翼文学佳品仍然不断涌现。1936年1月，鲁迅的著名历史小说集《故事新编》，由文化生活出版社出版。同月，王任叔短篇小说集《乡长先生》列入《良友文库》出版。2月，茅盾应日本《改造》社社长山本实彦要求写成的农村题材小说《水藻行》，由山上正义翻译后发表于日本《改造》杂志。巴金的3部中篇小说《雾》《雨》《电》，以《爱情三部曲》为书名也于4月出版。同月，胡风的论文集《文艺笔谈》、丽尼译高尔基的《天蓝的生活》、欧阳山的《青年男女》出版。5月，鲁迅亲自编辑、校对并作序言，托人送到日本印刷的瞿秋白译文集《海上述林》(上卷)，自费以"诸夏怀霜社"名义精印出版，下卷于10月出版。6月，日本《改造》月刊推出《中国杰作小说》专栏，连续刊登鲁迅推荐的一组小说，其中包括彭柏山《崖边》、萧军《羊》、周文《父子之间》、欧阳山《明镜》、艾芜《山峡》等。同月，鲁迅杂文集《花边文学》出版，收录1934年所作杂文61篇。

① 《〈中国文艺〉发刊词》，吴重龙主编：《期刊运营实用参考》上，中国致公出版社2008年版，第345页。

② 张元珂：《论左联书刊的出版策略与传播效果》，《中国现代文学研究丛刊》2014年第2期。

1936 年 9 月，光明半月刊社编辑的《东北作家近作集》由生活书店出版，收录 8 位东北作家反映东北人民抗日斗争的作品 8 篇。老舍的小说《骆驼祥子》在《宇宙风》半月刊第 25 期开始连载。10 月，赵家璧在张天翼的帮助下专为左翼青年作家编辑的丛书“中篇创作新集”开始出版。其后半年左右该套丛书出版了陈白尘《泥腿子》、欧阳山《鬼巢》、舒群《老兵》、艾芜《春天》、周文《在白森镇》、罗烽《归来》、葛琴《窑场》、草明《绝地》等 10 种作品。12 月，赵家璧主编的《二十人所选短篇佳作集》出版，全书选入 53 位作家的 59 篇作品，除了鲁迅、郭沫若、老舍的作品外，大都是青年作家的作品，其中有夏衍《包身工》、宋之的《一九三六年春在太原》、陈白尘《小魏的江山》、沙汀《苦难》、陈荒煤《在长江上》、罗烽《第七个坑》等。

赵家璧主编大型文学作品选集《中国新文学大系》10 卷本，1935 年至 1936 年由良友图书公司出版，收录 1917 年至 1927 年新文学运动的优秀作品，展现新文学发展壮大的过程。该丛书由蔡元培作总序，聘请胡适、郑振铎、鲁迅、茅盾、郑伯奇、周作人、郁达夫、朱自清、洪深、阿英等著名人物任分卷编选人并撰写分卷导言，是研究中国现代文学史不可或缺的重要史料。

1937 年全民族抗战爆发前，又继续出版一些文学作品。2 月，丽尼翻译屠格涅夫的长篇小说《贵族之家》。3 月，靳以主编的《现代散文新集》开始出版。4 月，曹靖华、孟十还、张仲实、梅雨等翻译的《我们怎样写作》出版，内含高尔基、法捷耶夫等 12 位作家的创作经验谈，每篇文章前还插有作者照片一帧。5 月，王鲁彦长篇小说《野火》、叶圣陶《叶绍钧代表作选》由全球书店出版。6 月，王统照的《王统照短篇小说集》、罗洪第一部长篇小说《春王正月》出版。

左翼诗歌继续发展。1936 年 2 月，4 集“国防诗歌丛书”出版，内含穆木天《流亡者之歌》、杨骚《乡曲》、任钧《战歌》、柳倩《自己的歌》，郭沫若作序。同月，周而复的诗集《夜行集》出版。4 月，艾青诗集《大堰河》、关露诗集《太平洋上的歌声》出版。7月6日，卢沟桥事变的前一天，艾青发表《复活的土地》一诗呼吁“全国人民应该”从几十年的屈辱里“挺起身来”，“必须从敌人的死亡，夺回来自己的生存”。1937年4月25日，诗歌界成立中国诗人协会，选举王统照、穆木天、许幸之、柳倩、任钧、艾青、关露7人为理事，林庚白、林林、冼星海、高寒4人为候补理事。协会以“推进新诗歌运动，致力中国民族解放，保障诗歌权利”为宗旨。

感应时代的杂文持续发挥特殊作用。1936年1月，周立波在《读书生活》发表《一九三五年中国文坛回顾》，认为杂文能够引起大家对现状的怀疑，能够迅速告诉读者突发事件的价值，是有“很大的改革现实的作用”，因而是“目前需要的有力的文学形式”。同月，为纪念上海一·二八淞沪抗战4周年，周立波在《大晚报·火炬》发表杂文《四年来的沉痛的教训》。1936年唐弢出版两本杂文选集《推背集》《海天集》。

鲁迅的杂文集《花边文学》1936年6月出版，收录1934年1—11月写的杂文。1937年7月三闲书屋出版鲁迅的最后一本杂文集《且介亭杂文末编》，收录鲁迅1936年撰写的《写于深夜里》《〈海上述林〉序言》《答徐懋庸并关于抗日统一战线问题》《论现在我们的文学运动》等杂文35篇，思想深邃，顿挫有力。

报告文学充分发挥其特有的战斗作用，讲述群众抗日救亡运动的真实情形。1936年4月，夏衍经过一年深入实际调研写成的报告文学《包身工》在《光明》杂志创刊号上发表。它真实地描写包身工悲惨生活，有力控诉日本帝国主义侵略罪行。同月，《文学青年》创刊号刊登3篇报告文学，总标题为《一九三六·三八·上海》，叙述上海三八国际妇女节的一场大游行。《文学青年》第2期围绕复旦三二五事件进行专题组稿，以报告文学、通讯、速写以及小说的形式呈现复旦爱国学生被伤害逮捕情形。同期还发表谢笑影的《在重压下——三·二九游行印象》，反映日商大康纱厂工人的反抗斗争。《文学青年》发表小莎《抬棺游行》，讲述为纪念北平爱国学生郭清惨烈之死而举行的北平三·三一抬棺游行活动。6月，上海各界救国联合会在天后宫召开的上海各界民众纪念五卅惨案11周年大会，被写入《纪念五卅》(署名施达)。耿舟的《桃冲杂花》报道了内地日商矿山工人的苦难生活和恶劣的工作环境，朱志举的《救火员》题材新鲜。这几篇文章都发表于《青年习作》期刊。

1936年9月15日，茅盾主编的《中国的一日》由生活书店出版，王统照、沈兹九、柳湜、陶行知、章乃器、张仲实、傅东华、钱亦石、邹韬奋为编委会委员，孔另境为助理编辑。茅盾在孔另境的协助下，在全国各地3000多篇共600万字的来稿中，最终选用490篇，分18编、约80万字发表，在中国报告文学史中占据重要地位。

1936年，周立波发表《谈谈报告文学》，论述报告文学观。茅盾撰文对报告文学和小说的关系进行辨析，认为报告文学是“我们这匆忙而多变化的时代所产生的特殊的文学式样”，其主要性质“是将生活中发生的某一事件立即报道给读者大众”。好的报告文学须要具备小说所有的艺术上的条件——人物的刻画、环境的描写、氛围的渲染。但报告文学和小说不同，报告文学注重对真实事件的“立即”报道，而小说则是作家对积聚的生活体验进行分析研究，通过创作想象力而给以充分的形象化。小说的故事，大都是虚构，不过要合情合理，使人置信。报告文学则必须是真实的事件。①

二、左翼戏剧继续发展

1936年剧联解散后，戏剧界为建立更加广泛的抗日民族统一战线，1月成立上海剧作者协会，大部分成员都是原剧联盟员。该协会制定10条国防剧作纲领，说明国防戏剧的创作主题是反帝抗日反汉奸，争取中华民族的解放，同时作反封建的斗争。

在“国防戏剧”口号下，2月20日，《生活知识》“国防戏剧特辑”，刊载周钢鸣《民族危机与国防戏剧》，周立波《怎样使国防戏剧运动深入民

① 茅盾：《关于“报告文学”》，《中流》第1卷第11期，1937年1月20日。

间》，张庚《国防戏剧的题材和题材处理》，旅冈《国防戏剧底现阶段的意义》，徐懋庸《国防戏剧之敌——汉奸戏剧》，以及编者撰写的《九・一八以来国防戏剧编目》等文章，提倡“国防戏剧”。

在剧本创作方面新品不断推出。1936 年 1 月 12 日，田汉在《新民报》发表根据列夫・托尔斯泰小说《复活》改编的六幕同名社会剧。2 月，于伶写出独幕剧《回声——梅世钧之死》，通过描述杨树浦大康纱厂工人梅世钧被日本工头毒打致死情形，反映中国工人英勇斗争、坚强不屈的精神。4 月，夏衍发表历史剧《赛金花》，以一代名妓赛金花的个人经历为主线，勾勒出庚子事变期间清王朝丧权辱国的群丑图，讽喻国民党不抵抗政策。6 月，陈凝秋（塞克）描写日军侵略军残杀旷工的剧本《流民三千万》发表。

为纪念九一八事变 5 周年，由夏衍、于伶、沈西苓、章泯、石凌鹤等集体讨论，于伶执笔，根据日军强占 29 军驻地丰台迫其移防赵王庄的“丰台事件”，创作独幕剧《撤退，赵家庄》，反映抗战的强烈呼声。12 月 10 日，石凌鹤的《黑地狱》(四幕话剧）在《电影戏剧》发表，揭露日本侵略者、汉奸对中国人民的迫害。1936 年，继《雷雨》之后，曹禺的四幕名剧《日出》，在《文季月刊》第 1—4 期发表，同年 11 月由上海文化生活出版社出版单行本。曹禺的另一部有很大影响的三幕剧《原野》，1937 年由上海文化生活出版社出版。

1937 年 1 月，于伶独幕剧集《汉奸的子孙》出版。3 月，夏衍应上海业余实验剧团之约，完成三幕剧《上海屋檐下》。5 月，田汉的五幕话剧《阿Q 正传》刊出。5 月 16 日，欧阳予倩、马彦祥主编的《戏剧时代》创刊，刊载田汉根据鲁迅原著改编的五幕剧《阿 Q 正传》、洪深的独幕剧《把死人埋葬掉》、阿英的四幕剧《群莺乱飞》、于伶的独幕剧《一袋米》、阳翰笙的四幕剧《前夜》，以及由阳翰笙、殷扬（扬帆）、沈西苓、张庚等 36 人执笔的《1937 年中国戏剧运动之展望》等作品。6 月，陈白尘《太平天国第一部・金田村》、宋之的《武则天》出版。7 月，洪深的独幕剧集《走私》出版，收有《最后个人的见解（代序）》及剧本《鸰》《多年的媳妇》《咸鱼主义》《走私》。卢沟桥事变爆发后，由中国剧作者协会会员集体创作，夏衍、宋之的等 9 人执笔整理的三幕剧《保卫卢沟桥》上演。

戏剧理论探索不断深入。1936 年 9 月，“戏剧小丛书”出版，以话剧研究为主兼歌剧与戏曲，共计 17 种。其中包括张庚的《戏剧概论》、陈明中的《戏剧与教育》《农民剧》、章泯的《悲剧论》《喜剧论》、阎折吾的《学校剧》、贺孟斧的《舞台照明》《舞台服装》等著作。10 月 10 日，由石凌鹤主编的探讨电影戏剧理论的《电影戏剧》创刊，特设“剧本创作”栏目，刊登左翼剧本。1937 年 4 月 16 日，上海剧作者协会召开座谈会谈论剧本《赛金花》的创作经验。5 月，《光明》编辑部召开关于战地移动演剧座谈会，汇报赴绥远慰劳演出的情况，讨论总结战地演出和工人演出的经验，为后来组织流动演剧队做了准备。6 月 5 日，新演剧社主编的《新演剧》半月刊创刊，章泯、葛一虹编辑，探讨戏剧电影理论，介绍苏联戏剧经验。

戏剧公演活动活跃频繁。1936 年 5 月，徐韬、王为一、李伯龙、旅冈等成立星期实验小剧场。它在新光大戏院举行首次公演，剧目有章泯的《毒药》、柴霍夫的《求婚》、约翰李特的《自由》，赵丹、王为一、郑君里、徐韬、叶露茜、施超、顾而已等演员参加演出。6 月，星期实验小剧场在新光大戏院公演《都会的一角》《秋阳》《走私》时，突遭公共租界当局勒令停演；蚁社剧团上演《走私》《婴儿杀戮》《号角》也遭禁演，激起广大观众的愤慨。为抗议这两剧团被迫停演事件，于伶、张庚、赵铭彝、陈鲤庭、柯灵、欧阳山、鲁思、旅冈等 20 人，在上海联名发表《反对英租界工部局禁止演剧通启》。其后于伶、田汉、史东山、陈荒煤等百余人，又联名发表《争取演剧自由宣言》，并用俄、英、法、日和世界语文字同时发出，抗议公共租界当局以非法手段禁止星期实验小剧场及蚁社剧团的公演。

1936 年 10 月，上海业余剧人协会排演《欲魔》《醉生梦死》《大雷雨》。同月，四十年代剧社在上海成立，由金山（任组长）、王莹、刘斐章、王献斋、梅熹 5 人组成领导小组。11 月，四十年代剧社在金城大戏院首次公演由夏衍创作、洪深导演的《赛金花》，得到好评。12 月，该剧社在南京演出该剧时，被明令禁演。[1] 翌年2月，新组成的二十世纪剧社再次将该剧在上海公演。

1936年11月，在日本东京由中华同学新剧公演会、中华国际戏剧促进会、中华戏剧座谈会3个左翼团体联合成立中华留日戏剧协会，干事会成员有林林、杜宣、吴天、任白戈等人。这3个剧社在联合前曾分别演出过曹禺的《雷雨》、洪深的《五奎桥》、果戈理的《钦差大臣》等剧目，有一定演出经验。12月，中华留日戏剧协会和日本左翼戏剧团体联合举行“追悼高尔基的公演”，体现中日两国左翼戏剧家的合作友谊。

1937年1月，陈波儿率领上海妇女儿童前线慰问团，离沪远赴绥远、察哈尔抗日前线慰劳抗日将士。慰问期间演出《放下你的鞭子》《张家店》《走私》等短剧，演唱救亡歌曲。1月23日，火炬剧社在蓬莱大戏院举行公演，上演洪深、于伶、何家槐、沈起予等集体创作的独幕国防剧《走私》，及洪深、章泯、于伶、张庚、凌鹤、夏衍、沈起予等集体创作的三幕国防剧《我们的故乡》。1月24日，上海业余剧人协会在卡尔登大戏院举行公演，演出欧阳予倩导演的《欲魔》，章泯导演的《大雷雨》，沈西苓、宋之的导演的《醉生梦死》3部话剧，应云卫任舞台监督，冼星海配音，王为一布景设计，演员舒绣文、郑君里、袁牧之、施超、赵丹、王为一等22人组成强大演员阵容。演出轰动，成为日后许多剧团喜爱的剧目。

1937年3月26—4月7日，业余剧人协会、中国旅行剧团、四十年代剧社、光明剧社、新南戏社5个话剧团体，先后在卡尔登大戏院举行春季联合公演。业余剧人协会上演的是俄国奥斯托洛夫斯基的《大雷雨》，由章泯导演。中旅剧团上演的是阿英编剧、唐槐秋导演的《春风秋雨》。四十年代剧社上演毛罕姆原著，方于泽、孙师毅改编并导演的《生死恋》。光明剧社上演柴霍夫编剧，沈西苓、宋之的导演的《求婚》，以及果戈理原著、

---

① 石凌鹤：《三十年代上海左翼戏剧界的一些活动》，中共上海市委党史研究室编：《上海党史资料汇编》第2编下册，上海书店出版社2018年版，第616—617页。

许幸之改编，孙师毅、尤兢导演的《结婚》。新南戏社上演托尔斯泰原著、田汉改编，应云卫导演的《复活》。这5个剧团的春季联合演出，显示上海话剧界强大的团结力量，是上海剧坛的一次大检阅，为1937年的话剧年作了一个良好的开端。

1937年5月23日，由上海业余剧人协会主持的业余实验剧团宣告成立，集中许多优秀戏剧工作者。应云卫、赵丹、章泯、徐韬、陈鲤庭5人为理事，也是协会的执行委员，主席理事应云卫（兼舞台监督），理事会下设总务、剧务、编导3部。业余实验剧团先后上演莎士比亚的名著、章泯导演的《罗密欧与朱丽叶》，宋之的编剧、沈西苓导演的《武则天》，陈白尘编剧、贺孟斧导演的《太平天国》，以及《金田村》《原野》等剧。

学校剧团、工人剧团也不断发展。1937年4月24—25日，震旦大学的震旦剧社在校内演出《最后一课》《钱》《塞外狂涛》，在租界公开宣传“国防戏剧”。姚时晓等左翼戏剧人为女工夜校排演的独幕剧有《没有牌子的工人》《往哪里去》《谁是朋友》《回声》《姐妹》《东北之歌》等，观众大都是各夜校的女工及其家属。①

1937年7月7日七七事变爆发当日，由陈白尘、于伶起草两份电报，以上海剧作者协会和上海戏剧工作者名义，通电向卢沟桥守军致敬。15日，上海剧作者协会举行全体会议，扩大协会为全国性组织，更名为中国剧作者协会，并决议集体创作三幕剧《保卫卢沟桥》。

几天后，署名为“中国剧作者协会会员集体创作”的三幕剧《保卫卢沟桥》付印出版。这部剧是左翼文艺工作者集体合作的成果，崔嵬、张季纯、马彦祥、宋之的、姚时晓等17人参加创作，夏衍、张庚、郑伯奇、孙师毅4人整理写出，内含冼星海、周巍峙等6人创作的歌曲，阿英起草代序。再版的时候，又收入郭沫若为《保卫卢沟桥》题的诗。7月20日，中国剧作

① 姚时晓：《我是怎样参加业余戏剧活动的》，中共上海市委党史研究室编：《上海党史资料汇编》第2编下册，上海书店出版社2018年版，第619—620页。

者协会举行会议，推举辛汉文、陈白尘、瞿白音、阿英、于伶等7人筹备演出《保卫卢沟桥》，洪深、唐槐秋、袁牧之、石凌鹤、金山、宋之的等19人组成导演团，开始排演。①

8月7日，《保卫卢沟桥》在上海蓬莱大戏院演出，以磅礴气势和激情轰动上海剧坛，演出一直坚持到八一三淞沪战争爆发。八一三淞沪抗战爆发后，上海话剧界救亡协会成立，并组成13个救亡演剧队，奔赴全国各地演出。

三、左翼美术不断进步

随着民族危机的加深，木刻界紧密结合抗日救亡形势，成立木刻研讨团体，创作启发民众救亡的作品。1936年1月，江丰、郑野夫、沃渣、温涛在上海组织铁马版画会，先后出版三期《铁马版画》。夏秋之间，上海新华艺专学生陈可默等发起组建刀力木刻研究会，由马达任技术指导，曾举办多期版画学习班，培养版画新人。河南现代木刻研究社、南昌木刻研究会、保定木刻研究社、重庆木刻研究会、厦门木刻研究会等也相继成立。

1936年2月，鲁迅选印俄国画家A. 阿庚画、培尔纳尔特斯基刻的《死魂灵一百图》出版发行。4月15日，现代版画会刊物《木刻界》丛刊（月刊）创刊，唐英伟等负责编辑，介绍国际国内木刻界动态和作品。创刊号发表李桦《木刻在国难期中的估价》、赖少麒《木刻与大众》等文。其后发表唐英伟的《青年木刻作家对于木刻应有的认识》、力群的《救亡与木刻》《现代版画会大事记》等文章。

5月，经鲁迅亲自筹划设计编选的《凯绥·珂勒惠支版画选集》以“三闲书屋”名义出版，收录德国著名女版画家珂勒惠支版画21件，书前有鲁迅写的序目，及史沫特莱作、茅盾翻译的序文《凯绥·珂勒惠支——民众的艺术家》，对珂勒惠支及其作品作了详细阐述和确切评价。该选集出版后销售一空，为满足读者需要，鲁迅授权上海文化生活出版社于10月作为“新

① 于伶：《于伶戏剧电影散论》，中国戏剧出版社1985年版，第272—274页。

艺术丛刊”第一种，分精、平两种，改版重印。[①] 鲁迅对选集的出版倾注了大量心血，他说：“印造此书，自去年到今年，自病前到病后，手自经营，才得成就。”[②]

1937 年 1 月，吴渤（白危）编译的《木刻创作法》出版。此前鲁迅为本书作序，说木刻版画“这实在是正合于现代中国的一种艺术。但是至今没有一本讲说木刻的书，这才是第一本。虽然稍简略，却已经给了读者一个大意。由此发展下去，路是广大得很。题材会丰富起来的，技艺也会精炼起来的，采取新法，加以中国旧日之所长，还有开出一条新的路径来的希望。那时作者各将自己的本领和心得，贡献出来，中国的木刻界就会发生光焰。这书虽然因此要成为不过一粒星星之火，但也够有历史上的意义了”。[③]

4 月，黄新波个人第一本木刻画集《路碑》由潮锋出版社出版，鹿地亘、胡风为其作序。黄新波在自序中指出：“木刻在中国，它确实受了无限的侮辱与压迫，有的人简直把它看作毒蛇猛兽，而横加无理的摧残与杀害，有的人却蹲在倒塌了的古殿的颓墙下，认之为雕虫小技，而唯一的目的是在消灭它。然而事实毕竟跟他们所想的完全相反。在诬蔑与杀害之下，中国的木刻正辛苦地，英勇地长出了鲜美的嫩芽。”[④]

为促进木刻艺术的发展，继续举办全国性的版画展览。1936 年 1 月 11—18 日，由中苏文化协会及中国美术会联合举办的苏联版画展览会在南京中央大学图书馆举行，展出苏联版画家的作品 239 幅。2 月 21 日，展览移至上海八仙桥青年会继续举行。鲁迅在《申报》发表《记苏联版画展览会》一文，赞扬苏联木刻的独特的风格：“它不像法国木刻的多为纤美，也不像德国木刻的多为豪放；然而它真挚，却非固执，美丽，却非淫艳，愉

---

① 周国伟编著：《鲁迅著译版本研究编目》，上海文艺出版社 1996 年版，第 287—289 页。

② 鲁迅：《题〈凯绥·珂勒惠支版画选集〉赠季茀》，《鲁迅全集》，人民文学出版社 2005 年版，第 447 页。

③ 鲁迅：《“木刻创作法”序》，《鲁迅全集》第 4 卷，人民文学出版社 2005 年版，第 626 页。

④ 广东省美术家协会编：《黄新波木刻：1933—1949》，岭南美术出版社 2006 年版，第 230 页。

快，却非狂欢，有力，却非粗暴；但又不是静止的，它令人觉得一种震动——这震动，恰如用坚实的步法，一步一步，踏着坚实的广大的黑土进向建设的路的大队友军的足音。”① 其后由鲁迅帮助编选并作序的《苏联版画集》出版，共收入 114 幅作品。

1936 年 4 月，广州现代版画会与各地版画家协商，将“全国木刻联合展览会”改名为“全国木刻流动展览会”，并接受委托筹办第二回全国木刻流动展览会。7 月 5 日，第二回全国木刻流动展览会首次在广州图书馆开幕，共展出作品 590 幅。8 月，巡回至杭州。10 月 2—8 日，流动展览会在上海八仙桥青年会举行。10 月 8 日，鲁迅抱病到场参观，并与青年木刻家陈烟桥、白危、黄新波、林夫、曹白等亲切交流木刻创作问题。这是鲁迅最后一次在公众场合与青年会面，不久逝世。为继承鲁迅遗志，11 月初上海木刻工作者协会成立，表示作为时代产物的新兴木刻“要以最大的赤诚和努力参与神圣伟大的抗日救亡运动”。

进步漫画也有很大发展。1936 年 9 月 6 日，《漫画世界》月刊创刊。11 月 4—8 日，第一届全国漫画展览会在上海大新公司举办，展品以宣传抗日救国题材为中心。1937 春，中华全国漫画作家协会在上海成立，成员以参加第一届全国漫画作品展览会的作者为主。该协会的宗旨是“团结全体漫画家，共同推进漫画事业，使漫画成为社会上教育工具”。它在广州、西安等地成立分会，并创办漫画刊物。全民族抗战开始后，在上海文化界救亡协会领导下，上海漫画界救亡协会成立，中华全国漫画作家协会随即停止工作。叶浅予、张乐平、胡考等组成抗日漫画宣传队，至全国各地开展抗日宣传活动。

四、左翼电影散发光芒

一二·九运动后，为促进电影界抗日民族统一战线的建立，左翼电影人筹办公开抗日救亡团体。1936 年 1 月 27 日，欧阳予倩、蔡楚生、孙瑜、

① 鲁迅：《记苏联版画展览会》，《鲁迅全集》第 6 卷，人民文学出版社 2005 年版，第 500 页。

孙师毅等发起成立上海电影界救国会。由于国民党当局一再阻挠，2月下旬被迫停止活动。6月12日，王尘无以原影评小组为核心主持成立具有统一战线的公开团体——艺社，探讨左翼电影理论。7月15日，艺社举行中国电影取材问题座谈会。8月9日，艺社举行国防电影的制作问题座谈会，王尘无、石凌鹤、沈西苓、郑君里等二三十人参加，指出要以电影为武器推进抗日救亡运动的发展。10月10日，石凌鹤编辑的《电影·戏剧》月刊创刊，他在创刊号的《献词》中写道："电影戏剧的和平的园地，应该变为争取民族自由解放的战场，因为我们相信艺术是时代的表现，而我们也该作时代的歌手。"12月出至第3期被迫终刊。1937年3月石凌鹤继续创刊《舞台银幕》，延续原有的编刊风格。

1936年7月1日，明星影片公司进行革新与改组，分设一厂、二厂，恢复编剧委员会，由欧阳予倩主持，阿英、郑伯奇等重新被聘为特约编辑，阳翰笙等仍继续提供剧本。电通影片公司的袁牧之、应云卫、陈波儿、吴印咸、贺绿汀，以及沈西苓、赵丹、白杨等转入二厂，以亚尔培路（今陕西南路）的小摄影棚为制作基地。16日，《明星半月刊》发表《明星公司革新宣言》，提出"以能够服务时代，有充分的社会价值为第一义"的原则方针，"绝对排斥糜烂的、麻醉的、毒害观众的所谓'纯粹娱乐'的倾向"，表示要以埋头苦干的精神、破釜沉舟的勇气，"在民族危机万分深切的中国，在自己的职业领域内尽一点救亡图存的微劳"。[①]1937年1月，在国民党当局的压力下，进步力量强大的明星影片公司二厂被迫合并于一厂。1937年5月，上海电影制片业公会成立，明星、联华、天一等9家电影制片公司加入，至八一三淞沪抗战爆发后结束。

在电影理论方面，"软硬之争"再起。在资产阶级"软性电影"理论指导下创作的电影，不仅与正在兴起的抗日救亡时代潮流相隔甚远，也严重脱离真实的现实生活。以艺华影业公司为制片基地，从1935年底拍摄《花烛

① 《明星公司革新宣言》，《明星半月刊》1936年第1卷第1期。

之夜》起到1937年全面抗战爆发前的一年半时间内，共制作19部这样的影片。[①]艺华影业公司摄制上映《化身姑娘》为“软性电影”的代表作。左翼影评人尖锐抨击这部影片，指出那些主张“眼睛吃冰淇淋的贩卖人”，是“有意地叫观众忘记现实，忘记敌人的侵略和屠杀，忘记民族英雄的浴血斗争气而要人们迷醉于男化女、女化男的各种胡闹的玩意里”。[②]

为了在广大观众面前彻底揭露“软性电影”制作的反动本质，同时争取艺华公司转变制作方向，11月22日《大晚报·剪影》发表于伶、张庚、王尘无、石凌鹤、阿英、鲁思等32人联合署名的公开信《敬告艺华公司》，揭露《化身姑娘》等影片根本背离中华民族危机日益深重的现实，指出“软性电影”分子以这种“色情的、侦探的低级趣味”来毒害观众，“是对艺术的亵渎，对于多数观众的欺骗和侮辱”，告诫艺华影业公司不要再摄制《化身姑娘》类软性影片“贻害社会，毁灭自己”，“应当对观众负一点道德的责任，多少从作品上给予他们一点向上的启示”，“明白自己责任的重大，为推进电影文化运动而努力！”[③]但是，被“软性电影”分子完全把持的艺华公司不仅没有听取忠告，反而将爱国电影工作者的忠告诬蔑为“恶意谩骂”，发布《通启》百般辩护，将其出品的《花烛之夜》等影片自我美化为“意在宣扬民族文化”。针对艺华公司的谬论，12月，于伶等32人再次联名发文《再为艺华公司进一言》公开信，指出艺华公司自《花烛之夜》之后制作的几部作品都是毒害观众的影片，绝不是什么“民族文化”，并忠告艺华公司“今后最好是以不移的事实来答复舆论的指责”。[④]

虽然电影审查极其严格，但左翼电影运动后期仍然拍出一批有影响的高质量电影。如《迷途的羔羊》《狼山喋血记》《生死同心》《壮志凌云》《联华交

① 程季华等编著:《中国电影发展史》第1卷，中国电影出版社1963年版，第495页。

② 穆维芳:《〈化身姑娘〉评》，上海《民报》的副刊《影谭》，1936年6月7日。

③ 广播电影电视部电影局党史资料征集工作领导小组、中国电影艺术研究中心编:《中国左翼电影运动》，中国电影出版社1993年版，第48—59页。

④ 广播电影电视部电影局党史资料征集工作领导小组、中国电影艺术研究中心编:《中国左翼电影运动》中国电影出版社1993年版，第50页。

响曲》《压岁钱》《夜半歌声》《十字街头》《青年进行曲》《马路天使》等都是真实反映社会矛盾、人间疾苦和鼓舞人民抗日斗志的影片杰作。

1936年后随着中国与苏联关系的好转，中苏文化协会下面设有电影组和戏剧组，开展中苏电影戏剧工作者的联谊工作，一批苏联电影如《夏伯阳》《铁马》《无国游民》《冰天雪地》《马戏团》《复仇艳遇》《今日之苏联》等在国内得以放映。[①]

1937年1月19日，苏联纪录片《阿比西尼亚》在上海大戏院首映，因该片揭露意大利法西斯对埃塞俄比亚的野蛮侵略，遭意大利驻沪领事抗议而停映。2月，经删剪后在上海大戏院复映时，又遭意大利水兵与侨民200多人突然袭击，观众数十人及该院职工5人受伤。对此，上海文化界知名人士王人美、王莹、白杨、史东山、司徒慧敏等122人联名在《大公报·戏剧与电影》发表《上海文艺界电影界戏剧界音乐界等为意大利水兵暴行宣言》，强烈抗议意大利水兵罪行，呼吁捍卫中国电影的主权、中国的法权与警权。6月3日，日、德合作摄制的辱华影片《新地》上映，影片涉及所谓的"满洲国"，蔑视中国的领土主权，引起观众的极大愤慨。

为捍卫中国尊严和主权，9日，欧阳予倩、应云卫、卜万苍等370余人，联名发表宣言抗议辱华影片《新地》在沪公映。17日，中国文艺协会召开座谈会，认为《新地》公然放映，系"租界电影检查的放任"，要求当局向日德抗议、撤销租界电检会。27日，茅盾、周扬、夏衍、巴金等140余人联名发表《反对日本〈新地〉辱华影片宣言》，强烈要求销毁《新地》底片，向中国政府和人民道歉。在各方努力下，月底，工部局不得不决定禁映该片。7月11日，中国文艺协会、剧团联谊会、电影制片业公会、新闻记者公会、艺社、蚁社、中国电影教育协会上海分会等16个团体发起成立"上海文化界撤销租界电影戏剧检查权运动联合会"，推阿英、周剑云、许幸

① 姜椿芳：《三、四十年代苏联亚洲影片公司在上海和重庆等地的活动》，中共上海市委党史研究室编：《上海党史资料汇编》第2编下册，上海书店出版社2018年版，第676—680页。

之、钱俊瑞等为理事，呼吁社会各界支持撤销租界戏曲电影检查运动。

卢沟桥事变后，上海电影界先后成立电影界工作人协会、中国电影界救亡协会，领导电影工作者同仇敌忾，以实际行动全力支持抗日战争。

五、左翼音乐高歌猛进

1936年初，为团结更多音乐界人士投入抗日救亡运动，孙师毅、吕骥发起成立词曲作者联谊会。成员近30人，包括吕骥、冼星海、任光、张曙、沙梅、贺绿汀、麦新、孟波、孙慎、周巍峙、江定仙、刘雪庵、丁致中（丁铛）等曲作者，孙师毅、安娥、周钢鸣、塞克、许幸之、龙沫勋、任钧、柳倩等词作者。

3月，吕骥以业余合唱团部分成员为基础，发起成立歌曲研究会，以培养更多思想观念相近的年轻音乐创作人才。周钢鸣、华嘉、麦新、孟波、联抗、应恺、张修、张恒、曹维廉、郭映艇和孙慎等参加。他们在互相切磋中，创作出一批富有激情和感染力的群众歌曲。如周钢鸣作词、孙慎作曲的《救亡进行曲》主题鲜明，生动有力，流畅上口，曲调结构严谨，层层推进，曾经过吕骥修改，使歌曲情绪得到加强，高潮更加突出。① 麦新、孟波创作《牺牲已到最后关头》等歌曲也在研究会中经过创作、修改完成。为促进群众歌咏运动，业余合唱团的麦新、孟波与其他歌咏团的负责人联合成立指挥学习班，培养歌咏队指挥人才。

1937年1月14日，中苏文化协会电影戏剧音乐学会成立，这是进步电影界和音乐界联合成立的学术团体，音乐界吕骥、孙慎、沙梅，电影界沈西苓、蔡楚生，戏剧界张庚、旅冈、章泯等为学会成员。

为探讨“国防音乐”理论和推进新音乐运动，1936年4月5日《生活知识》第1卷第12期出版“国防音乐特辑”，刊载吕骥《论国防音乐》、

① 孟波：《青年音乐工作者的良师益友》，中国音乐家协会编：《论吕骥的艺术道路》，沈阳出版社1992年版，第221—226页。

周巍峙《国防音乐必须大众化》、沙梅《国防戏剧与音乐》等文章。其后吕骥发表《中国新音乐的展望》《伟大而贫弱的歌声》，周钢鸣发表《论聂耳和新音乐运动》《从“九·一八”说到新音乐运动》等重要文章，对“新音乐”进行重新界定与阐释。吕骥在《中国新音乐的展望》中指出，“新音乐”只有深入工农群众，创作“民族形式、救亡内容”的新歌曲，才能“成为大众解放自己的武器”。他在《伟大而贫弱的歌声》中，充分肯定《义勇军进行曲》等一批歌曲实际上起到组织“争取民族生存的战斗”的作用，还指出要克服音乐创作中存在的概念化、公式化缺点以及理论上的薄弱现象。

为推进音乐大众化发展，章枚发表《音乐艺术往哪儿去?》，认为大众音乐应当具备三个条件：一要思想和意识正确；二要通俗易解；三要高尚而有艺术的价值。贺绿汀发表《中国音乐界现状及我们对于音乐艺术所应有的认识》，系统分析中国音乐界的现状和努力方向，指出应该组织音乐联合阵线，“尽量创作许多极有力量而通俗的爱国歌曲，以鼓动民众的热情，向民族革命运动的道路迈进”；除了发展中华民族音乐外，“应该和全世界音乐界发生联系，尽量有条件地接受一切进步的外来音乐文化”。①

在歌曲创作方面，左翼音乐工作者创作很多名曲。麦新作词谱曲《“九·一八”纪念歌》及《向前冲》《马儿真正好》等儿童歌曲，麦新、冼星海合作创作的《女工救国歌》《妇女进行曲》《只怕不抵抗》。《只怕不抵抗》表现中国儿童“不怕年纪小，只怕不抵抗”的爱国情感，歌曲短小精悍，曲调流畅，活泼有力。麦新与孟波合作创作名曲《牺牲已到最后关头》，号召：“向前走，别退后，生死已到最后关头。拿起我刀枪，举起我锄头，我们再也不能等候！中国的人民一齐起来救中国，所有的党派，快快联合来奋斗！同胞们！向前走，别退后，拿我们的血和肉，去拼掉敌人的头，牺牲已到最后关头，牺牲已到最后关头！”由塞克作词，冼星海谱曲的《救国军歌》，

① 贺绿汀：《中国音乐界现状及我们对于音乐艺术所应有的认识》，《贺绿汀全集》第4卷，上海音乐出版社1999年版，第43—44页。

针对国民政府实施“攘外必先安内”政策，喊出“枪口对外，齐步前进，不伤老百姓，不打自己人”，曲调平稳有力，动力十足，具有强烈的感染力。塞克创作话剧《太平天国》插曲《炭夫曲》，又创作了《心头恨》《苦命人》《跑关东》《抗战教育》《打江山》《抬土歌》《耕农歌》等歌曲，并翻译高尔基的《夜店》和《快乐的人们》等苏联歌曲。

1936 年 11 月，作曲家张寒晖看到流亡到西安的东北难民后，谱写感人肺腑的独唱曲《松花江上》。1937 年 1 月 28 日一·二八事变 5 周年纪念日，张曙创作歌曲《纪念胡阿毛》，歌颂在一·二八淞沪抗战中视死如归的汽车司机胡阿毛。1937 年 4 月 20 日，光未然（张光年）在《新学识》半月刊上发表由北阎述诗谱曲的歌曲《五月的鲜花》。该曲是为纪念 12 位东北青年在沈阳殉难而作，歌曲唱道：“再也忍不住这满腔的怨恨，我们期待着这一声怒吼，吼声起这不幸的一群，被压迫者一起挥动拳头！”歌曲朴实凝重，激烈悲壮，很快流传全国。为声援西班牙人民反对佛朗哥发动内战斗争，由麦新作词吕骥谱曲《保卫马德里》，充满激情，由上海世界语学会翻译成世界语、西班牙语等语言，传到世界各地。

戏曲音乐创作也有大的发展。1936 年 4 月 18 日，田汉根据托尔斯泰原著改编的六幕话剧《复活》在南京世界大戏院首演。剧中冼星海作曲《茫茫西伯利亚》《莫提起》，张曙谱曲《聪明的喀秋莎》《奈何曲》《今夜怎能眠》《你身边的影子是我》《德米屈里歌》，贺绿汀作曲《怨别离》《怀乡曲》。1937 年卢沟桥事变后，田汉的四幕话剧《卢沟桥》在南京演出，张曙为其谱写《卢沟问答》《秦琼访友》《征夫别》《好大刀》等 8 首插曲。8 月 7 日，中国剧作者协会会员集体创作的话剧《保卫卢沟桥》在蓬莱大戏院公演，周巍峙领导新生合唱团在剧中扮演二十九军战士，演唱由盛家伦作曲的《保卫卢沟桥》和周巍峙作曲的《上起刺刀来》等歌曲。

在电影音乐创作方面，1936 年 8 月，联华影业公司摄制的影片《迷途的羔羊》公映，任光作《新莲花落》（安娥词）和《月光光歌》（蔡楚生词）两首插曲谱曲。11 月，明星影片公司二厂出品的电影《生死同心》上映，贺绿汀作词、江定仙作曲的主题歌《新中华进行曲》，以雄壮豪迈的旋律唱出革命英雄的心声。12月，新华影业公司出品《壮志凌云》，冼星海作曲、吴永刚作词的插曲《拉犁歌》，塑造劳动者沉重坚忍的艺术形象。同月，新华影业公司拍制《小孤女》，冼星海为其创作同名主题歌，节奏徐缓，音调凄凉悲哀。

1937年1月，联华影业公司摄制《联华交响曲》，沙梅谱写插曲《你问我的家乡吗？》和《打回东北去》，以深沉的音乐坚定地唱出民族解放的心声。2月，新华影业公司出品《夜半歌声》，同名主题歌及插曲《黄河之恋》《热血》均由田汉作词、冼星海作曲，盛家伦演唱主题歌。4月，明星影片公司出品的电影《十字街头》上映，主题曲《春天里》由关露作词、贺绿汀谱曲。7月，明星影片公司摄制的《马路天使》上演，其中由田汉作词、贺绿汀作曲的三首插曲《天涯歌女》《四季歌》《怀乡曲》，以旋律优美的民歌形式，唱出东北人民失去家园的痛苦和抗击日寇的愿望。7月，新华影业公司出品电影《青年进行曲》，同名主题歌与插曲《战士哀歌》，均为田汉作词、冼星海作曲，表达知识青年为理想奋斗的精神。

一二·九运动后群众歌咏运动蓬勃发展。救亡歌咏团体在女工夜校、职业团体、学生团体中快速出现。为加强歌咏队的统一联合，左翼音乐人组织歌咏团体联合会，歌咏队的负责人每星期碰一次头，发展歌咏运动。[①] 众多歌咏团体除了教唱歌曲、组织读书会、阅读进步书刊外，还联合起来组织大型群众性纪念活动，通过歌咏活动引导进步青年走上革命道路。

1936年1月18—19日，民众歌咏会在北四川路青年会举行音乐会，150人参加大合唱，指挥刘良模，演唱《打长江》《自由神之歌》等歌曲。1月28日，各救亡团体及各界的代表800余人举行一·二八4周年纪念大会，同时成立上海各界救国联合会。大会开始前歌咏演唱《义勇军进行曲》

---

① 中共上海市委党史资料征集委员会编：《“一二·九”以后上海救国会史料选辑》，上海社会科学院出版社1987年版，第243页。

《“一·二八”纪念歌》。

6月7日，在全国救国联合会成立一周年之际，民众歌咏会在西门公共体育场举行第三届民众歌咏大会，数千人参加，有9个歌咏队演唱。刘良模站在一只高凳上指挥700多名歌手演唱了十几支雄壮的歌曲，引起极大社会反响。其后民众歌咏会被勒令取缔，但会员们仍以分散、隐蔽的方式坚持活动。

7月，业余合唱团、歌曲作者协会、民众歌咏会、量才歌咏会等15个歌咏团体联合举办聂耳逝世一周年纪念大会，吕骥主持并报告歌咏运动发展形势和纪念聂耳的意义，各歌咏团相继演唱救国歌曲，全体合唱《义勇军进行曲》，近二千人参加。

绥远抗战爆发后，12月20日，燕燕、晨曦、蚁社、怒吼等众多歌咏团体，在中西广播电台举行联合播音大会，募集捐款以购买救护车支援绥远抗战前线。12月27日，在吕骥的发起组织下，联合业余歌咏团、洪钟合唱团等歌咏团体举行援绥音乐大会，国立音专、上海美专和上海口琴会参加演出。节目除了歌咏团演唱《义勇军进行曲》《救国军歌》《自由神》《毕业歌》外，还有郎毓秀、盛家伦、蔡绍序的独唱和女声三重唱。何士德指挥的上海圣乐团以“洪钟合唱团”名义，合唱黄自的《旗正飘飘》、冼星海的《拉犁歌》。[①] 沙梅指挥育英小学女声小组演唱《雪》，山海工学团小学男声小组演出《救国军歌》《谁说我们年纪小》等三个感人节目。援绥音乐会所得款项除开支外都全部支援绥远抗战。1936年12月29日，《绥远前线新闻》抗战纪录片在金城大戏院首映，把上海正在进行的慰劳抗日将士的募捐活动推向高潮。

1937年春，上海妇女救国会组织妇女儿童慰问团，由陈波儿、安娥等带队先后分4批前往绥远前线慰问。[②] 吕骥和刘良模也分别北上援助，并教傅作义将军的部队演唱抗日歌曲。6月6日，上海各区女工举办赈灾歌咏大

---

① 伍雍谊：《人民音乐家——吕骥传》，中国文联出版社2005年版，第23页。

② 马飞海主编：《上海革命文化史略》，上海人民出版社1999年版，第275页。

会，杨树浦、曹家渡、浦东等女工夜校800余名女工参加。会上先由女工演唱《义勇军进行曲》《五一歌》《走私货》《奴隶的生活》等歌曲，刘良模等讲述绥远抗战和各地灾情，后由几所女工夜校举行唱歌竞赛。

受上海群众歌咏运动的影响，全国其他各大城市也开展大型歌咏活动。1936年1月，张曙在长沙筹办紫东画展、春季音乐会，建立歌咏会、国防剧社，推动湖南的抗日救亡运动。6月20日，香港青年会在露天体育场举行第一次歌唱会，有400余人参加，听众3000余人，演唱《开路先锋》《义勇军进行曲》《抗敌歌》《大路歌》《"一·二八"纪念歌》等18首雄壮激越的歌曲。7月21日，广州青年会主办的广州民众歌咏团成立，会上演唱何安东自编的壮烈激昂的《奋斗》歌。10月17—18日，哈尔滨口琴社举行音乐会，演奏聂耳的《大路歌》《开路先锋》等曲目。1937年6月，宁波组织青年会民众歌咏团，参加者有百余人。

随着群众性抗日救亡歌咏运动的快速发展，音乐工作者编选了众多救亡歌曲集作为教唱教材。其中以刘良模的《青年歌集》，周巍峙编选、孙师毅校订的《中国呼声集》，吴涵真的《叱咤风云集》，麦新、孟波的《大众歌声》影响大、流传广。

群众救亡歌咏运动的兴盛，为全民族抗战爆发后成立全国性抗日救亡歌咏团体奠定基础。1937年8月8日，国民歌咏救亡协会在上海成立，50多个歌咏团体参加，冼星海、何士德、沙梅、周巍峙、麦新、孟波、孙慎等被选为常委会委员。12月25日，全国歌咏协会筹备委员会在武汉成立，翌年1月17日正式成立，选出35人为执委会委员，其中大部分都曾在上海组织参与过群众歌咏活动。

第四节 左翼哲学社会科学的后期成果

一二·九运动后，左翼哲学社会科学界团结广大进步力量，除参加救国会运动外，继续在新兴哲学社会科学领域潜心研究，开拓前进，为迎接全民族抗战的到来奠定思想理论基础。

一、左翼哲学社会科学坚持宣传研究

为了扩大思想战线上的斗争，众多进步哲学社会科学工作者突破打压封禁，坚持理论宣传和研究。1936 年 2 月 19 日，《大众生活》被封，邹韬奋离开上海到香港，出版《生活日报》。8 月，邹韬奋回到上海，将《生活日报》改名《生活星期刊》继续出版。绥远抗战爆发后，该刊和其他 34 种报刊一起发起“以一日贡献绥远抗战”的运动。9 月 5 日，由夏征农主编的《新认识》半月刊创刊。12 月，《新知识》半月刊创刊，王达夫、吕骥、徐懋庸、张庚、钱绍华编辑。

1937 年 1 月，大型综合性文摘期刊《月报》创刊，夏丏尊任社长，胡愈之主编，刊登国内外有关动态。2 月，《新学识》综合性文化半月刊创刊，徐步、史枚主编。同月，《读书》半月刊创刊，陈子展任主编。3 月，夏征农主编的《文化食粮》半月刊创刊，创刊号刊载恽逸群的《对于三中全会的观感》、艾思奇的《启蒙运动和中国的自觉运动》等文章。同月，《生活学校》半月刊创刊，陈子展任主编。4 月，许广平等编辑的《上海妇女》，梅益、王任叔编辑《华美周报》创刊。5 月，生活书店创办《国民》周刊，由胡愈之请谢六逸担任主编。6 月，艾思奇主编的《认识月刊》创刊，编辑的《思想文化问题特辑》发表艾思奇、胡绳、何干之等人文章，对五四以来的思想文化运动与中国社会变化、民族危机的关系，以及当前思想文化战线的任务和动向，进行理论的分析。第 2 期《中国经济性质特辑》发表了薛暮桥、孙冶方、沈志远、骆耕漠等人的文章，论证中国经济半殖民地半封建性质。同时，成立哲学座谈会，由艾思奇主持，有柳湜、陈楚云、黄洛峰等十余会员，每月举行活动一两次，学习哲学问题、交流时局形势，是全国各界救国联合会的团体会员之一。[①]

大批进步社会科学著作相继出版，成为理论斗争战线的重要组成部分。艾思奇的《哲学讲话》1936 年 2 月被查禁，经过修订改名为《大众哲学》继续出版。艾思奇写的《读书问答》专栏文章，1936 年结集为《知识的应用》单行本出版。艾思奇、郑易里合译，米丁等著的《新哲学大纲》出版，是当时学习研究马克思主义哲学的主要参考书之一。1937 年，艾思奇把关于哲学论战的一些单篇文章结集，题名为《哲学与生活》出版。毛泽东非常看重这些文章，专门作了《艾著〈哲学与生活〉摘录》，并致信艾思奇："你的《哲学与生活》是你著作中更深刻的书，我读了得益很多，抄录了一些，送请一看是否有抄错的。"[②]艾思奇在去延安前，还出版《新哲学论集》《思想方法论》《如何研究哲学》等著作。艾思奇的哲学著作对哲学融入生活、走进民众起到重要作用。受他影响，掀起一股马克思主义哲学通俗化大众化热潮。陈唯实到上海后，参加上海社联和新哲学大众化运动，1936 年出版《通俗辩证法讲话》《通俗唯物论讲话》，1937 年出版《新哲学体系讲话》《新哲学世界观》。

从莫斯科中山大学留学回国的沈志远出版《新经济学大纲》，这是第一部由中国人撰写的系统介绍马克思主义政治经济学的专著。该书 1934 年出版后，1936 年出版了第 3 版，充实了对前资本主义经济形态的论述。1936 年沈志远出版《现代哲学的基本问题》，是一部阐述辩证唯物主义宇宙观和认识论的通俗读物，曾再版 15 次，成为中国马克思主义哲学通俗化的又一成功之作。他还出版哲学论文集《近代哲学批判》。12 月他翻译出版苏联米丁等人主编的《辩证唯物论与历史唯物论》上册，1937 年 3 月该书再版。这本书研究范围广博、系统严整、解释详尽，是一本很好的辩证唯物论教科书。

---

① 李今山主编：《缅怀与探索——纪念艾思奇文选》，中共中央党校出版社 2010 年版，第 240—241 页。

② 《致艾思奇》，《毛泽东书信选集》，人民出版社 1983 年版，第 112 页。

李达和雷仲坚翻译西洛可夫、爱森堡等编著的《辩证法唯物论教程》，由上海笔耕堂书店于 1935 年 6 月、1936 年 12 月先后出版第 3 版、第 4 版。毛泽东对此书非常重视，从 1936 年 11 月到 1937 年 4 月多次阅读该书，用不同色笔在书眉和空白处留下大量批注、符号，有些章节他至少批注了三遍，其中凝结了许多他的哲学思考。[①] 李达花费多年时间撰写的《社会学大纲》，1937 年 5 月由上海笔耕堂出版，这是一部以辩证唯物主义与历史唯物主义为主要内容的专著，也是构造比较完整的马克思主义哲学集大成体系，产生广泛的影响。1938 年毛泽东在延安收到《社会学大纲》后十分赞赏，读过很多遍，认为这是中国人自己写的第一本马克思主义的哲学教科书，对其中的唯物辩证法等篇章，至少批读了 2 遍，做了 3000 多字的批注。[②] 毛泽东还向延安哲学研究会和抗日军政大学推荐这本书。[③]

胡绳也是哲学通俗化大众化的尖兵。1937 年他在《新学识》杂志上连续发表 13 篇哲学通信，以“漫谈哲学”为题，通俗阐述哲学的对象、哲学和日常生活的关系、哲学和改造世界的关系、哲学和科学的关系等问题。他在《自修大学》杂志上发表《科学的物质观和哲学的物质观》《关于真理诸问题》等文章，通俗地用马克思主义哲学基本观点，解答青年的思想问题。1937 年 3 月，冯定出版《青年应当怎样修养》书，用谈心的方式和生动的语言，向青年介绍马克思主义的世界观和人生观。

何干之将现实革命斗争与开展学术研究紧密结合起来，研究领域广泛。1936 年 6 月至 1937 年 7 月他在上海出版《中国社会史问题论战》《近代中国启蒙运动史》《中国社会性质问题论战》《中国的过去、现在与未来》等 7 本专著，其所著《中国的过去、现在与未来》1937 年 4 月修订再版时书名改为《转变期的中国》，先后印行 7 次。钱亦石也是一位重要的社会科学

① 陈晋主编：《毛泽东读书笔记精讲》贰，广西人民出版社 2017 年版，第 163 页。

② 陈晋主编：《毛泽东读书笔记精讲》贰，广西人民出版社 2017 年版，第 286 页。

③ 李梅彬等：《王会悟谈李达同志》，原载《湖南日报》1981 年 6 月 17 日，收录于吕芳文、余应彬主编：《一代哲人李达》，岳麓书社 2020 年版，第 187 页。

工作者。1936 年他出版《紧急时期的世界与中国》《战神翼下的欧洲问题》《白浪滔天的太平洋问题》《中国怎样降到半殖民地》等著作。他用马克思主义的“社会科学解剖刀”，精辟分析国际形势，指出抗战是中华民族的唯一出路，论证旧中国必然灭亡，新中国一定诞生的发展趋势。钱亦石还为《世界知识》的“瞭望台”专栏写了大量精悍犀利短文，回答读者关心的系列复杂的国际问题。

钱俊瑞、骆耕漠等其他进步哲学社会科学工作者在理论上也多有建树。1937 年，钱俊瑞出版《国民经济建设方案》《中国国防经济建设》《中国经济问题讲话》等专著，系统地论述国防经济理论。骆耕漠 1937 年出版《论中日经济提携》等著作，揭露日本提出“中日经济提携”方案的侵略野心，产生很大影响。

新知书店、读书生活出版社、生活书店在左翼文化出版中发挥重要作用。这 3 家书店都是由创办刊物成功后进而创立为出版机构，与左翼文化团体紧密联系，共同扩大革命文化的阵地。新知书店自 1935 年秋创建后直至 1937 年八一三淞沪抗战爆发，共出版 20 多种集中研究阐释马克思主义政治经济学、社会科学方面的书刊。包括中国农村经济研究会主编的《中国农村》月刊、姜君辰主编的《新世纪》月刊、叶籁士主编的《语文》月刊，章乃器的《中国货币问题》、薛暮桥的《中国农村经济常识》《中国农村社会性质论战》等社会科学书籍等。

1936 年 1 月初，读书生活出版社成立（1940 年改名为读书出版社）。其前身是李公朴主持的读书生活杂志社，邀约黄洛峰出任总经理，艾思奇、柳湜、郑易里等主持社务和编辑工作。该社成立仅一年多时间内，就出版《读书》《战线》《认识月刊》等 6 种期刊和 40 多种图书。其中由艾思奇专栏文章结集而成的《哲学讲话》《知识的应用》、柳湜的《救亡的基本知识》《社会相》、曹伯韩的《生活的逻辑》等都是极受欢迎的哲学社科书籍。

在邹韬奋主编的《生活》周刊社基础上成立的生活书店，持续发挥革命的前沿阵地作用，至全民族抗战爆发前先后出版的杂志共有 29 种，包括《永生》周刊、《生活星期刊》、《太白》半月刊、《光明》半月刊、《读书与出版》月刊等。出版图书约有1000多种，其中文艺丛书套书有“创作文库”“文学丛书”“世界文库”“世界知识丛书”“时事问题丛刊”“黑白丛刊”“青年自学丛书”“百科小译丛”“世界学术名著译丛”，以及大量左翼文化著作，成为国民党统治区内坚强的进步文化阵地。生活书店总编辑张仲实1936年主编的“青年自学丛书”开始出书，共出版2辑24册，集中介绍马克思主义理论的社会科学方面的书籍。第1辑12册，有平心的《社会科学研究法》、章汉夫的《政治常识讲话》、钱亦石的《中国怎样降到半殖民地》、钱俊瑞的《怎样研究中国经济》、胡风的《文学与生活》、沈起予的《怎样阅读文艺作品》、茅盾的《创作的准备》等著作。第2辑12册，有胡绳的《新哲学的人生观》、金仲华的《国际战争的基本知识》、邹韬奋的《时论写作》、胡仲持的《新闻学概论》等著作。这套思想启蒙丛书深受青年读者热烈欢迎，总印数在100万册以上。

1936年8月，生活书店开始出版“妇女生活丛书”。其中有沈志远的《妇女社会科学常识读本》，沈兹九、罗琼译、柯伦泰的《新妇女论》、谢列布格尼柯夫著、厂青译的《苏联妇女的地位》、胡兰畦的《在德国女牢中》等名作。

1937年4月，钱俊瑞主编的“黑白丛书”由生活书店开始出版，以“介绍关于世界现状及中国救亡图存的必要知识”为宗旨。其中有薛暮桥的《封建·半封建·资本主义》、柳乃夫的《日本的大陆政策》、陈洪进的《殖民地与半殖民地》等著作。同月，张仲实主编的“世界学术名著译丛”开始陆续出书，大都是马列主义著作，在传播进步思想方面起到很大作用。生活书店发展快速，至1937年上半年拥有邮购户6万多户，全国各地有300多个代销处。

生活书店、新知书店和读书出版社在战争中几经迁移，出版大量进步社会科学和文艺书籍。新中国成立前这三个进步出版文化机构在香港合并为生活·读书·新知三联书店。

二、左翼世界语取得新成效

1936年后，左翼世界语运动继续发展。1936年4月，进步世界语工作者创办《中国怒吼》取代《中国普罗世界语》，创刊号开篇发表《向全世界呼吁》，表示日本对华战争不仅是对人类和平的巨大威胁，也是对人类文明的践踏，“这是一场全球合作共同对抗人类恶魔的斗争，而其中中国只是这场斗争的急先锋”，呼吁全世界联合起来反抗法西斯主义，“不要只给我们以深切的同情，还要参与这场对抗人类共同敌人的斗争中来”。① 为表达对鲁迅的崇敬之情，中国世界语工作者在他逝世前将《阿Q正传》《影子的告别》《黑暗中国的文艺界的现状》等作品翻译发表。鲁迅逝世后，世界语者又翻译出版他的《孔乙己》《鲁迅小说集》等作品。

为推进抗日民族统一战线，1936年8月胡乔木在《中国语言》上发表《语文运动的联合战线》，号召各派语文工作者尽快团结起来组成统一战线。10月10日，上海世界语者协会召开第五次会员大会，大会决议筹备全国性世界语团体。1937年7月14日，上海世界语者协会组织举办世界语50周年纪念庆祝会，来自全国各地世界语学会代表500余人参加，显示统一联合战线力量。

为纪念世界语成立50周年，左翼音乐家张曙为光未然作词的世界语协会的会歌《在绿星旗下》谱曲。林路回忆当时他与另一位上海音专同学唐荣枚到冼星海家去练习演唱这首歌曲。② 歌词作者光未然回忆这首歌曲的创作过程，并说创作完成后“世界语者协会的同志们满意地接受了它，一些救亡歌咏队和演剧队也把它作为一首抗战歌曲传唱开来了”。③《在绿星旗下》曲

---

① 《向全世界呼吁》,《中国怒吼》第1卷第1期，1936年7月20日。

② 林路:《张曙在1938年》，中国音乐家协会编:《张曙纪念文集》，人民音乐出版社2015年，第239页。

③ 光未然:《说起〈在绿星旗下〉》，中国音乐家协会编:《张曙纪念文集》，人民音乐出版社2015年，第260页。

调婉转动听，歌词平易，充满国际和平理念："为什么全球不能成一家？为什么人间纷纷如乱麻？为什么同是大地的儿女，却说着彼此听不懂的话？为什么同是大地的儿女，却打着永远打不完的架？在绿星旗帜下，沟通全世界被压迫着的心声！在绿星的旗帜下团结全世界受难的人群！在绿星的旗帜下，进行那追求自由和平的斗争！"

由麦新作词、光未然谱曲的《保卫马德里》在《现世界》上发表后，上海世界语学会把它翻译成德、日、意、法、英、俄、西班牙及世界语等多种文字寄往世界各地，支援西班牙人民的反法西斯斗争。上海世界语者慰劳西班牙战士，并赠送一面有世界语标志的旗帜。

随着民族危机的加深，与世界语运动密切相关的新文字改革继续得到广泛推进。胡愈之说"汉字拉丁化已成为目前文化运动的一个中心问题，却是丝毫没有疑问的"。① 胡愈之谈到新文字改革说："新文字运动应当和当前的民族解放运动，配合起来同时进行，而进行新文字，也该是每一个前进文化人应当肩负起来的任务。"②1936 年 1 月，中国新文字研究会成立专门委员会研究制订拉丁化新文字方案，5 月邀请各界人士召开座谈会，讨论推广新文字运动问题，文化界救国会、职业界救国会、国难教育社、女教师联合会，以及香港、武汉等地的新文字团体代表参加。

1936 年 5 月，王益、华应申、许中等创立上海新文字书店，出版半公开刊物《新文字月刊》。5 月 10 日，胡绳主编的拉丁化理论刊物《中国语言》月刊创刊，刊登蔡元培、鲁迅、郭沫若、茅盾等 688 人签名的《我们对于推行新文字的意见》。6 月，聂绀弩的《从白话文到新文字》由大众文化社出版，不久再版。7 月，作为中国新文字研究会分会的"上海新文字研究会"成立，负责推行江南话拉丁化新文字方案。8 月，上海新文字书店出版王洞若编写的《上海话新文字初级课本》，此前这课本由山海工学团的

① 胡愈之：《新文字运动的危机》，《生活日报周刊》第 1 卷第 9 号，1936 年 8 月 2 日。

② 鲁迅：《几个重要问题》，《夜莺》第 1 卷第 4 期，1936 年 6 月 15 日。

小先生作为讲义教给群众。9 月，上海新文字书店出版亚克编写的拉丁化新文字编写的歌本《大众歌曲》，天马书店出版胡绳编写的《江南话新文字概论》。11 月，大众文化社出版胡绳的《新文字的理论和实践》。12 月，互助出版社出版用江南话新文字拼写的连环画《张开眼睛看看》。

1937 年 1 月，乐嘉煊主编的《世界语》(Esperanto) 创刊。同月，叶籁士编辑的《语文月刊》创刊。这是宣传讨论汉字改革和世界语问题的公开刊物，共出版 7 期。虽然新文字改革遭到国民党当局阻挠，当年《语文月刊》第 3—6 期，发表许多研究宣传拉丁化新文字的文章。上海新文字书店出版亚浦用拉丁化新文字拼写的《救亡课本》《潮州话新文字课本》，新知书店出版 2 册《通俗化问题讨论集》等书籍。

1937 年全民族抗战爆发前，左翼世界语运动取得良好成效。当时报刊评论："在过去，一般学习世界语的人，多以世界语作为自己求知或享乐的工具，但在这一年里国内世界语者很少表现在这种由个人主义出发的企图。在北平，在上海、广州，都有大群的世界语者用着世界语来参加救亡运动，他们在'为中国的自由解放而用世界语'之下努力。"①

在八一三淞沪抗战中，世界语者协会成立战时服务团，开展征募慰劳、宣传教育、国际宣传等工作。②上海新文字研究会在上海难民所中，成功开展大规模的新文字扫盲工作。在上海开展的世界语运动对后来延安开展世界语工作有很大影响。1938 年 5 月 6 日，延安世界语者协会成立，发表宣言：在 5 年前中国的世界语运动就已跳出"中立主义"的坟墓而获得新生，它高举"为民族解放而世界语"的旗帜，为反抗国际强盗、杀人的魔手而战斗！③1939 年 12 月，延安世界语者协会举办展览，毛泽东题词："我还是这一句话：如果以世界语为形式，而载之以真正国际主义之道，真正革命之

---

① 《一年来的中国世界语运动》，《申报》1937 年 1 月 10 日。

② 上海社会科学院历史研究所编：《八一三抗战史料选编》，上海人民出版社 1986 年印制，第 237 页。

③ 徐雉：《延安世界语者协会成立大会宣言》，《新中华报》1938 年 5 月 10 日。

道，那么，世界语是可以学的，是应该学的。”[1]张闻天题词：“国际主义的武器——世界语。”在延安成立新文字促进会、新文字协会、新文字研究会，并出版《新文字报》，创办新文字干部学校，成为新中国成立后进行文字改革的先导。

三、左翼教育拓展新领域

1936年初教联解散后，左翼教育运动主要通过国难教育社进行。国难教育社总社下分沪东、沪西、沪中、闸北等基层组织，分别联系各自所属区域内的工厂、商店、学校内的社员。

上海各界抗日救国会成立后，内有团体女教师读书会，参加者多为小学教员或曾经做过小学教员的女教师，她们借用一小学课堂每周聚会一次。曾志回忆1935年秋她到上海，曾由社联陈家康的朋友郑眠石介绍到成志小学做教员，后在惠平中学做图书管理员。其间她通过参加女教师读书会找到了党组织，恢复党组织关系。她积极参加陶行知先生领导的“小先生制”教育活动及女工夜校教育，取得更多社会关系，更好掩护党的秘密工作。[2]

女青年会创办的女工夜校仍是国难教育社活动的重要阵地。一二·九运动后，左翼教育工作者发动女工夜校学生参加国难教育社、妇女救国会等救亡团体，组织他们参加抗日救亡活动，提高她们的政治觉悟。1936年，为更好开展女工夜校工作，中共党员张淑义受组织派遣至上海女青年会任劳工部干事，接受曹亮的领导。[3]女青年会办的女工夜校内按文化程度分班，分低级班、中级班、高级班，高级班学员大多是党、团员或可靠的学生，教师中不少是文化程度比较高的党员同志。如虹口兆丰路女工夜校，党、团力量很强，1936年组织曾派该校一些读过高级班有革命经验的同学到其他地方

---

① 中南海画册编辑委员会编：《毛泽东题词手迹选》，西苑出版社1995年版，第14页。

② 曾志：《一个革命的幸存者：曾志回忆录》，四川人民出版社2020年版，第217—220页。

③ 中共上海市委党史研究室编：《上海党史资料汇编》第2编下册，上海书店出版社2018年版，第834页。

去办女工夜校、办女工班、当小先生，扩大宣传教育。①

为了帮助山海工学团的小先生系统提高文化水平和工作能力，1936年9月，陶行知在大场沈家楼开办2个艺友师范班，由山海工学团团长张劲夫主持，班主任是张宗麟和李玉玻。艺友师范班实行教学做合一，半天学习、半天工作，把理论和实践紧密连起来。方与严、艾思奇、冼星海、张曙、戴白韬等曾到艺友师范班教课。

余日章小学、培明女中、临青学校也是左翼教育运动的重要工作阵地。余日章小学以青年会总干事余日章而命名，余日章同陶行知及工部局华人教育处处长陈鹤琴都关系密切。他去世后，为纪念他并普及教育，陈鹤琴将实际由共产党组织开办的沈家滩识字学校改名为余日章小学。其后又开办余日章第二小学、第三小学，分设在沪东、沪西的工厂区。中共党员钟民在沪东余日章第一小学当校长，戴季康也在该校任教；吴佩瑾是第二小学的校长，周林、郑伯克、梅洛等都曾在该校任教。汤镛在第三小学教过书。方明在这三个小学都教过。②

培明女中的训育主任是中共党员罗叔章，雍文涛、胡乔木等在培明女中也教过书。

临青学校先后办有十多个分校，有五六百人，其校长、副校长都参加了国难教育社，也参加了职业界救国会，因此全校师生也基本参加这两个团体发动的救亡活动。杨浩庐、陈茄、孟非、吴新稼等中共秘密党员曾在临青学校工作，相互间通过救国会单线联系。③临青学校积极推行陶行知的“小先生”教学法，由本校学生任小先生，到附近里弄、棚户区教穷苦孩子读书识

① 蔡平：《忆兆丰路女工夜校》，中共上海市委党史研究室编：《上海党史资料汇编》第2编下册，上海书店出版社2018年版，第527—528页。

② 林一心：《中国青年反帝大同盟在教育界的活动》、钟民：《抗战爆发前后的上海教师运动》，上海历史研究所教师运动史组编：《上海教师运动回忆录》，上海人民出版社1984年版，第13—15页、第55—59页。

③ 钟韵明：《四川旅沪同乡会抗敌后援会分会成立前后》，中共上海市委党史研究室编：《上海党史资料汇编》第2编下册，上海书店出版社2018年版，第855—858页。

字。校内还开办工人夜校，帮助工人救国会翻印宣传品，开展抗日爱国的宣传。左翼文艺工作者常到学校进行排戏、教唱活动。1937 年六七月间，学校组织一个孩子歌咏队，由郭映庭负责教歌排练，到街头演出。八一三淞沪抗战爆发后孩子歌咏队改为孩子剧团，吴新稼领导。上海华界沦陷后，孩子剧团离开上海，活跃在后方各地，得到周恩来同志和许多老一辈革命家的关怀。

在沪东区还有十余所工人夜校，除了提篮桥工人夜校与浦阳小学补习夜校由共青团江苏省委领导，其余多数由国难教育社领导。这些工人夜校教员绝大多数参加国难教育社，并按校组成国难教育社支部（也称分团），定期进行组织活动，讨论时事，学习理论。夜校教师多数是日校教师或其他同志兼职，多数不拿工资，学费收得很低，每学期收取象征性的 2 角钱费用，相当于报名费，课本免费供给，吸收不少进步工人参加。

1936 年下半年，党在教育界的工作有新变化，重点转向做教师的群众工作和统战工作，扩大党在教育系统的影响。1936 年暑假，国难教育社在麦伦中学举办暑期教师讲习班，有 200 多人参加，戴伯韬任班主任，钱俊瑞、沈钧儒、章乃器等到学校讲课，讲课内容及活动情况及时刊登于《生活教育》杂志，鼓舞教育界抗日救亡热情。

1937 年初，为推进党的统一战线政策，地处沪东区的余日章小学校长钟民、浦志小学校长钟望阳（杜也牧）等发起成立沪东区教育促进会，40 多个小学的 200 多名教师参加。这是党领导下的群众性和统战性的公开团体，它通过公开举办联欢会、观摩会、恳亲会、运动会、歌咏演剧活动及各类比赛，广泛联系群众。平时还发动教师进行家访，以接近工人群众，联络感情，增强革命力量。①

全民族抗战爆发后，以国难教育社为基础成立上海战时普及教育服务

---

① 梅洛：《忆沪东区平民夜校》，中共上海市委党史研究室编：《上海党史资料汇编》第 2 编上册，上海书店出版社 2018 年版，第 518 页。

团，陶行知、王洞若等为理事。上海华界沦陷后，原教联成员和生活教育社的部分同志转移到抗战后方，继续为中华民族独立解放而奋斗。

在中国共产党倡导的抗日民族统一战线旗帜下，一二·九运动后左翼文化界实现新团结，为抵抗外敌侵略、挽救民族危亡，发出了民族强音。左翼文化界开展救国会运动，积极参与营救“七君子”运动，推动大规模群众救亡活动，创作各类文化成果，都表明左翼文化运动后期的成功转型。

第六章

左翼文化运动的影响、贡献和时代价值

中国共产党领导的以上海为中心辐射到全国乃至海外的左翼文化运动，从其兴起伊始，就以鲜明的革命斗争精神，极力反对帝国主义、封建主义、官僚资本主义，自觉把革命文化运动同现实严酷的政治斗争紧密结合起来，同时放眼世界，推陈出新，融合中西，开辟出一条民族化科学化大众化的文化道路，为推进马克思主义中国化和中华民族伟大复兴伟业作出重要贡献。其所蕴含的历史经验和时代价值，对当今增强文化自信，建设文化强国，促进文化交流文明互鉴，仍然具有积极的现实意义和时代价值。

第一节　左翼文化运动在全国及海外的展开及影响

中国近代以来，上海以其独特优越的地理环境，以及政治、社会、经济、文化等各方面的便利条件，成为古今文化、中西文化交锋融合的前沿地带，以及中国革命文化中心和进步文化人士的重要聚集地。大革命失败后，曾短暂离开上海的中共中央机关迁回上海，众多革命作家、进步知识分子及海外归国留学生也相继汇集上海，发起“革命文学”论争，开展左翼文化运动。以上海为中心的左翼文化运动，影响至全国其他国统区城市，乃至日本、南洋等海外地区，不仅打破国民党实施的严酷的文化“围剿”，也有力地声援和支持中国共产党领导的农村革命根据地建设。

一、左翼文化运动在全国的展开

受上海左翼文化运动影响，上海周边的一些城市成立不少左翼文化团体，开展革命文化活动。

在江苏无锡，曙光社、中国社会科学研究会无锡分会、海燕文艺社等进步社团积极从事左翼文化运动。曙光社刊行《曙光》月刊，并借用《国民导报》的副刊版面，出版《现代文艺》周刊，由中共党员杨介湄任主编。九一八事变前夕，该社创办《教育生活》和《新虹》，九一八事变后又出版

《反日特刊》。1932年春，由于当局的压迫，曙光社停止活动。1932年2月，位于上海的中国社会科学研究会派人到无锡与中共无锡县委取得联系，建立社会科学研究会无锡分会，有成员20余人，定期秘密集会，学习马克思主义理论。1933年6月，无锡县委遭严重破坏，社研分会基本停止活动。

在江苏盐城，1930年12月，盐城进步知识青年组织综流文艺社，成员60多人，其中中共党员10余人。1932年5月，原共青团北平市委宣传部部长胡乔木回到盐城，与中共盐城县委取得联络。其后胡乔木改造综流文艺社，并秘密发展一批党、团员，作为党的外围组织。1933年春，综流文艺社排演郭沫若的历史剧《棠棣之花》，同时还创办文艺刊物《海霞》，胡乔木负责编辑。《海霞》共出3期，停刊后又改出5期《文艺青年》。

在江苏南京，1933年8月，左翼剧联派陈鲤庭和宋之的两人到南京建立剧联南京分盟，分盟负责人为瞿白音、王逸。剧联南京分盟以原来公开的大众剧社和磨风文艺社2个剧团为基础，开展进步戏剧活动，先后演出田汉的《战友》《江村小景》，以及改编的高尔基的《母亲》、于伶的《丰收》、陈鲤庭的《放下你的鞭子》、易卜生的《娜拉》等，并到农村去演出。南京分盟还派成员打进国民党组织的剧团，进行统战工作。上海左翼剧团到南京演出时，也得到南京分盟的密切配合。1935年3月，南京分盟被破坏，被捕盟员出狱后，继续开展进步戏剧活动。

在江苏常熟，20世纪30年代初，中共常熟县委派沈雪侠、周文加入当地进步青年组成的文艺团体阳光社，作为党的外围组织。阳光社在《大报》副刊上编辑《一周文艺》，陆续发表《论普罗文学》等文章，宣传无产阶级文学。不久，沈雪侠、周文被逮捕通缉，《大报》被查封，阳光社被扼杀。1934年，常熟梅李的一些进步青年成立艺丝社，出版《艺丝》周刊，不久被强行解散。在江苏南通，中共南通中心县委专设文委书记，组织戏剧界学习马克思主义理论。以张謇中学学生吴天石等为骨干的新民剧社，与崇敬中学学生赵丹、顾而已等组织的小小剧社，与上海左翼剧联建立联系，演出《山河泪》《民族之光》《血衣》《五奎桥》等进步戏剧，1935 年这 2 个剧社被封。1935 年下半年，江苏如皋县俞铭璜、叶胥朝等 20 多名青年，组成文艺团体春泥社，以《如皋导报》《皋报》的文艺副刊为阵地，提倡大众文学，参加抗日救亡文化活动。中共党员叶胥朝创办春泥图书室，成立社会科学研究小组，帮助春泥社成员学习马克思政治经济学著作，提高思想理论水平。①

在北平、河北，1930 年二三月间，由中共顺直省委宣传部秘书胡锡奎领导组织北平普罗文化运动大同盟，为北方左联的成立做了组织上的准备。中国左联在上海成立后，在北方文化界和青年学生中产生很大的影响。1930 年夏，北平普罗文化运动大同盟的代表参加在上海召开的全国苏维埃代表大会准备会议，会后被鲁迅约见。鲁迅详细询问北方的政治局势、群众情绪和左翼文化情况，对北平左翼文化工作寄予很大期望。这些代表从上海返回时，带回中国左联、社联等左翼团体的纲领和工作大纲，作为参考和遵循。经过周密的准备，9 月 18 日在北平大学法学院礼堂召开北方左翼作家联盟成立大会，30 余人到会。大会通过北方左联的《理论纲领》《行动纲领》和《成立宣言》，选出的第一届执委会，由段雪笙、潘漠华等 10 人组成。其后北方左联抽出大批骨干，在北平先后成立中国社会科学家联盟（1930 年 10 月 16 日）、北平普罗画会（1931 年 2 月）、北平教育劳动者联盟（1932 年初）、中国左翼戏剧家联盟北平分盟（1932 年 2 月）、北平世界语言同盟（1932 年 2 月）、北平左翼音乐家联盟（1932 年 12 月）等团体，相互间密切联系，共同行动。

为了统一北平及北方各地革命文化团体的行动，在中共河北省委的指示下，1932 年 5 月在清华大学召开北方左翼文化团体代表大会，成立北方文化总联盟（简称北方文总，也称北平文总），直接受中共河北省委领导，内

① 中共江苏省委党史工作办公室：《中国共产党江苏历史》第 1 卷，中共党史出版社 2021 年版，第 219—223 页。

设中共党团。北方文总的行政领导机构为执行委员会，由各左翼文化团体的负责人组成，潘漠华、周永言、张馨石、陈沂、萧之亮、马致千、陆万美、谷景生等先后担任北方文总的领导。北方文总的成立，标志着北方左翼文化界的大联合大团结，进一步推动北方左翼文化运动的开展。受北平左翼文化团体的影响，保定张家口、唐山、大名等地也建立左联组织，各种革命文化社团纷纷出现。

九一八事变后，北方左翼文化团体积极参加革命救亡活动。1931 年 12 月，北平学生发起一个南下示威运动，大批北方左联盟员参加这一斗争，北方左联盟员陈沂、薛迅等是南下示威团的重要领导者。1932 年 1 月，北方左联与反帝大同盟、学生抗日救国联合会共同发动北平人民援沪抗日运动，支援一·二八淞沪抗战。其后，又召开北平纪念二七惨案群众大会和大规模的游行示威活动，参加党领导的二二五国际失业斗争日、三一八、五一、五四、五九、五卅等纪念日的示威斗争。1933 年 5 月，察哈尔民众抗日同盟军成立，开展武装抗日和收复失地的斗争，北方左翼文化团体的众多盟员前往张家口参加抗日同盟军。潘漠华、王志之等还在抗日同盟军中担负重要领导工作。同时，还派出慰问团，前往察北前线慰问宣传。由于这次行动被特务侦知，不少参加抗日同盟军的盟员在战斗中牺牲。

为推动革命文化战线斗争，北方左翼文化团体通过创立刊物、成立读书会、创作反映工农群众生活的大众化作品、到基层民众中进行宣传演出等多种方式，学习研究和宣传马克思主义和党的方针政策，启发民众觉悟。同时开展对“新月社”“第三种人”等资产阶级文艺思潮的批判。据初步统计，仅 1932 年北平剧联的公开演出就达 20 余次，从 1929 年春至 1933 年夏出版《转换》《我们周报》《青年思潮》《北方文艺》《文学杂志》《文艺月报》《大众文化》《尖锐》《四月》《北平文化》《北方文化》《科学新闻》《今日》《冰流》《开拓》《新大众》《北国》《北方青年》等刊物数十种之多。1933 年 4 月，普罗画会在北平艺文中学举行第一次木刻展览会，展出的作品以反映抗日题材、人民贫困生活和英勇斗争为主。7 月，举行第二次木刻展览，成立北平木刻研究会，推进左翼美术运动。

在中国共产党倡导的抗日民族统一战线号召下，一二·九运动前后，北方左联与中华民族解放先锋队、学生救国会及各界救国会紧密结合，举行示威游行、集会演讲、散发传单、组织宣传团下乡宣传演出，创办《浪花》《榴火文艺》《联合文学》《通俗文学》《大风诗刊》《诗歌杂志》等刊物，推动抗日救亡运动的发展。1936 年 1 月 27 日，北平文化界救国会成立。5 月，中共中央北方局指派专人组成领导北方左翼文化运动的特别党员小组，进一步加强对文化斗争的领导。同时，为促进抗日救亡运动的新高涨，加强与上海的左翼文化运动联系。6 月，根据中央北方局关于北方左联应依照中国左联方式解散、另行扩大组织的指示，北方左翼文化团体自行解散。同时，以北方左联为基础，筹组北平作家协会。11 月 22 日，北平文化界的共产党员、左翼作家和进步作家与教授 60 多人，召开北平作家协会成立大会，选举孙席珍、曹靖华等 11 人为委员，冯沅君、陆侃如等 5 人为候补委员，组成北平作协执行委员会。12 月，北平作协联合北方文艺社、北平学生联合会、北平妇女救国会、世界语编译社等进步团体，共同发起召开追悼鲁迅纪念大会，表达对鲁迅的崇高敬意，北方文化界得以更广泛地联合起来，为全国抗日救亡运动作出重要贡献。①

在天津，1929 年，中共党员、文艺工作者符号，中共顺直省委济难会负责人蒋晓海等联络进步文艺青年，在天津发起成立星星文艺社，出版《星星》半月刊。他们发起成立夜莺文艺社，出版《夜莺》半月刊，倡导无产阶级文学。夜莺文艺社发展到六七十人，在天津文化界产生一定的影响。共产党员刘天章、李予昂、宋少初、蒋晓海等在天津创办《好报》，传播革命思想。年底，天津党组织领导筹建北方书店，出售马列主义著作和进步书刊。1930 年 12 月，天津左翼作家联盟小组成立。1932 年夏，天津左联、天

① 中共北京市委党史研究院：《中国共产党北京历史》第 1 卷，中共党史出版社 2021 年版，第 198—208 页；中共河北省委党史工作办公室：《中国共产党河北历史》第 1 卷，中共党史出版社 2021 年版，第 256—263 页。

津社联、天津剧联相继成立。党还在新闻界中开展工作，成立新闻记者联合会，建立党的新闻支部。9月，天津左翼文化总同盟正式成立，党团书记为张秀岩，促进左翼文化运动在天津全面开展起来。

南开大学、汇文中学等学校成立进步学生文化团体，出版进步文艺刊物，至1933年天津进步文艺期刊有数十种。其中影响较大的文学团体及刊物有：天津文总的机关刊物《天津文化》，天津社联刊物《哒哒……》，天下篇社及《天下篇》半月刊，当代文学社和《当代文学》月刊，野烟文艺社和《野烟三周刊》，草原诗歌会和《诗歌》月报，青玲艺话团和《艺话月刊》，三山文艺社和《北极旬刊》，文地社和《文地月刊》等。这些文学团体的成员除青年学生外，还有教员、记者、职员及一些在社会上颇有影响的作家学者。天津一些大报纸副刊及中小型报纸的编辑从不满社会现状、同情革命，发展为党在思想理论界和文艺界的骨干或中国革命的同路人。如天津左翼文化运动的领导者之一吴砚农，就是在《大公报》工作期间接受党的影响而走上革命道路的。1935年起，萧乾主编《大公报》副刊《文艺》后，进一步增强该刊的思想性和文学性，产生较大影响。《益世报》的副刊《语林》，《庸报》的副刊《另外一页》，都发表左翼文学作品，宣传报道左翼文化运动。

天津剧联的三三剧社、晦明剧社都上演进步戏剧。天津左翼戏剧骨干、进步青年成立春草剧社、孤松剧团、鹦鹉剧团、青玲艺话团、天津职业剧团等进步剧团，上演曹禺的《雷雨》《日出》，夏衍的《赛金花》等剧目。1934年春，进步漫画爱好者成立天津漫画会，出版会刊《天津漫画》。1934年夏，平津两地进步木刻爱好者联合成立平津木刻研究会，主办书画版画展览会。1935年1月，平津木刻研究会发起举办全国木刻联合展，共展出全国各地进步木刻作者的400余件作品，参观者1.5万余人。

天津左翼社会科学工作者设法通过各种渠道学习和研究马列主义。天津《大公报》副刊《世界思潮》栏目中，曾陆续刊登过一些马克思、恩格斯著作的译文。《天津文化》等左翼刊物发表宣传抗日救亡的小说、诗歌等文学作品及各类文章，唤起各界群众的抗日救亡热情。1935年初，随着中共北方党组织逐步恢复活动，曾一度转入低潮的天津左翼文化运动再次活跃，积极投入到抗日救亡运动的滚滚洪流之中。①

在山东青岛，1932 年春在中共青岛市委的领导下，在青岛大学读书的中共党员王弢、黄敬组织部分进步学生，秘密成立新文学研究会、时事研究会、读书会等文学团体。其中，新文学研究会是青岛的左联组织。同年 10 月，中共党员乔天华从烟台来到青岛，与青岛党组织取得联系，任中共青岛市委青年委员和青岛左联党代表。青岛左联组织读书会、时事讨论会，定期学习马列主义经典著作，并在《民报》《晨报》《时报》等报刊上发表作品，积极从事文学创作。1932 年 4 月，王弢、黄敬组织青岛大学进步教职员工成立海鸥剧社，后成为剧联青岛分盟小组。5 月 28 日，海鸥剧社在青大礼堂首场演出《月亮上升》《工场夜景》（独幕话剧）获得成功。海鸥剧社还深入崂山农村，用当地方言为农民演出话剧，同时学习上海剧联工人剧团的经验，深入工人区演出话剧。

1933 年初，青岛左联成立汽笛文艺社，公开印发文学月刊《汽笛》，成员有周浩然、郭锡英、彭也夫、于黑丁、姜天铎等，由乔天华指导该社党的工作。1933 年 7 月，进步青年孙乐文、张智忠在龙口路南端开办荒岛书店，专门经营新文学书刊，作为青岛左联小组的秘密联络点，一直持续到抗战全民族爆发。青岛左联还成立海光文艺社，成员有乐于泓、季焕麟、吕福田等，在《青岛时报》上开辟《海光》文艺副刊，进行革命文艺活动。在《民报》社内设置的青岛左联秘密活动点和联络处，1934 年夏因部分成员被捕或遭通缉而停止活动，使青岛左翼文化运动受到很大影响。青岛左联在开展活动的过程中团结老舍等一批有名作家学者，孟超、洪深、艾芜等中国左联的一些成员也曾到青岛开展左翼文化活动，推动山东左翼文化运动的发展。②

① 中共天津市委党史研究室：《中国共产党天津历史》第 1 卷，中共党史出版社 2021 年版，第 187—190 页。

② 中共山东省委党史研究院：《中国共产党山东历史》第 1 卷上册，中共党史出版社 2021 年版，第 279—282 页。

在湖北武汉，1931 年 10 月，武汉进步青年张庚、吕骥、张曼西、许亚多等人，与上海剧联取得联系，成立鸽的艺术剧社，创办文学刊物《煤坑》，宣传革命文艺理论。1932 年春，张执一等共产党员成立武汉左翼青年联盟，后在中共武汉工委领导下将其改组为中国左翼文化总同盟武汉分盟。随后，武汉分盟成立左翼剧联，将王任叔等人的武汉流通书报社改造为时代书报流通社，吸引省立师范、省立中学、省女中等学校的青年学生阅读革命书刊。陈荒煤、王任叔等利用《武汉日报》《新民报》《大同日报》等报纸的副刊，发表揭露时弊现实的作品。张光年创作的诗作《五月的鲜花》，后来成为传诵不衰的名曲。刘艺舟编的《霸王别姬》，欧阳予倩、朱双云合作的《梁红玉》等戏曲，成为一时之力作。廖牧全发表《文艺的理论与实践》，倡导用革命的文艺理论指导创作实践。随着民族危机的上升，武汉左翼文化工作者将左翼文化与抗日救亡运动相结合，出版《狂涛》《在前》《雪里鸣》《如此》等进步刊物，利用读书会、时事座谈会等方式，联络进步力量，探讨抗日救国道路。其中以何伟、顾一凡等领导的生活书店武汉门市部读书会的联系最广，影响最大。①

在广东广州，九一八事变后，上海大批左翼书刊通过各种渠道传入，使广东进步文化人和青年学生深受影响。他们纷纷组织起来，以文化艺术为武器，开展左翼文化运动。1932 年 1 月，中山大学抗日剧社成立，推举邓克强为社长，李克筠、吴华为事务部正、副主任，积极开展抗日演剧活动。在剧社基础上，他们成立新兴读书会。1932 年秋冬间，世界情势社、广州文艺社、万人周刊社三团体成立统一的组织，定名为广州普罗文化同盟，对外称一般文化社，出版《一般文化》。主要成员有何干之（谭秀峰）、温盛刚、谭国标、黄甘棠、郑挺秀、何仁棠、李炳义、欧阳山、草明、吴屿、潘皮凡、袁文殊、罗昌謇等。1932—1933 年初，中山大学文艺研究社、火

① 中共湖北省委党史研究室：《中国共产党湖北历史》第 1 卷，中共党史出版社 2021 年版，第 454—456 页。

花社、新文艺评论社、前卫戏剧作家同盟，绿天社、一般艺术社、作者俱乐部、中国诗歌会广州分会、光明剧社等进步文化团体纷纷成立。

1933 年初，中共党员温健公从北平回到广州，带回党关于扩大进步文化团体、开展抗日救亡活动的精神。其后在与上海的中国文总取得联系并在其指导下，1933 年三四月间中国文总广州分盟（简称广州文总）成立，推选何干之、温盛刚、谭国标、欧阳山、吴屿、黄甘棠、胡春冰为执行委员，何干之任书记。广州文总下属左联广州分盟、社联广州分盟、剧联广州分盟。广州文总的成员最多时有六七十人，它的外围组织读书会有成员 200 多人。

在出版方面，广州左联、社联出版《新路线》《星光》《社会学报》《戏剧新闻》，其他进步文化团体出版有《世界情势》半月刊，《广州文艺》《万人周刊》《文化阵线》《新启蒙》《前卫戏剧集》《新文艺评论》《新兴文艺》《火花》《天王星》等进步刊物。在文艺创作和演出方面，由陈黄光作词、何安东谱曲的爱国歌曲《奋起救国》，广为流传。1932 年 2 月中山大学抗日剧社举行第一次公演，演出《工场夜景》《钱》《活路》三部独幕剧，引起强烈反响。5 月 1 日，中大抗日剧社举行第二次公演，演出《活路》《S·O·S》《乱钟》。广州剧联成立后演出《怒吼吧，中国！》《最初欧罗巴之旗》《水火》等剧作。1933 年 7 月，为支援广州太古洋行海员罢工，广州剧联举行义演。广州文总在工人、学生、职员中成立 15 个读书会，探讨革命问题，提高理论水平。何干之、连贯、欧阳山、江穆等左翼社科理论界人士积极参与中国社会性质问题论战，宣传在帝国主义、封建主义和国民党勾结压迫下的中国社会，仍然是半殖民地半封建社会。

广东左翼文化运动的发展，引起反动当局的恐惧。1933 年初，当局把江穆、杜埃等主编的《火花》列为禁书，不久又查禁《天王星》等刊物，主编饶彰风被迫出走，中山大学一些学生被指控为“宣传反动刊物”遭到逮捕。1934 年 1 月 28 日晚，中山大学抗日剧社为纪念一·二八淞沪抗战 2 周年在校内举行公演，广州文总一些成员参加，突遭搜捕。几天之内共 60

多人被逮捕，广州文总遭到破坏，广州社联、左联、剧联被迫停止活动。广州文总成员温盛刚、谭国标、凌伯骥、赖寅仿、郑挺秀、何仁棠被捕，受尽酷刑。8月1日他们6人被杀害，称为广州“文总六烈士”。1934年5月20日夜，中山大学抗日剧社负责人李克筠被捕，吴华、黄志潜等遭通缉，剧社被查封。1934年11月26日，陈黄光被捕后牺牲。广州学生运动和抗日救亡运动遂转入低潮。左翼文化人士转到香港、上海、北平等地继续斗争。①

在黑龙江，1932年哈尔滨被占领后，中共满洲省委和哈尔滨市委针对日伪当局以铁血手段强行灌输“日满亲善”“共存共荣”等奴化意识，以及对中华民族文化的肆意摧残的状况，指示中共党员金剑啸、罗烽、舒群、姜椿芳等，在文化战线开展斗争。他们在黑龙江联合团结了一批爱国进步的文艺青年，如白朗、萧军、萧红、达秋、金人、阎述诗、田贲、王秋萤、李克异、牛平甫等，形成一个阵容较大的东北左翼作家群体，构筑起共产党组织领导的文化艺术阵地。

1933年7月，中共满洲省委为扩大开展哈尔滨的抗日文艺活动，决定由罗烽、金剑啸等创办“星星剧团”。该团成立后在极为艰苦的条件下，编排《小偷》《娘姨》《一代不如一代》3个话剧。8月初，罗烽、金剑啸等通过伪满《大同报》副刊编辑陈华的关系，在该报副刊创办了《夜哨》文艺副刊，发表揭露日伪统治下社会的黑暗现实的进步文艺作品。同年12月被迫停刊，共出刊21期。1934年1月，哈尔滨的地下党组织又通过白朗担任《国际协报》副刊编辑的机会，在该报创办《文艺》副刊，成为哈尔滨左翼作家群的新阵地。该刊共出47期，同年底被迫停刊。1934年4月发生中共满洲省委和共青团满洲省委被破坏事件，为保护进步文化青年，党组织研究决定萧军、萧红和舒群等先后离开哈尔滨到青岛、上海开展工作。不久，罗烽又被敌人逮捕入狱。哈尔滨左翼作家群被迫分散，但哈尔滨的左翼文艺

① 中共广东省委党史研究院：《中国共产党广东历史》第1卷，中共党史出版社2021年版，第302—306页。

工作者的反日活动并未停止。

1934年12月，金剑啸通过朋友进入《大北新报画刊》任编辑，宣传进步思想，后被辞退。1935年4月，共青团员袁亚成以德国人开设的孔氏洋行口琴教员的身份创办了哈尔滨口琴社，成为党组织开辟的又一个文艺阵地。口琴社总人数约一二百人，经常参加活动的有50余人。同年8月，在口琴社的基础上成立了口琴队，30余名爱国青年参加。1936年8月，口琴社举行第二次大型口琴演奏会，演出聂耳创作的《大路歌》《开路先锋》等抗日歌曲，刺痛日本侵略者，被迫解散。

1935年4月，金剑啸由白朗推荐，从哈尔滨到齐齐哈尔，找到《黑龙江民报》社长兼总编辑王甄海，商量创办该报《芜田》文艺副刊。他们利用“芜田”这一阵地，在省第一师范学校进步学生中成立漪澜读书会，出版《漪澜旬刊》。同时，王甄海、金剑啸等还借《黑龙江民报》举行庆祝发行2000号之机，在齐齐哈尔创办“白光剧社”，开创齐齐哈尔男女同台演出的新例。《黑龙江民报》是沦陷时期齐齐哈尔唯一一张中文报纸。王甄海和金剑啸把敌伪报纸巧妙地变成宣传抗日、播撒革命火种的阵地。罗烽于1935年6月被营救出狱后，同白朗一起到上海工作。

1936年，金剑啸、姜椿芳等人设法使曾因经营不善而停刊《大北新报画刊》得以复刊，以各类文艺作品曲折隐晦地揭露讽刺日伪统治的黑暗，呼吁人民群众起来进行斗争。画刊还登载中国工农红军长征进入云南、东北抗日联军第一军进攻兴京县城等消息，鼓舞在白色恐怖统治下的黑龙江和东北人民。他们的活动引起日本领事馆的警觉，金剑啸、姜椿芳和画刊编辑部人员被捕入狱，《大北新报画刊》随之停办。姜椿芳出狱后到上海，继续从事抗日工作。哈尔滨的抗日爱国作家群体从此解散。陆续转移至上海等地的罗烽、白朗、萧军、萧红、舒群、姜椿芳等东北籍作家，继续活跃于左翼文坛，写出大量反映东北抗日斗争的文学作品。①

① 中共黑龙江省委史志研究室：《中国共产党黑龙江历史》第1卷，中共党史出版社2021年版，第220—226页。

左翼文化通过书刊、电影、歌曲等各种文化形式在全国其他城市也得到广泛传播，对在广大人民群众中揭露国民党当局倒行逆施、日本帝国主义侵略，鼓舞人民群众抗日斗志具有重要意义，启发引导大批进步青年走上革命道路。

二、左翼文化运动在海外的开展及影响

中国左翼文化是中国的，也是世界的。作为世界革命文化的组成部分，中国左翼文化影响至海外广大地区，起到沟通中国文化和世界文化交流融合的桥梁作用。特别是鲁迅有巨大的世界影响和国际威望，生前就有不少作品被翻译成外国文字。①

在国外东京，留日学生成立左联东京分盟。1933 年 3 月，日本警察借口“日本无产阶级科学同盟华侨班”为非法，大规模逮捕中国留日学生，东京左联遭到毁灭性打击。1933 年 9 月，左联盟员林焕平到日本留学，行前周扬嘱托其到东京后，设法恢复东京左联。12 月，东京左联恢复，林维梁、陈一言和林焕平组成干事会，林焕平任书记。东京左联不断吸收新力量，开展革命文艺活动。

1934 年 8 月，东京左联成立东流社，创办文艺月刊《东流》。1935 年 5 月，成立杂文社，创办文学月刊《杂文》(后改名《质文》)。7 月，成立诗歌社，创刊《诗歌》杂志，发表马克思主义文艺理论和各国革命文学作品。由于从中国到日本留学的学生不断增加，又组织艺术聚餐会，以中国留日学生为主体开展一系列文学艺术交流活动。1935 年，聂耳为防当局的迫害到日本后参加艺术聚餐会，并发表演说。

1935 年 10 月 18 日，在东京的左翼美术工作者举行中华美术座谈会第一次习作展览会，总计 26 人参加作品展。其中木刻部分展品主要来自平津木刻研究会举办的第一次全国木刻联合展。黄新波等创作的木刻被东京

① 戈宝权:《鲁迅的世界地位与国际威望》,《福建师大学报》(哲学社会科学版)1977 年第 4 期。

左联创办的刊物用做封面装帧或插图。鲁迅、郭沫若积极支持东京左联的工作，为刊物撰稿，指导盟员活动及创作。1936 年夏，左翼留日学生 20 余人成立文海文艺社，创刊《文海》月刊，得到郭沫若、秋田雨雀的支持。《文海》共编 2 期，发表了进步文学作品。①

东京左联与日本左翼文艺界有较多联系，林焕平等拜访过江口涣、中野重治和森山启等日本左翼作家。话剧《雷雨》在日本的首演得到秋田雨雀和藤森成吉的热情支持。秋田雨雀还为蒲风的长诗《六月流火》题写书名，给中国左翼文艺青年热情鼓励。中国左联解散不久，东京左联也宣布解散。②

日本进步文艺界注重对鲁迅和中国左翼文艺的研究。1928 年，日本新闻联合通讯社特派记者山上正义在日本《新潮》杂志三月号发表《谈鲁迅》一文，介绍鲁迅的生平和创作活动。1931 年 10 月，日本四六书院出版《中国小说集・阿 Q 正传》日文版，由山上正义翻译，日本记者尾崎秀实编辑。本书为纪念牺牲烈士，卷前刊登李伟森、宗晖、冯铿和殷夫 4 人照片，书中除收录山上正义翻译的《阿 Q 正传》外，还收有胡也频的《黑骨头》、柔石的《一个伟大的印象》(译为《伟大的印象》)、冯铿的《红的日记》(又名《女同志马英的日记》) 等作品。

尾崎秀实以白川次郎笔名作题为《谈中国左翼文艺战线的现状》的序，评介鲁迅、左联及左翼文艺运动情况。序中说："鲁迅不但是声名卓著的作家，而且自从他成为自由大同盟的领导者之后，他的活动更值得钦佩。正如大家所知道的，他是左联的泰斗，至今还是果断地参加着战斗。"同时，还将左联的《中国左翼作家联盟为国民党屠杀同志致各国革命文学和文化团体及一切为人类进步而工作的著作者思想者书》融入序文中。③山上正义在

① 余冰：《在日本出版的〈文海〉》，《寻根》2013 年第 2 期。

② [日] 小谷一郎：《东京"左联"重建后留日学生文艺活动》，上海社会科学院出版社 2012 年版，第 4 页。

③ 王锡荣：《"左联"与左翼文学运动》，上海人民出版社 2016 年版，第 330 页。

《关于鲁迅及其作品》一文称鲁迅是文坛泰斗，是自从国民革命二十年以来“中国现代文学的主流的唯一代表者”。①

1931 年 10 月，原野昌一郎发表的《中国新兴文艺与鲁迅》，认为“鲁迅就是中国农村乡土的一个最优秀的画家”，“在中国现代小说家中他是独树一帜，是一个坚壮严正的作家。至难从事的心理描写他能办得到——这是他的伟大处”。②1932 年 4 月，增田涉的《鲁迅传》在日本《改造》月刊发表。1935 年日本文学家佐藤春夫、增田涉合译的《鲁迅选集》由日本东京岩波书店出版，内含鲁迅 11 篇作品。

1936 年 2 月，鲁迅应内山完造邀请，在上海会见日本改造社社长山本实彦。山本实彦主办的综合性月刊《改造》曾发表鲁迅的《看“萧”和看“萧”的人们》《关于中国的两三件事》《在现代中国的孔夫子》等文章。1937 年，日本改造社翻译出版《大鲁迅全集》，佐藤春夫、内山完造与茅盾、许广平、胡风等被聘为编辑顾问。

英美等西方国家的进步文化界与中国的左翼文化也有广泛联系和互动。1930 年，中国左联成立后，即与美国刊物《新群众》和美国共产党领导下的约翰·里德俱乐部取得联系。1930 年 12 月，《新群众》给中国左联的信刊登在《前哨》创刊号，文中说道：“我们能够在共同努力的工作上合作，我们是非常感激的。我们盼望在一切可能的范围内，尽我们的所能以作你们的帮助。”说明中美双方革命文艺运动斗争目标的一致性。

1931 年左联五烈士牺牲后，鲁迅等起草《为国民党屠杀同志致各国革命文学和文化团体及一切为人类进步而工作的著作家思想家书》，呼吁国际给以声援。该文除刊登在《前哨》上以外，另有左联致高尔基英文版，美国《新群众》载英文版、俄文版、日文版等国际版本。该文在国际革命作家联盟的《世界革命文学》中题名《为国民党屠杀中国革命作家宣言》，签名

① 转自戈宝权：《鲁迅在世界文学上的地位》，陕西人民出版社 1981 年版，第 46 页。

② 转自张梦阳：《中国鲁迅学史》，江苏凤凰文艺出版社 2021 年版，第 118—119 页。

的苏、德、美、法等 12 个国家的 28 名作家中，有苏联作家法捷耶夫、革拉特科夫、潘菲罗夫，法国作家巴比塞，德国作家倍赫尔、西格尔斯，美国作家辛克莱、果尔德等。各种国际版本的宣言掀起了国际革命作家抗议中国国民党屠杀左翼进步作家的轰动性宣传，显示左翼文化的国际性联合和影响。[①]

1931 年 8 月 5 日出版的《文学导报》，刊载了出席第二次世界革命文学大会各国代表中的一部分抗议文稿，其中德国革命作家路特威锡·棱和奥地利革命诗人翰斯·迈伊尔的抗议稿皆由鲁迅译出。1931 年 11 月 22 日，美国著名作家杜威、杜兰特、果尔德、安东尼等 104 人，为抗议中国当局捕杀左联作家和进步文化人，组织委员会联名向中国驻美公使馆提交抗议书，反抗中国政府当局的暴行。

1932 年一·二八事变爆发后，美国左翼文化界发表宣言，号召作家、教员、科学者、音乐者等起来反对帝国主义瓜分中国，“调转文化武器反对帝国主义者战争制造人”。[②]1935 年 4 月，美国作家联盟成立，因为要更多团结进步作家，没有冠以“左翼”“普罗”等词语。出席成立大会的代表有 200 人，听众有 4000 人，墨西哥、古巴、德国都有代表参加。会上发表了《进步作家的价值》《普罗运动对于作家的利益》《美国左翼文化运动的传统》《苏联作家研究》《马克斯批评的发展》等演说。大会选举了 50 名全国委员，17 名执行委员。[③]中国左联发出的《中国左翼作家联盟致美国作家代表大会的贺信》，6 月发表在美国《今日中国》第 3 卷第 6 期，同期还发表了宋庆龄写给美国作家代表大会的贺信。同年，美国作家联盟出版《美国无产阶级作家文集》。1937 年 6 月，第二次美国作家大会召开，讨论“拥

① 郭帅、李掖平：《左联的国际宣传策略及其历史回响——以“左联五烈士”事件为中心的考察》，《东岳论丛》2018 年第 4 期。

② 《美国左翼文化界反对国际帝国主义瓜分中国进攻苏联》，《中国与世界》1932 年第 9 期“国际论坛”，1932 年 2 月 5 日。

③ 柯：《美国同盟作家之成立》，《大美晚报》1935 年 7 月 1 日。同年，中国的《时事类编》《大钟》《清华周刊》《中山文化教育季刊》等刊物也有介绍。

护文化、民主与和平，反对法西斯主义与战争问题”。[①] 中国文化界给予密切关注并报道。

鲁迅的作品在英美也有翻译出版。1931 年，英国人米尔斯的译本《阿 Q 正传》在美国出版。1934 年，美国哥伦比亚大学出版王际真翻译的《阿 Q 及其他》。[②] 鲁迅的《中国文坛上的鬼魅》，1934 年先发表在英文刊物《今日中国》杂志第 1 卷第 5 期，后收录到杂文集《且介亭杂文》再由英文转译，登在德文和法文的《国际文学》上。[③]

美国新闻记者、作家史沫特莱参加了许多中国左翼文化活动，与鲁迅、茅盾、夏衍、丁玲等有深入交往。她借助美国《新群众》《新共和》《今日中国》等左翼刊物，积极介绍中国左翼文化情况，帮助发表鲁迅等人的作品，促成中国左翼文化与美、欧左翼文化的传播交流，扩大中国左翼文化运动在海外的影响。[④] 在史沫特莱的努力下，1931 年 1 月，《新群众》第 6 卷第 8 期发表题为《中国作家的来信》，首次向国外介绍中国左联情形，说“联盟是中国革命艺术家和作家的领导机构”。该期还刊登史沫特莱为鲁迅五十诞辰拍的照片，底端附有文字介绍：“鲁迅（Lo Hsun）——中国最伟大的短篇小说家，全中国左翼作家联盟的领袖，摄于他五十寿辰之日。他还又积极参加自由大同盟和其他的左翼文化团体。”[⑤]2 月，史沫特莱在《新群众》第 6 卷第 9 期上发表《穿过中国的黑暗》，详细介绍中国左联的成立及左翼文艺界的情况。6 月出版的第 7 卷第 1 期的《新群众》，发表题为《中国作家致全世界的呼吁书》，表达对国民党政府杀害左联五烈士的强烈抗议，呼吁国际社会保护进步文化人士。同时还刊登左联五烈士胡也频、柔石、冯铿、李伟森、殷夫及剧联成员宗晖六位被杀害的文艺工作者照片和简介。

---

① 《美国作家大会》,《时事类编》第 5 卷第 10 期，1937 年 8 月 1 日。

② 姜峻：《鲁迅小说国外影响一瞥》,《锦州师院学报》1984 年第 4 期。

③⑤ 戈宝权：《谈在美国发表的三封中国左翼作家联盟的信》，尹均生、曹毓英主编：《纪念史沫特莱》，新华出版社 1987 年版，第 381—387 页。

④ 刘小莉：《史沫特莱与中国左翼文化》，浙江大学出版社 2012 年版，第 109、115 页。

美国著名记者埃德加·斯诺与鲁迅等人也交流频繁。1933 年他与姚克合作翻译出版《阿 Q 正传》等作品。他在鲁迅、茅盾等鼓励和支持下，历时 5 年编译出版的英译短篇小说集《活的中国》，1936 年由英国伦敦乔治·哈拉普公司出版。这是第一本向西方介绍中国现代作家的小说选集，收有鲁迅、柔石、茅盾、丁玲、巴金、郭沫若、郁达夫、张天翼、萧军、杨刚、沙汀等 15 位中国作家的 24 篇作品。第一部分为鲁迅作品，包含《药》《一件小事》《孔乙己》《祝福》《风筝》等 7 篇作品。在翻译该书过程中，斯诺还特意请鲁迅拍摄一张半身照，与斯诺撰写的《鲁迅——白话大师》一起刊登在 1935 年 1 月美国的《亚细亚》杂志。其后这张照片刊登在英国出版的《活的中国》的扉页，《鲁迅——白话大师》一文修改后题为《鲁迅评传》，收入《活的中国》。《亚细亚》杂志还刊登斯诺夫人尼姆·韦尔斯《中国的新艺术》，介绍中国的新兴木刻艺术。鲁迅逝世后，斯诺撰写《向鲁迅致敬》，认为“鲁迅这个名字本身在历史的史册上就占有着光辉的一页”。[①] 该文发表于 1937 年 6 月 8 日出版的英文刊物《民主》。

由美国记者伊罗生主编的《中国论坛》，1932 年 1 月 13 日在上海创刊，最先是英文版，第 2 卷开始有英中双语版。该刊创刊号揭露左联五烈士事件，刊登国际文化界对中国当局暴行的抗议和对左翼文化的声援。其后还刊登胡也频、柔石、殷夫等一些左翼作家的作品。1934 年，为介绍一批有才华的青年左翼作家的文学作品，伊罗生选编英译中国左翼短篇小说《草鞋脚》，鲁迅、茅盾为其提供重要帮助。鲁迅专门撰写的《〈草鞋脚〉（英译中国短篇小说集）小引》，1935 年编入《且介亭杂文》。[②]

1936 年，捷克著名汉学家雅罗斯拉夫·普实克与鲁迅数次通信，讨论

① 姚锡佩：《斯诺〈向鲁迅致敬〉的启示》，西北大学鲁迅研究室编：《鲁迅研究年刊》（1984），陕西人民出版社 1985 年版，第 328—330 页。

② 当时未能出版，1974 年美国麻省理工学院出版，篇目与当年鲁迅、茅盾商定的有很大变化。参见孔海珠：《“文总”与左翼文化运动》，上海人民出版社 2016 年版，第 176—178 页；许敏：《考察中国现代小说早期英译〈草鞋脚〉》，《复旦外国语言文学论丛》2016 年秋季号。

编译鲁迅著作事宜。7月，鲁迅为他翻译的短篇小说选集写序言，说道："自然，人类最好是彼此不隔膜，相关心。然而最平正的道路，却只有用文艺来沟通，可惜走这条道路的人又少得很。""我的作品，因此能够展开在捷克读者的面前，这在我，实在比译成通行很广的别国语言更高兴。"[①]1937年12月，捷克布拉格人民文化出版社出版了普实克与弗拉斯塔·诺沃特娜翻译的《呐喊》，选录鲁迅《阿Q正传》《孔乙己》《狂人日记》《故乡》等8篇小说，书前印有鲁迅写的序言，书后附有注释和普实克写的《后记：鲁迅及其作品》。[②]

中国快速发展的新兴木刻艺术在法国得以展示。1934年3月，由鲁迅负责挑选搜集的58幅木刻作品，以及其他中国进步画家的画作共78幅作品组成的"革命的中国之新艺术"展，在法国巴黎展出。展览前言中写道："从中国的中心，给我们寄来了这些绘画、木刻画。这些艺术作品极其有力地、非常感人地表现了中国绝大多数劳动者为争取其解放而进行的战斗。"[③]当时巴黎许多报刊对该展有报道，表达对中国革命画作的兴趣，肯定中国青年画家的艺术水平和努力。[④]

在东南亚地区，华侨数量庞大，实力雄厚，对中国革命的重要性不言而喻。中国革命文化在南洋地区也得到广泛推介传播，对当地新文化的形成起到重要作用。[⑤]在左翼文化运动时期，中国左翼文化对马来西亚、新加坡的华人文化的影响较深，文化交流密切。中国左翼文化通过洪灵菲、许杰、马宁等南下作家的努力，对当地的文学艺术、社会思想等各方面产生不同程度的影响。同时他们创作的以南洋地区为题材的文学作品，也以其独特的人物

---

① 鲁迅：《〈呐喊〉捷克译本序言》，《鲁迅全集》第6卷，人民文学出版社2005年版，第544页。

② 戈宝权：《鲁迅和普实克》，鲁迅研究室编：《鲁迅研究资料》第3辑，文物出版社1979年版，第296—317页。

③ 北京博物馆鲁迅研究室编：《鲁迅研究资料》第7辑，天津人民出版社1980年版，第149—167页。

④ 乔丽华：《"美联"与左翼美术运动》，上海人民出版社2016年版，第134—142页。

⑤ 郭惠芬：《新马华文文学的现代与当代》，厦门大学出版社2002年版，第1—6页。

形象和地域色彩丰富了中国现代文学的宝库，在推动新加坡、马来西亚华文文学的发展，促进中国文学与新马华文文学的交流方面起到重要作用。①

青年作家洪灵菲，将大革命失败之后流亡南洋的经历化入归国后发表的系列格调高远、意境开阔的“流亡三部曲”(《流亡》《前线》《转变》)，在中国新文学和南洋华人文学中产生广泛影响。在国内较早提倡无产阶级革命文学的许杰，1928 年夏被迫流亡南洋的近一年半时间中，发表《新兴文艺短论》及小说《马戏班》《锡矿场》等作品，将中国革命文学理论结合南洋当地的实际情况加以创作，具有鲜明的时代感。他以吉隆坡文艺副刊《枯岛》为阵地，积极倡导新兴文艺运动，是较早在马来西亚、新加坡创办文艺刊物，从事文学活动并产生过极大影响的中国作家，也是“在新马宣传新兴文学理论的第一位中国作家”。② 马宁，1930 年加入左联和中国共产党，1931 年他被迫离开上海到南洋地区。他在马来西亚共产党人支持下，参考中国左联活动经验，发起组织成立“马来亚普罗艺术联盟”(简称“马普”)，还被委任为马来西亚反帝大同盟（简称“马反”）的宣传部部长。马宁在“马普”“马反”工作期间，做了大量左翼文化的宣传推广工作。“马反”和“马普”不断发展壮大，在全南洋各殖民地已有组织，为进一步扩充力量、统一行动，1933 年在马来西亚柔佛州新山市外的原始森林中召开为期一周的全南洋各殖民地各民族的代表大会。马宁作为代表参加大会，并主持这个有重大历史意义的大会。③ 在上海从事左翼文化运动的王宣化，1934 年到马来西亚后，先后担任在马来西亚拥有众多读者和影响力的《中华晨报》《南华日报》总编，主持领导的马来西亚华侨抗敌后援会，团结各阶层爱国华侨，在统战工作和抗日救亡宣传中起到积极作用。④

① 肖怿：《二十世纪二三十年代中国南下的革命作家与南洋的关系——洪灵菲、许杰、马宁研究》，厦门大学 2008 年硕士学位论文。

② 许玄：《绵绵清溪水——许杰纪传》，山西人民出版社 2000 年版，第 92 页。

③ 马宁：《左联杂忆》，《左联回忆录》，知识产权出版社 2010 年版，第 109—110 页。

④ 泉州市地方志编纂委员会：《泉州市志人物传稿》第 3 辑“华侨人物专辑”，1991 年印行，第 75—76 页。

中国左翼电影在南洋地区也深受欢迎。1933 年联华影片公司出品的左翼影片《母性之光》，在南洋创造票房佳绩。中国第一部获得国际奖的影片《渔光曲》，在南洋地区也深受欢迎。它在曼谷南星戏院连映 8 天，被观众高度认可。1935 年，新加坡华兴公司购买联华公司出品的《大路》《新女性》等影片上映。新加坡老牌电影公司东亚影片公司，获得明星影片公司《姊妹花》在马来西亚的专映权。因当时国语在南洋尚未普及，为使观众更好观看左翼电影，南洋一些电影公司对影片进行声音处理。如电通影片公司的《自由神》引进暹罗后，变成全部潮州话对白声片。中国左翼电影通过影片、华文报纸等媒介，传播到南洋地区，进入南洋华侨的视野，扩展左翼电影的传播阵地，传播左翼文化思想观念。①

第二节　左翼文化运动的历史贡献

左翼文化运动是国内阶级斗争和民族矛盾激化的时代产物，也是深受国际左翼文化思潮影响的结果。在中国共产党的领导下，左翼文化人以马克思主义为指导，敢于直面残酷的社会现实，从反帝反封建的革命斗争中取得不竭的创作源泉和精神动力，创作许多鼓舞人心的文化成果，启发更多民众走上革命的道路，为中国新民主主义革命胜利作出重要贡献。

一、努力探寻中国新文化出路，开辟民族的科学的大众的无产阶级文化发展新道路

大革命失败后，中国革命道路何去何从成为紧要问题，一些革命作家和进步知识分子对此进行深思探讨。在此过程中，他们以马克思主义理论为指

① 徐文明：《20 世纪 30 年代中国左翼电影在南洋的传播与影响》，《电影理论研究》（中英文）2021 年第 3 期。

导，高举无产阶级革命文化旗帜，开展左翼文化运动，开辟出一条民族的科学的大众的文化发展新道路。

在文化民族化方面，左翼文化运动主张中华民族独立富强，反对帝国主义侵略和奴化殖民思想，它在吸取外来优秀文化的同时，采用符合中国人民大众的语言形式和文化习惯，创造出许多反映时代需求、具有中华民族特色的优秀精神产品。鲁迅 1907 年就在《文化偏至论》中认为中国文化的明哲之士，“必洞达世界之大势，权衡较量，去其偏颇，得其神明，施之国中，翕合无间。外之既不后于世界之思潮，内之仍弗失固有之血脉，取今复古，别立新宗，人生意义，致之深邃，则国人之自觉至，个性张，沙聚之邦，由是专为人国。人国既建，乃始雄厉无前，屹然独见于天下，更何有于肤浅凡庸之事物哉？”[①]1934 年，鲁迅在推进新兴木刻时再次指出博采众长的良策：“采用外国的良规，加以发挥，使我们的作品更加丰满是一条路；择去中国的遗产，融合新机，使将来的作品别开生面也是一条路。”[②]他坚信中国文化能重焕活力，“将来的光明，必将证明我们不但是文艺上的遗产的保存者，而且也是开拓者和建设者”。[③]他特别强调中国艺术要突出中国的“地方色彩”。1933 年他在给青年木刻者何白涛的回信中，指出中国木刻可以采用外国的构图和手法，但也应该参考中国旧木刻的构图模样，要竭力使人物显出中国人的特点来，使观者一看便知道这是中国人和中国事，“艺术上是要地方色彩的”。在鲁迅的悉心扶持下，中国新兴木刻承载革命与救亡思想，在中华民族解放运动中发挥重要作用。左翼音乐的开创者和奠基者聂耳，在音乐的民族化方面做出不懈的探索。1934 年，聂耳组建森森音乐社（又名森森国乐队）。他根据民间乐曲选编演奏的《翠湖春晓》《金蛇狂舞》《山国情侣》《昭君和番》《孟姜女》《虞舜薰风曲》《高山流水》等多首民族器乐合奏曲，经过乐队训练后录制成唱片发行，“结果得到很大成功”。聂耳说

① 鲁迅：《文化偏至论》，《鲁迅全集》第 1 卷，人民文学出版社 2005 年版，第 57 页。
② 鲁迅：《木刻引程・小引》，《鲁迅全集》第 6 卷，人民文学出版社 2005 年版，第 50 页。
③ 鲁迅：《引玉集・后记》，《鲁迅全集》第 7 卷，人民文学出版社 2005 年版，第 441 页。

森森国乐队“完全用中国乐器奏中国曲子，加上科学的组织与和声，成为一种中国音乐的新形式，在沪上表演过几次，曾经轰动一时”。[①] 左翼文化运动取得的成就，充分体现在马克思主义不仅要同中国革命实践相结合，而且还要同中华民族优秀传统文化相结合。

在文化大众化方面，左翼文化人以科学的马克思主义为指导，认为文化属于人民，是无产阶级为自身利益而斗争的一种武器，致力于文化大众化的实践。他们反对文艺成为少数人垄断的玩赏品和脱离人民故作高雅的艺术倾向，批判资产阶级唯美主义、颓废主义、享乐主义、“为艺术而艺术”等形形色色的文艺观，在各类文艺论争中传播马克思主义文艺理论。

在文艺大众化讨论和实践中，左翼文化人对无产阶级文艺创作的方针、主题、方法等都进行深入探讨。他们提倡“以新的世界观，无产阶级的世界观，战斗的唯物论为背景，新美学的法则，表现无产阶级的现实生活、意识、心理和感情”，“对于敌人的厌恶，对于同志的团结，激发斗争的意志，提起努力的精神”。[②] 他们强调：“真正彻底的革命，若不由无产阶级者——就是劳动者和农民——来做中心人物，是不会成功的。”[③] 中国诗歌会指出新诗歌“取材亟求普及，讴歌出人类的疾苦，诗歌方面也亟求普遍、通俗、大众化而成为大众的诗歌”。[④] 剧联提倡戏剧大众化，提出要“深入都市无产阶级群众当中，取本联盟独立表演，辅助工友表演，或本联盟与工友联合表演三方式领导无产阶级的演剧运动”。木刻艺术工作者感召时代的呼唤，担负木刻艺术的大众化重任。《木刻界》发刊词中说：“我们用木刻做工具，唤醒全国民众的民众意识这是最恰当的。所以在推进现代木刻的途径中，我们不能忽略下面二点：一是求木刻艺术的修养，二是木刻艺术的大众化，积极唤醒民众精神。”

---

① 《聂耳全集》（中）增订版，文化艺术出版社2011年版，第162页。

② 克兴：《评驳甘人的“拉杂一篇”》，《创造月刊》第2卷第2期，1928年2月。

③ 郁达夫：《无产阶级专政和无产阶级的文学》，《洪水》第3卷第26期，1927年2月1日。

④ 《中国左翼戏剧家联盟最近行动纲领》，《文学导报》第1卷第6、7期合刊号，1931年10月23日。

在文艺大众化思想指导下，左翼作家根据左联发出“到工厂、到农村，到战场上，到被压迫群众当中去”的号召，身体力行，深入工厂农村，创办通俗刊物，创作民谣歌谣，建立工人夜校；在工厂组织读报组、办墙报，开展工农通讯员活动；创办通俗杂志、创作通俗小说，竭力接近民众，为普通大众补习文化，传播知识。左翼戏剧人积极推动戏剧大众化实践，创办通俗刊物，举办工人蓝衣社，建立艺术供应社，使左翼话剧突破只能在都市剧院演出的狭小圈子，进入工厂、农村，走入民众的生活。特别是“街头戏剧”以较为新颖的方式，在街头直接面向民众。左翼电影人在文艺大众化路线的指引下，确立无产阶级文艺观，首次将劳工、贫农、包身工、小职员等普通劳苦大众作为银幕主人公，形象地诠释人民大众在民族危机深重、阶级矛盾激化中奋起抗争的力量。左翼音乐人积极宣传马克思主义无产阶级文艺观，创作出大批充满战斗激情和生活气息的群众歌曲，都用音乐方式准确表达了劳苦大众对敌斗争的坚定信心，充分发挥音乐振奋民族精神、鼓舞人心的作用。

左翼社会科学工作者作为无产阶级革命理论的主力军，在文化大众化推进方面起到重要作用。1931 年九一八事变后，社联和其他左翼文化团体共同创办政论性周刊《九・一八》，社联党团书记朱镜我撰写了许多笔锋凌厉、词气昂扬的社论性文章，表达人民革命救亡的意愿。1932 年一・二八淞沪抗战爆发，社联、左联合作创办《白话报》，朱镜我担任主编，文字力求通俗浅显，以政论、报道、诗歌、散文等形式，及时报道前线战况，激发军民抗日热情。上海各大学成立的社联小组抗日活动非常活跃，以社联小组成员为骨干，组织救护队，到前线去救护伤员。不少社联盟员分别在自己所在的学校、工厂、街道，发动建立各种抗日救亡团体。1935 年社联新纲领指出社联成员要推动社会科学的通俗化和大众化，要耐心教育广大民众，提高他们的认识，使他们成为马列主义的拥护者及理论的战斗者。① 在此思想指引

① 《中国社会科学者联盟纲领草案》，上海市哲学社会科学学会联合会编：《中国社会科学家联盟成立 55 周年纪念专辑》，上海社会科学院出版社 1986 年版，第 255—256 页。

下，左翼社会科学工作者通过创办读书会、报告会、夜校、图书馆等方式，面向工农大众开展哲学社会科学宣传普及活动。柳湜、艾思奇、夏征农等通过李公朴主办的《申报》图书馆创设的读书指导部，公开答复公众对于哲学社会科学的疑问，深受青年读者欢迎。暨南大学的社联小组，利用与学生会的亲密关系，通过学生会出面，请有威望的进步教授、社联盟员李达、邓初民到学校做报告，宣传全民抗战，反对不抵抗主义。①

左翼文化运动把无产阶级文化运动同群众革命运动紧紧结合起来，无论是在反映社会生活的广度和深度方面，或是在人物形象的多样性、典型性和科学性方面都达到了新高度，留下了大量优秀的文化成果。正如鲁迅所说："现在，在中国无产阶级的革命的文艺运动，其实就是唯一的文艺运动。因为这乃是荒野中的萌芽，除此以外，中国已经毫无其他文艺。""左翼文艺仍在滋长但自然是好像压于大石之下的萌芽一样，在曲折地滋长。"② 通过文化民族化科学化大众化发展，不仅锻炼了左翼文化人的革命意志和实践经验，而且使他们能更好地在群众中开展工作，得以保存和发展革命力量。

左翼文化运动开辟的中国新文化发展方向，在其后不同历史时期得以继续发展。1937 年全民族抗战爆发后，为继续探索新文化如何与人民群众相结合的问题，革命文艺界进行民族形式的大讨论。1940 年，毛泽东发表《新民主主义论》，系统地阐明民族的科学的大众的新民主主义文化理论，指出"所谓新民主主义的文化，一句话，就是无产阶级领导的人民的反帝、反封建的文化"。③1942 年，毛泽东发表《在延安文艺座谈会上的讲话》，提出文艺为人民大众首先是为工农服务的方向。在此思想指引下，文化民族化、大众化得到更为广泛地开展，推动了抗日根据地文化运动的蓬勃发展。新中国成立后的文化发展方向和道路也可说是"三十年代的革命的文化

---

① 徐素华：《中国共产党与中国社会科学家联盟》，《中国社会科学院纪念中国共产党成立七十周年论文集》，社会科学文献出版社 1991 年版，第 536—537 页。

② 鲁迅：《黑暗中国文艺界的现状》，《鲁迅全集》第 4 卷，人民出版社 2015 年版，第 292 页。

③ 毛泽东：《新民主主义论》，《毛泽东选集》第 2 卷，人民出版社 1991 年版，第 695 页。

运动的继续”。[①]

二、将马克思主义与中国革命实际相结合，推进马克思主义中国化的发展进程

马克思主义中国化包含丰富的文化传承发展、交锋融合的过程。土地革命战争时期是中国共产党独立自主领导中共革命的关键时期，也是马克思主义中国化的关键发展阶段。[②] 在这个阶段，以毛泽东为代表的中国共产党人领导的土地革命战争，是推动马克思主义中国化的主导力量，是马克思主义中国化发展的主要方面；受中国共产党领导和影响的左翼文化运动，在马克思主义中国化中也作出重要贡献。这两种力量相互联系、相互作用，共同推动马克思主义中国化的发展进程。[③]

左翼文化运动作为 20 世纪中国文化发展的一座高峰，它为新民主主义文化观的形成提供思想理论基础和文化资源，为党的文化事业长远发展奠定历史基础。[④] 相对于以往，左翼文化运动时期对马克思主义传播的内容更为全面，传播的方式更为多样，自觉运用马克思主义分析中国社会性质和国情更加深入，马克思主义与反马克思主义、非马克思主义思潮斗争更为深入集中。

艰巨复杂的革命形势，迫切需要科学理论作指导。左翼文化人运用马克思主义，分析认识中国国情，进行革命创作，在实际斗争中推动马克思主义与中国实际相结合；同时，加大马克思主义传播力度，促使更多进步青年坚定马克思主义信仰，进一步扩大左翼文化运动的影响。

1930 年 3 月 2 日，左联成立时通过的总纲领中就明确提出，要把“确

---

① 胡乔木：《携起手来，放声歌唱，鼓舞人民建设社会主义新生活》，《左联回忆录》，知识产权出版社 2010 年版，第 3 页。

② 高正礼：《民主革命时期马克思主义中国化中的论争》，安徽师范大学出版社 2013 年版，第 205—210 页。

③ 崔凤梅、毛自鹏：《左翼文化运动与马克思主义中国化研究》，人民出版社 2015 年版，第 2 页。

④ 崔凤梅、毛自鹏：《左翼文化运动与马克思主义中国化研究》，人民出版社 2015 年版，第 189 页。

立马克思主义的艺术理论及批评理论”作为工作的基本方针之一，并成立马克思主义文艺理论研究会。1932 年，左联国际联络委员会，将“指导翻译国际革命普罗文学作品和文艺理论书籍论文”作为执行的一项主要任务。为传播和维护马克思主义文艺理论，左翼文化人与新月派、民族主义文学派、“自由人”、“第三种人”等资产阶级文艺流派，就文艺与阶级、文艺与社会和时代等重大问题展开讨论。同时，用马克思主义文艺理论审视五四运动以来中国新文学发展成就，就创作题材、方法和形式进行深入探讨，引入唯物辩证法、社会主义现实主义等创作方法，描绘中国现实社会，使马克思主义世界观、革命观得到广泛共鸣，深入人心。

左翼哲学社会科学工作者是马克思主义中国化的主力军。社联成立时盟员约 30 人，大部分都是中共党员，在马克思主义中国化中发挥重要作用。1930 年社联成立大会上通过的纲领，鲜明亮出马克思主义的科学性质和实践斗争精神：“马克思主义已经在全世界上占着胜利，马克思主义已经证明是贯通社会科学与自然科学的唯一正确的基础。”指出：“马克思主义不仅限于理论，它的伟大特点，还在它是和实际运动相联系的，理论和实际的合一，是马克思主义的一个基本原则。”纲领指出社联成立的五个主要任务：一是要以马克思主义的观点分析中国及国际的政治经济，促进中国革命；二是要介绍和研究马克思主义的理论，并将它普及到一般民众；三是要扩大马克思主义的宣传，驳斥民族改良主义等非马克思主义和社会民主主义、托洛茨基主义及机会主义等假马克思主义理论，系统领导和推动中国新兴社会科学运动的发展；四是在进行理论斗争的同时，还要积极参加无产阶级解放运动的实际斗争，争取言论、出版、集会等自由；五是为维护马克思主义理论的严肃性和纯正性，要“严厉的驳斥一切非马克思主义的思想——如民族改良主义，自由主义——及假马克思主义的理论——如社会民主主义，托洛茨基主义及机会主义”。①

① 《中国社会科学家联盟纲领》，上海市哲学社会科学学会联合会编：《中国社会科学家联盟成立 55 周年纪念专辑》，上海社会科学院出版社 1986 年版，第 248 页。

在抗日救亡新形势下，1935 年 10 月，社联根据新文总的有关指示精神发表新纲领草案，再次表达鲜明的马克思主义立场：社联是信仰和倾向马列主义的社会科学者自由集合起来的文化团体；联盟的一切活动，是为反帝反封建的民族革命和土地革命而斗争；马列主义者永远站在一切进步的社会科学者的最前哨。社联盟员，要坚决发挥马列主义的阶级性、党派性、革命性，运用辩证法唯物论、从革命实践中研究现实政治经济和出路；推进社会科学通俗化和大众化工作，阐明中国和中国文化出路，使工人、农民、小市民等成为马列主义的拥护者和理论上的战斗者。①

在纲领指导下，左翼哲学社会科学工作者作为宣传运用马克思主义的重要力量，通过对中国社会性质、中国社会史、唯物辩证法等问题展开论战，出版和翻译大量马克思主义理论著作，不仅扩大和巩固了马克思主义宣传阵地，有助于摆脱革命实践中的许多迷茫和困惑，更加清晰地认识到中国社会所处的半殖民地半封建社会性质，而且为党制定正确的革命路线、方针和政策奠定基础和理论依据。

左翼哲学社会科学工作者通过通俗化大众化运动，一扫哲学艰深玄妙的迷雾，使哲学社会科学从书斋走向人民大众，使许多进步青年学生的世界观转向辩证唯物主义和历史唯物主义，充分显示马克思主义的巨大力量。夏衍回忆道：没有左翼哲学社会科学者的努力，马克思主义思想不可能在中国迅速普及。即使当时对于马克思主义在中国的传播或是初步浅率的，但影响了进步青年的世界观改造，使他们更接近无产阶级，更接近共产党，对于中国社会的前进作出历史性的贡献。②

在国内民族矛盾、阶级矛盾日益尖锐复杂的情形下，众多左翼文化工作者、进步知识分子不怕危险、英勇奋斗，设法利用各式各样的斗争方式，系统性地翻译出版了大量新兴社会科学和马克思主义经典著作。在译介对象的

① 《中国社会科学者联盟纲领草案》，孔海珠：《左翼·上海》，上海文艺出版社 2003 年版，第 381 页。

② 徐素华编著：《中国社会科学联盟史》，中国卓越出版公司 1990 年版，第 4—5 页。

选择、译介的规模、译介的内容等各方面，都反映这一时期对马克思主义理论认识的深入。

1933 年一篇讨论中国社会学现状的文章中指出这一现象："现代中国出版界本极萧条，唯独社会科学之刊行，乃极发达。但此地所说之社会科学，在实际上，总有十分之七八，全是马克思主义的宣传品。现在学理科的学生亦需要懂一点马克思主义。即遇一中学生而谈社会学，他亦要问你是什么立场，大有不懂唯物辩证法便不配来讲社会学之势。"① 时人总结当时新兴社会科学的出版特点：一是新兴的社会科学抬头；二是关于经济学的书籍占多数；三是关于方法论——尤其是唯物辩证法这一类书籍的流行；四是关于苏联研究的书籍和关于帝国主义的书籍，占了不少的数目；五是关于历史方面，如经济史、革命史经济学史及社会思想史等——也占了相当的数目。②《资本论》第一卷、《反杜林论》、《政治经济学批判》、《唯物主义与经验批判主义》等著作的第一个全译本，都得以在这一时期出版。在马克思主义经典著作翻译中，又特别注重介绍辩证唯物论的传播和应用。艾思奇指出，1927 年以后"唯物辩证法风靡了全国，其力量之大，为二十二年来的哲学思潮史中所未有。学者都公认这是一切任何学问的基础，不论研究社会学，经济学，考古学，或从事文艺理论者，都在这哲学基础中看见了新的曙光，许许多多旧的文学者及研究家都一天一天的'转变'起来"。"任何顽固的旧学者，只要不是甘心没落，都不能不拭目一观马克思主义的典籍，任何能于独创的敏锐的思想家也不得不向《资本论》求助。"③ 有学者回忆当时这种情形："20 世纪 20 年代末 30 年代初，在学术界、思想界、史学界，我感觉都是马克思主义、唯物史观独步天下的时代。上海的新书店，如雨后春笋，

① 杨堃：《中国现代社会学之派别及趋势》，《杨堃民族研究文集》，民族出版社 1991 年版，第 10 页。

② 君素：《一九二九年中国关于社会科学的翻译界》，《新思潮》1929 年第 2、3 期合刊，1930 年 1 月 10 日。

③ 艾思奇：《二十二年来之中国哲学思潮》，《艾思奇文集》第 1 卷，人民出版社 1981 年版，第 66 页。

出现很多，都是出版马克思主义、唯物史观的书。旧的老牌书店，如商务，如中华，都一时黯然无色。当时学术界、思想界、史学界有影响的学者，如胡适等，一时都只能退避三舍。”①

左翼文化运动作为马克思主义中国化进程中的重要一环，在深入传播马克思主义理论、确立马克思主义中国化的国情依据、建立中国马克思主义社科新学科、探索中国革命道路、创立中国现代学术研究基本范式等方面产生重要影响。②特别是对延安时期马克思主义中国化有重要影响。左翼文化运动中翻译出版的马列主义著作文本，成为延安时期学习马列主义的重要理论载体，一定程度上奠定了延安时期马克思主义中国化的文本基础。左翼文化运动的部分成员进入延安，逐渐成长为延安文化战线上的骨干力量，促进了延安时期马列主义理论宣传和学术发展。左翼文化人为党的领袖群体探寻革命道路提供哲学、史学等方面理论依据，推进党对马克思主义理论的学习和对中国革命规律的认识；左翼文化运动在传播应用马克思主义的同时，也促进了左翼文化人自身思想意识、价值取向和阶级归属的转型，并渐进融入马克思主义中国化的革命进程中，促进毛泽东思想在全党指导地位的确立。③毛泽东思想是集体智慧的结晶，是马克思主义中国化的重要理论成果，对中国革命、建设和改革起到极其重要的指导作用。

三、声援和支持中国共产党领导的武装革命斗争，为党的革命事业赢得社会民心和群众基础

大革命失败后，中国共产党高举革命大旗，走出一条农村包围城市、武装夺取政权的革命道路。党在国统区领导的左翼文化运动，使中国革命向着有利于共产党的方向发展，为党领导的革命事业赢取民心和社会基础，对中

① 何兹全：《我所认识到的唯物史观与中国社会史研究的联系》，《高校理论战线》2002年第1期。

② 周全华：《马克思主义中国化学术史》，广东人民出版社2018年版，第155—163页。

③ 崔凤梅、毛自鹏：《左翼文化运动与马克思主义中国化研究》，人民出版社2015年版，第3、233—251页。

国政局变化产生重要影响。[①] 左翼文化人尽管身处险恶的政治环境，但他们以强烈的使命担当和无所畏惧的昂扬精神，以文化为武器，从事革命活动，探索革命道路，积极宣传马克思主义和党的方针政策，客观上扩大了党的政治影响力。

中共六大后特别注重文化宣传工作，中央在关于宣传鼓动工作通告中提出，“在各大城市发展各种政治的文艺的小刊物”，“用种种方法发展社会主义的影响”。[②] 左翼文化人通过自办刊物、占领中间甚至右翼的报刊的部分阵地，创作文艺作品，宣传党的方针政策，探索革命道路。1931 年九一八事变后，民族矛盾逐渐上升为主要矛盾，上海左翼文化界敏锐感受到迫在眉睫的民族危机，不断发表宣言启发民众、动员民众。9 月，左联在《文学导报》发表《告国际无产阶级及劳动民众的文化组织书》，公开抗议日寇的侵略暴行，呼吁全世界人民共同反对日本侵略者。10 月，左联发表公开信《告无产阶级革命作家及一切爱好文艺的青年》，号召以文艺为武器打击侵略者。11 月，左联发表《中国无产阶级革命文学的新任务》，提出“在文学领域内，加紧反帝国主义的工作”“作家必须抓取反帝国主义的题材”等现实急迫的反侵略任务。12 月，包括左翼文化人在内的 20 余位文化名人发起上海文化界反帝抗日联盟，宗旨任务是“为团结全国文化界，作反帝抗日之文化运动及联络国际反帝组织”。当月，包括左联、社联在内的 54 个群众爱国团体成立上海民众反日救国联合会，召开民众大会。

1932 年一·二八淞沪抗战爆发，上海遭遇空前浩劫。由中共中央军委和上海民众反日救国联合会党团直接领导成立义勇军委员会，总部 20 多个工作人员中大部分是从左联、社联、剧联、美联等团体调来的党、团员。[③]2 月 3 日，鲁迅、茅盾、叶绍钧、郁达夫、丁玲、胡愈之、陈望道、冯雪峰、

① 王锡荣：《左翼文化运动的历史影响论纲》，《上海鲁迅研究》2022 年第 1 期。

② 中央档案馆编：《中共中央文件选集》第 4 册，中共中央党校出版社 1989 年版，第 618 页。

③ 韩进：《回忆上海民众反日救国义勇军的活动》，中共上海市委党史研究室编：《上海党史资料汇编》第 2 编下册，上海书店出版社 2018 年版，第 849 页。

周扬、田汉、夏衍、阳翰笙等43人，联合发表《上海文化界告世界书》，呼吁全世界无产阶级和革命文化团体及作家谴责日本帝国主义侵略，保护中国革命。2月7日，鲁迅、茅盾、胡愈之等129名爱国人士签名发表《为日军进攻上海屠杀民众宣言》。同时，左翼文化联盟纷纷组织宣传队、服务队、演出队，到一·二八淞沪抗战前线进行慰问演出、战地采访，及时报道战争信息，揭露日军罪行，鼓舞士气。日本帝国主义侵占东北后，进而蚕食华北，同时推行奴化教育，宣传“日中亲善”“共存共荣”的殖民思想。为反对这种奴化殖民教育，1935年10月15日，新改组的文总下达《关于发表新纲领的紧急通告》，指出当前中心任务是“展开文化斗争的战线，给敌人所施行的‘中日文化合作’与‘文化统制’以致命的打击”。

在左翼文化运动中创造出一批既反映民族危机、阶级矛盾，又张扬革命自觉意识和社会使命感的文化作品。如茅盾创作的《子夜》，形象地剖析了当时中国社会各界矛盾斗争和社会面貌，出版后引起很大的社会影响，全国各地进步团体和读书会将其作为进行革命启蒙和政治教育的必读书。《子夜》对激发进步青年的政治激情，塑造他们对中国共产党和中国革命道路的认识和印象，乃至在他们以后走向革命道路和实际斗争中，发挥了一部文学作品所难以想象的作用。①

同时，在左翼文化出版物中刊登讴歌革命根据地斗争作品，与中国共产党领导的工农武装斗争遥相呼应。1930年5月，柔石、胡也频、冯铿以左联代表的身份出席在上海召开的全国苏维埃区域代表大会，苏区代表的会上发言以及会下与苏区的红军代表、妇女代表、少先队代表的接触交流，都使他们深受鼓舞。会议结束后，他们很快就用文学形式表达自身感受和支持之情。柔石写了通信《一个伟大的印象》和诗歌《血在沸》，胡也频写了短篇小说《同居》，冯铿创作了短篇小说《小阿强》和《红的日记》，展现红军和

① 郭帅：《中共地下读书会对左翼文学经典化的促进——以〈子夜〉为案例》，《新文学史料》2021年第2期。

人民群众的伟大力量，是现代文学史上较早直接反映和讴歌红军及革命根据地的文学作品。

为扩大群众基础，左翼文化团体努力发展基层组织。在一个文化单位内或一次大的革命活动中，同时会有几个互不隶属的基层文化组织在活动。如在中国公学内，国民党反动派势力较弱，不少任教的教授思想进步，其中有老的共产党员张馨佛，名教授有郑振铎、胡愈之、李剑华、傅东华等，党在学生中的影响较大。1931 年上半年，已有左联、社联、互济会等革命团体在学生中活动。学生中党、团人数虽然不多，但工作是做得比较好的，特别是在该校创办的大型文艺性墙报《霜枫》影响很大。青年诗人蒲风、作家万迪鹤等常为其写稿，且经常得到左联的帮助。①1933 年，复旦大学内除了共产党、共青团组织外，还有武卫会、左联、社联等革命团体。黄远、林焕萍、边令仪是武自会的成员，刘放和程天赋是社联的成员，史亚璋、郑通鹭既是共青团员又是共产党员。史亚璋单独和左联联系，联系人是袁庶华、何家槐。学校还有世界语学习组织，贾开基出面创办《客观》半月刊。复旦依靠参加这些团体的积极分子，把学校的革命活动搞起来了。②

为了应对残酷的现实斗争，各左翼文化团体之间，相互支持配合，共同对敌斗争，为开展各种革命和抗日救亡活动打下坚实的群众基础。1936 年 11 月，上海爆发日本纱厂反日总罢工，发动和领导这次罢工的有马纯古、韩念龙等赤色工会系统，有陈国栋、孙大光等共青团江苏省临委系统，有国难教育社系统，救国会也有人员参加。虽然它们在组织上不发生直接关系，但斗争目标一致，使持续一个月的罢工取得胜利。

在左翼文化运动的影响下，广大进步民众逐步认清国共两党的不同和帝国主义的侵略本性，形势向着有利于共产党方向发展，有力支持中国共产党

---

① 范剑涯：《“一二·一七”运动与上海中国公学的抗日斗争》，中共上海市委党史研究室编：《上海党史资料汇编》第 2 编下册，上海书店出版社 2018 年版，第 930—931 页。

② 史亚璋：《“一二·九”运动中复旦大学的学生运动》，中共上海市委党史研究室编：《上海党史资料汇编》第 2 编下册，上海书店出版社 2018 年版，第 903 页。

的革命根据地建设和实践探索。

四、团结引领进步文化力量，锻炼和培养大批革命文化战士

1927 年大革命失败后，一大批极富文化创造才能、极具朝气活力的革命作家、进步知识分子和文艺青年，纷纷走进无产阶级革命队伍，推动左翼文化运动。在左翼文化运动发展的大潮中，培养锻炼出大批代表中华民族文化前进方向的优秀文化战士。

为争取无产阶级革命胜利，左翼文化运动兴起之初就提出要造就大批宣传文化人才，培养“完全崭新的文化生力军”。鲁迅在左联成立大会上强调“我们应当造出大群的新的战士”，“我们也急于要造出大群的新的战士”。[①]鲁迅在爱护青年、培养青年方面付出许多心血。他先后为 49 位青年作家的书稿写序或作跋，一生共收到 1200 多位青年来信，写了 3500 多封回信。[②]“他每天要分出一二小时的精力给青年复信，看稿，有的青年还要他代办书籍。他平素来往的也都是青年。他为青年活着，他也活在青年中间。但他从不以青年领袖自居，从不使唤青年。”[③]很多受他帮助或影响的进步青年作家、翻译家、木刻家，成为左翼文化界的新战士。如柔石 1928 年到上海后，经友人介绍拜访鲁迅，得到鲁迅的器重和厚望，参加组织朝花社，出版《朝花周刊》《朝花旬刊》，参与《语丝》编校和左联的筹备工作，创作才能也不断激发，成长为信仰坚定的革命作家。1934 年，当萧军、萧红从东北沦陷区流浪到上海向鲁迅求助时，得到鲁迅的热情鼓励、支持和帮助，出资以“奴隶丛书”的名义出版他们的著作《八月的乡村》《生死场》，并撰写序言给以高度评价，使他们尽快展现创作才能，绽放异彩。为指导栽培中国木刻艺术，鲁迅从 1930 年到 1936 年逝世，与青年木刻工作者通信 170

① 鲁迅：《对于左翼作家联盟的意见：在左翼作家联盟成立大会上的演说》，《萌芽月刊》第 1 卷第 4 期，1930 年 4 月 1 日。

② 高旭东、葛涛：《图本鲁迅传》，长春出版社 2015 年版，第 174—176 页。

③ 黄源：《鲁迅先生》，邓珂云编、曹聚仁校：《哀思录》，博览书局 1938 年版，第 369 页。

多封，其中凝结他无数的心血和无尽的期许，呈现出他自己所说的一名“横眉冷对千夫指，俯首甘为孺子牛”的革命者形象。在鲁迅影响、教育和培养下，很多文艺青年成为坚强的革命战士。

虽然大多数左翼文化人有一定的社会职业，但他们大都具有很强的政治觉悟，积极参加党所领导的革命行动。他们的“行动，是英勇的，是在黑暗中的呐喊，是奋不顾身为争取光明的崇高行动”。①“那个时候，参加了‘左联’等左翼文化组织，无异于参加了党。除极少数人外，绝大多数同志都是完全自觉地、满腔热情地接受党的领导，尊重党的领导，坚决执行党的任务，组织性纪律性很强。”② 左翼文化运动宛如一个革命大熔炉，培养锻炼出一支浩浩荡荡的革命文化大军。许多追求进步思想的文艺青年在左翼文化运动中得到锻炼，成长为富有才能的进步作家和革命战士。

如女作家草明，在高中时参加何干之组织的秘密读书会，1932 年参与作家欧阳山创办的《广州文艺》的编发工作。1933 年与欧阳山一起逃亡上海后加入左联，1934 年参加左联的小说研究会工作。周文鼓励她写稿，并将其写的短篇小说发表在自己主编的刊物《文艺》上，茅盾将其小说介绍给《文学》发表。在草明穷得没饭吃时，得到沙汀、杨骚等人的接济。在草明被捕坐牢期间，得到鲁迅、茅盾、张天翼等接济。出狱后，鲁迅还为她介绍医生看病。③

后来成长为中共上海党组织的负责人之一的王尧山，1927 年夏秋到上海当学徒后，先是专门找鲁迅的文章看，其后扩大眼界，茅盾、丁玲、蒋光慈等左翼作家的作品成了他不可或缺的精神食品。一·二八淞沪抗战期间，因失掉党的组织关系，他便千方百计去找。他在参加进步团体青年文学研究

① 王尧山：《忆在“左联”工作的前后》，《王尧山文稿选》，上海科学普及出版社 2000 年版，第 115 页。

② 阳翰笙：《在纪念“左联”成立五十周年大会上的发言》，《左联回忆录》，知识产权出版社 2010 年版，第 19 页。

③ 草明：《左联回忆片段》，《左联回忆录》上，中国社会科学出版社 1980 年版，第 366 页。

会中，认识了指导文学创作的周文。周文动员他参加左联，并鼓励他学习创作，在刊物上努力投稿。由此，王尧山找到党的组织关系，并在小说创作中得到鲁迅的具体指点和审改。在实际斗争中逐渐成长起来的王尧山，不断被组织委以重任，曾任左联的组织部部长，负责教联的党团工作，1936 年冯雪峰到上海后协助其做恢复重建上海党组织的工作，成为重建上海党组织的骨干力量。①

哲学家艾思奇，是个善于思考的青年理论家，1933 年是上海反帝大同盟的盟员，常忙于写标语、散传单、搞飞行集会，影响理论研究。杜国庠通过许涤新，把艾思奇的关系转到社联。1934 年春，实际负责申报流通图书馆和《申报》的“读书问答”栏目的工作的社联盟员、中共党员柳湜，要求社联派一位有理论修养的盟员解答“读书问答”中读者提出越来越多的问题。社联党团组织就派艾思奇参加《读书生活》的编辑工作，使《读书生活》从《申报》副刊很快发展成为一份有很大影响的独立半月刊。1935 年 10 月，周扬介绍艾思奇加入中国共产党，他在不断成长中为党的理论战线斗争发挥很大的作用。②

在左翼文化运动影响下出现的一些进步群众团体，为许多进步青年提供了成长的平台，并由此走上革命斗争道路，加入共产党、共青团组织。蚁社（早期称《青年之友》社），是大革命时失败后最早成立的职工团体之一，以从事与社会需要相适应的新文化运动和实现新社会为宗旨和目标，成员大都是青年店员、职工。蚁社设有图书馆、补习学校、剧团、歌咏团、读书会、时事研究会、参观团、摄影会等部门，活动丰富。蚁社社员积极参与左联、社联、剧联等左翼团体开展的活动，一部分社友还参加苏联之友社的活动。蚁社负责人之一沙千里和社友章乃器都是救国会的领导人，绝大多数蚁社社

① 王尧山：《忆在“左联”工作的前后》，《王尧山文稿选》，上海科学普及出版社 2000 年版，第 113—118 页。

② 李今山主编：《缅怀与探索——纪念艾思奇文选》，中共中央党校出版社 2010 年版，第 247—248 页。

友也都参加救国会运动。蚁社的社友逐年增加，成为当时上海进步群众团体中人数较多的团体之一，团结和引领一大批进步文化青年。[①]

量才业余补习学校，设于南京路大陆商场，初办时学生约 300 人，以后人数渐增，共设 8 个分校，学生曾达 4500 人，是当时规模最大的一所职业补习学校。量才流通图书馆藏书丰富，面向广大社会青年开放服务。其所设的读书指导部由柳湜、艾思奇、夏征农主持，极受读者欢迎。量才补习学校的学生大都是在职店员、学徒、练习生，失业青年占一定比例，他们大多勤奋好学，是抗日救亡运动中的活跃力量。在量才学校内，出版《量才校刊》，成立星期演讲会、时事讨论会、诗歌研究会、国文研究会、木刻研究会、哲学研究会、歌咏会、剧团、口琴会，建立拉丁化新文字研究会、世界语研究会、日文研究会、英文研究会等团体，开展各类团体活动。中国共产党在量才补习学校学生中开展秘密活动。1935 年 8 月，量才补习学校的汤寿龄经史继勋介绍参加教联，由郑伯克领导。一二·九学生运动中，成立量才补习学校学生救国会，推选汤寿龄任会长。1936 年 2 月，上海职业界救国会成立，汤寿龄为理事兼第五大队大队长。[②] 还有其他不少各类进步文化团体，通过组织各类活动，起到培养革命青年的作用。

左翼文化运动中培养了大批善于分析、敢于斗争的文化工作者，他们勇于担当历史使命，注重自身思想转化，提升自身的思想意识、价值取向和阶级归属，成为坚强的革命战士。其中不少人在全民族抗战爆发后奔向延安，成为党在思想理论界和文艺界的骨干力量，使延安的文化力量空前壮大。据统计，在 1938 年 5—8 月间，经西安八路军办事处赴延安的知识青年就达 2288 人，至 1938 年底，赴延安的知识分子人数已达十多万。这些文化人中，有一定创作成果的约有 407 人。其中参加过各种左翼文艺团体的文艺

---

① 许德良：《蚁社历史的回顾》，中共上海市委党史研究室编：《上海党史资料汇编》第 2 编下册，上海书店出版社 2018 年版，第 461—463 页。

② 金更、顾乃文、赵锦明：《量才业余补习学校学生救亡运动史》，中共上海市委党史研究室编：《上海党史资料汇编》第 2 编下册，上海书店出版社 2018 年版，第 485—506 页。

家 89 人，占有创作成果人员的 21.9%。[①] 参加 1942 年延安文艺座谈会的共 136 人，其中参加过上海的左翼文化组织，或在上海与左翼文化界有联系的人员近 70 人。[②] 还有许多经过左翼文化运动培养锻炼的文化骨干，虽然没有进入革命根据地，但在国统区或沦陷区依然进行不懈的斗争。许多在新中国成立后仍然奋战在各条文化战线中，为新中国的社会主义建设、改革事业继续发挥作用。

由于中国革命异常的复杂性、残酷性和艰苦性，左翼文化人在革命活动中经历成功，也经历曲折，但他们矢志不移、顽强奋斗的革命斗争精神，不仅影响和鼓励更多人加入革命队伍，也丰富和发展了中华民族的精神宝库。

鲁迅作为左翼文化运动的旗手，以其坚韧的革命意志成为众人敬仰的精神榜样。1940 年 1 月毛泽东在《新民主主义论》中指出："鲁迅是中国文化革命的主将，他不但是伟大的文学家，而且是伟大的思想家和伟大的革命家。鲁迅的骨头是最硬的，他没有丝毫的奴颜和媚骨，这是殖民地半殖民地人民最可宝贵的性格。鲁迅是在文化战线上，代表全民族的大多数，向着敌人冲锋陷阵的最正确、最勇敢、最坚决、最忠实、最热忱的空前的民族英雄。鲁迅的方向，就是中华民族新文化的方向。"[③]

其他还有许许多多优秀的左翼文化人，都彰显了这种为探寻光明道路而英勇献身的坚强精神和革命形象。夏衍总结左翼文化运动这十年，"是中国无产阶级文化的开创时期，这十年，也是年轻的革命文化工作者粉碎了国民党'文化围剿'的时期。……我说不出在这场斗争中牺牲了的殉难者的人名，他们之中有人留下了姓名，有人连姓名也不被人知道，他们大部分是共产党员、共青团员，有的则是共产党的同路人，他们不计成败，用血、汗、泪和生命，和中外反动派作了殊死的斗争，这些青年人走过弯路，也犯过错误，

---

① 转引崔凤梅、毛自鹏：《左翼文化运动与马克思主义中国化研究》，人民出版社 2015 年版，第 216—217 页。

② 王锡荣：《左翼文化运动的历史影响论纲》，《上海鲁迅研究》2022 年第 1 期。

③ 毛泽东：《新民主主义论》，《毛泽东选集》第 2 卷，人民出版社 1991 年版，第 703 页。

但是也正是他们，打退了30年代的文化围剿，也就是他们，埋下了四五十年代无产阶级文化的种子”。①

众多左翼文化人和进步知识分子在各条文化战线冲锋陷阵、不懈奋斗，为中国革命胜利作出重要贡献。历史川流不息，精神代代相传。左翼文化工作者所开创的文化事业和凝聚的革命斗争精神永远值得传承弘扬。

第三节　左翼文化运动的时代价值

文化是民族的血脉，是人民的精神家园。“一个民族的复兴需要强大的物质力量，也需要强大的精神力量。没有先进文化的积极引领，没有人民精神世界的极大丰富，没有民族精神力量的不断增强，一个国家、一个民族不可能屹立于世界民族之林。”②中国共产党是具有高度文化自觉自信的党，在领导全国人民的百年不懈奋斗中，确立了中国现代化的文化体系、发展格局和精神谱系，深刻影响了人类文明的历史走向。以上海为发端的中国左翼文化运动，是党百年文化事业的重要组成。梳理其丰富内涵和精神经验，对当今推动社会主义文化强国、建设中华民族现代文明，具有重要的启迪和借鉴意义。

一、坚持发挥先进文化的引领作用，为全面推进社会主义文化强国建设注入精神动能

国家之魂，文以铸之。中国共产党作为先进文化的代表者、引领者和践行者，百年来带领人民群众在革命、建设、改革过程中，锻造了包括左翼文化在内的革命文化和社会主义先进文化，走出了一条以马克思主义为指

① 夏衍：《懒寻旧梦录》（增补本），中华书局2016年版，第255页。

② 习近平：《在文艺工作座谈会上的讲话》，《人民日报》2015年10月15日。

导、符合中国国情和文化传统、高扬人民性的社会主义文化发展道路。左翼文化运动的发展，离不开中国共产党对先进文化的提倡、对社会主义道路的执着探索。党对左翼文化运动的领导，重在思想引领和组织引领。在思想引领方面，注重发挥先进文化的战斗功能，将其纳入总体布局，使其成为革命斗争、民族解放的有力武器和思想基础。在组织引领方面，在平息“革命文学”论争基础上，领导建立左联、社联、剧联、美联等各类左翼文化团体，深入工农群众进行活动，扩大左翼文化的影响力。左翼文化运动蕴含了近代以来中国先进文化的价值取向，对推进社会主义强国建设具有重要意义。

不忘初心，方得始终。当今世界正在经历百年未有之大变局，中国正处在民族复兴的关键时期，面对开辟马克思主义中国化时代化新境界的时代课题，要坚持党的文化领导权，坚持社会主义核心价值观的思想引领作用。要立足马克思主义文化观，引导广大人民群众坚定文化自信、提升文化自觉、增强文化主动，保持开拓进取的主动精神和健康向上的价值追求，为全面推进文化强国建设赋能助力。

二、坚持以人民为中心的文化工作导向，更好满足新时代人民对精神文化生活的新需求

人民群众是历史的创造者。社会主义文化，本质上是人民大众的文化，是人民共建共享的文化。左翼文化运动在艰难探索实践中，正确回答和解决为谁创作、为谁立言这一重要问题，把建设无产阶级新文化作为主要任务，从工农群众的现实生活和革命实践中不断汲取创作的力量、源泉和素材，产生了大量反映政治风云、社会问题、民生疾苦的文化产品，初步走出一条符合人民群众所需的新文化体系和发展道路。同时，广大人民群众从大量左翼文化作品中获得奋进的信心斗志，为中国革命和民族解放增添力量。

回望历史，站在历史之巅，更能洞察时代风云变幻，更能准确把握新时代人民群众的精神文化所需。党的二十大报告概括了中国式现代化的五

个重要特征，“丰富人民精神世界”是中国式现代化的本质要求之一，也是新时代人民群众追求美好生活的应有之义。新时代新征程，我们应传承左翼文化运动开辟的民族的科学的大众的文化发展道路，牢牢站稳人民立场，紧紧依靠人民，激发人民蕴含的创造精神和全社会的文化创造活力，推动社会主义文化繁荣发展。要保障人民的文化权益，尊重人民的文化主体地位，创作更多更好反映人民群众真实生活、为人民群众所喜闻乐见的文化产品，满足人民群众多样化的精神文化需求。要坚持文化发展为了人民、文化发展依靠人民、文化发展成果由人民共享，引领广大文化工作者走进实践深处，抒写人民情怀，讲好人民故事，为全面建成社会主义现代化强国厚植根基。

三、坚持文化传承与创新，为中华优秀传统文化创新发展增能赋彩

中国式现代化，深深植根于中华优秀传统文化。习近平总书记在文化传承发展座谈会上指出：“在五千多年中华文明深厚基础上开辟和发展中国特色社会主义，把马克思主义基本原理同中国具体实际、同中华优秀传统文化相结合是必由之路。这是我们在探索中国特色社会主义道路中得出的规律性认识。”① “两个结合”，尤其是“第二个结合”的提出，表明了党对中国道路、理论、制度的认识达到了新高度，表明了党对中华优秀文化传承创新的自觉性达到了新高度，使中国特色社会主义文化道路有了更加宏阔深远的历史纵深和道路根基，为以中国式现代化全面推进中华民族伟大复兴提供理论指导和行动指南。

创新是最好的传承，在党的百年现代化征程中，始终站在历史的高度不断与时俱进、推陈出新，使中国优秀传统文化与时代社会发展同步。在民族救亡图存的艰难年代，众多左翼文化人不惧困难挑战，敢于承担历史使命，探索将马克思主义与中国革命实际相结合，在各条文化战线不断创新思路方

---

① 习近平：《在文化传承发展座谈会上的讲话》，《求是》2023 年第 17 期。

法、创新话语体系、创新技术手段，不断增强中华民族凝聚力、民族自豪感和自信心。我们要传承左翼文化人勇于承担使命、不畏艰险、英勇奋斗的精神，坚持实事求是、守正创新，坚守好马克思主义这个魂脉和中华优秀传统文化这个根脉，推动党的理论与时俱进、创新发展，以最新创新理论指导伟大实践。要结合时代发展和社会进步，真正把中华优秀传统文化具有当代价值、世界意义的文化精髓和精神标识提炼出来、展示出来，使中华优秀传统文化展示时代活力和时代风采。

四、坚持广泛团结联合，为社会主义文化强国建设凝聚力量共识

2018 年 12 月 29 日，习近平总书记在全国政协新年茶话会上的讲话中指出："人心是最大的政治，共识是奋进的动力。"在革命艰难曲折发展年代，左翼文化人不断从革命实际出发，勇于斗争、善于联合，逐步摆脱狭隘的关门主义限制和教条主义束缚，在各条文化战线形成广泛的团结联合，在抗日民族统一战线的形成中发挥了重要作用。左翼文化运动的发展证明，没有广泛的力量聚集，没有共同的思想文化基础和昂扬向上的精神面貌，很难有社会主义文化事业的蓬勃发展。

当今世界正以百年未有之大变局加速演进，中国正经历广泛而深刻的变革，文化越来越成为时代变革的重要因素。"统筹推进'五位一体'总体布局、协调推进'四个全面'战略布局，文化是重要内容；推动高质量发展，文化是重要支点；满足人民日益增长的美好生活需要，文化是重要因素；战胜前进道路上各种风险挑战，文化是重要力量源泉。"① 文化建设从来不是一帆风顺的，需要凝聚全社会全民族的力量共识。站在新的历史起点上，我们要结合新时代新形势新的文化任务，尊重差异、包容多样，发挥统一战线克敌制胜、执政兴国的重要法宝作用，最大限度地调动各种社会政治力量的积极性和创造性，共同致力于强国建设和民族复兴伟业。

① 习近平：《在教育文化卫生体育领域专家代表座谈会上的讲话》，《人民日报》2020 年 9 月 22 日。

五、坚持培养青年文化人才，为建设社会主义文化强国打造大批高素质人才队伍

千秋伟业，人才为本。左翼文化运动培养了一支浩浩荡荡的新文化大军，大批左翼青年身居亭子间而心怀天下，将实现个体价值与国家民族的命运紧密联结在一起，成为深入社会、响应时代的形象典范。左翼文化运动的发展证明，善于培养青年人才，打造大批宏大的富有开拓创新能力的高素质文化人才队伍，是党和人民事业兴旺发达的重要保证。

在当今国际形势动荡多变、各种社会思潮交织、新兴文化群体活跃的复杂形势下，要特别注重文化人才队伍建设，要造就大批政治能力强、业务能力高，作风实、有胸怀、敢担当的各类人才队伍，推动社会主义文化高质量发展。广大文化文艺工作者、哲学社会科学工作者肩负着启迪思想、陶冶情操、温润心灵的重要使命职责，要传承弘扬左翼文化人的信仰情怀，始终立足中华民族的历史实践和当代实践，从当代中国的伟大创造中发现创作主题、捕捉创新灵感，不断回答中国之问、世界之问、人民之问、时代之问。

六、坚持文化交流文明互鉴，为建设中华民族现代文明注入生机活力

文化不仅具有民族性，也具有世界性。几千年来，中华文明在同世界其他文明交流融合中，始终包容开放、兼收并蓄，历久弥新。中国左翼文化运动在世界共产主义运动和左翼文化思潮影响下产生，紧随世界历史发展潮流，创新文化思想体系，贯通古今、融通中外，促使中国现代文化快速融入世界现代文化体系。同时，中国左翼文化也为世界文化的发展作出积极贡献。

“以文化人，更能凝结心灵；以艺通心，更易沟通世界。”① 为中国人民

① 习近平:《在中国文联十一大、中国作协十大开幕式上的讲话》,《人民日报》2021 年 12 月 15 日。

谋幸福、为中华民族谋复兴，也是为人类谋进步、为世界谋大同。中国左翼文化汇通古今中外的成功实践，可为当今建设中华民族现代文明、构建人类命运共同体提供丰富的精神滋养和经验基础。一方面，我们要顺应历史发展潮流大势，传承中华民族在精神价值追求上的优秀传统，发掘创造具有时代特色的民族文化；另一方面，要以开阔的国际视野，坚持自信自强、开放包容，在不同文明交流互鉴中汲取优秀文明成果，为中华文化注入新的生机活力。

文以载道，以文化人。未来之中国，必将以更加自信开放的姿态拥抱世界、以更有活力的文明成就贡献世界，必将为人类文明的繁荣进步续写绚丽华章。

结　语

20 世纪二三十年代，发端于上海的左翼文化运动，在中国共产党的领导下，团结联合广大进步群众，以各种斗争方式冲破国民党打压和“围剿”，积极探索无产阶级文化发展新道路，铸就了中国近代思想文化史的丰碑。

从文化形式上看，左翼文化运动推动革命诗歌、小说、戏剧、散文的发展，促进新兴木刻、电影、音乐等新文艺的兴起，拓展马克思主义哲学、教育、世界语、新闻出版等新兴哲学社会科学的发展。从思想内容看，左翼文化运动运用马克思主义理论，吸收古今中外优秀文化，进行新阐述和文化创作，产生了大量具有鲜明时代性、思想性和艺术性的文化精品。从社会影响看，左翼文化运动推动文化大众化建设，促使进步知识分子以实际革命行动了解工农群众、深入工农群众，启发民众的民族意识和革命觉悟，为中国革命的胜利奠定了坚实的思想文化和社会基础。从政治斗争看，左翼文化运动倡导无产阶级革命文化，反抗帝国主义、封建主义压迫，极大地动摇了国民党的反动统治，有力地支援了中国共产党领导的革命斗争，为中国革命胜利作出巨大贡献。

“文化是一个国家、一个民族的灵魂。文化兴国运兴，文化强民族强。没有高度的文化自信，没有文化的繁荣兴盛，就没有中华民族伟大复兴。”① 中国左翼文化运动在严重的民族危机中兴起，它以马克思主义为指导，坚持古为今用、推陈出新，开创了中国文化发展的新气象，展现了马克思主义中国化的初步探索，体现了中华民族绵延不息的刚健自强和昂扬自信精神。许多优秀左翼文化人在为国为民的不懈奋斗中，彰显和诠释了坚持真理、坚守理想，践行初心、担当使命，不怕牺牲、英勇斗争，对党忠诚、不

① 《习近平谈治国理政》第 3 卷，外文出版社 2020 年版，第 32 页。

负人民的伟大建党精神。

“在新的起点上继续推动文化繁荣、建设文化强国、建设中华民族现代文明，是我们在新时代新的文化使命。”① 习近平文化思想，阐明了把马克思主义基本原理同中国具体实际相结合、同中华优秀传统文化相结合的基本内涵，系统回答了新时代坚持和发展什么样的中国特色社会主义文化、怎样坚持和发展中国特色社会主义文化的重大课题，为实现新时代的文化使命提供了理论指南和根本遵循。在世界百年未有之大变局加速演进和中华民族伟大复兴关键时期，当今中国正在进行最为宏阔而独特的理论创新、制度创新和实践创新，蕴含着广大文化工作者取之不尽、用之不竭的丰富素材和实践天地。我们要以习近平文化思想为指引，坚持把马克思主义基本原理同中国具体实际相结合、同中华优秀传统文化相结合，以胸怀天下、放眼世界的宏阔视野和博大情怀，感社会之变化、立时代之潮头、发时代之先声，植根现实，紧贴时代，讲好中国故事，传播时代精神，为新时代强国建设、民族复兴提供坚强的思想保证和强大的精神力量。

① 《在文化传承发展座谈会上的讲话》，人民出版社 2023 年版，第 10 页。

主要参考文献

（一）书籍类

中央档案馆编:《中共中央文件选集》，中共中央党校出版社 1989—1992 年版。

中共中央文献研究室、中央档案馆编:《建党以来重要文献选编》，中央文献出版社 2011 年版。

《中国共产党历史》第 1 卷，中共党史出版社 2011 年版。

《中国共产党一百年》（新民主主义革命时期），中共党史出版社 2022 年。

《中国共产党北京历史》第 1 卷（1921—1949），中共党史出版社 2021 年版。

《中国共产党天津历史》第 1 卷（1921—1949），中共党史出版社 2021 年版。

《中国共产党河北历史》第 1 卷（1921—1949），中共党史出版社 2021 年版。

《中国共产党山西历史》第 1 卷（1921—1949），中共党史出版社 2021 年版。

《中国共产党山东历史》第 1 卷（1921—1949），中共党史出版社 2021 年版。

《中国共产党广东历史》第 1 卷（1921—1949），中共党史出版社 2021 年版。

《中国共产党黑龙江历史》第 1 卷（1921—1949），中共党史出版社 2021 年版。

《中国共产党上海历史》第 1 卷（1921—1949），中共党史出版社 2022 年版。

张静庐辑注:《中国出版史料补编》,中华书局 1957 年版。

程季华等编著:《中国电影发展史》第 1 卷,中国电影出版社 1963 年版。

北京鲁迅博物馆鲁迅研究室编:《鲁迅研究资料》第 5 辑,天津人民出版社 1980 年版。

上海鲁迅纪念馆编:《纪念与研究》第 2、3 辑,1980 年版。

马良春、张大明编:《三十年代左翼文艺资料选编》,四川人民出版社 1980 年版。

陈瘦竹编:《左翼文艺运动史料》,南京大学学报编辑部 1980 年版。

《李达文集》,人民出版社 1980 年版。

《艾思奇文集》,人民出版社 1981 年版。

《徐懋庸回忆录》,人民文学出版社 1982 年版。

中国社会科学院文学研究所现代文学研究室编:《"两个口号"论争资料选编》上,人民文学出版社 1982 年版。

钟离蒙、杨凤麟主编:《中国现代哲学史资料汇编》,辽宁大学哲学系 1982 年编印。

《毛泽东书信选集》,人民文学出版社 1983 年版。

中共中央马恩列斯著作编译局马恩室:《马克思恩格斯著作在中国的传播》,人民出版社 1983 年版。

茅盾:《我走过的道路》,人民文学出版社 1984 年版。

上海历史研究所教师运动史组编:《上海教师运动回忆录》,上海人民出版社 1984 年版。

于伶:《于伶戏剧电影散论》,中国戏剧出版社 1985 年版。

马蹄疾、李允经:《鲁迅与新兴木刻运动》,人民美术出版社 1985 年版。

刘柏青:《日本无产阶级文艺运动简史(1921—1934)》,时代文艺出版社 1985 年版。

《成仿吾文集》，山东大学出版社1985年版。

《吴泰昌散文选》，花山文艺出版社1985年版。

《瞿秋白选集》，人民出版社1985年版。

田汉等编：《中国话剧运动五十年史料集》，中国戏曲出版社1985年版。

上海市哲学社会科学学会联合会编：《中国社会科学家联盟成立55周年纪念专辑》，上海社会科学出版社1986年版。

史先民编：《中国社会科学家联盟资料选编》，中国展望出版社1986年版。

阳翰笙：《风雨五十年》，人民文学出版社1986年版。

《吕骥文选》，人民音乐出版社1986年版。

中共上海市委党史资料征集委员会编：《"一二·九"以后上海救国会史料选辑》，上海社会科学院出版社1987年印制。

中共上海市委党史资料征集委员会主编：《三十年代中国社会性质论战》，知识出版社1987年版。

尹均生、曹毓英主编：《纪念史沫特莱》，新华出版社1987年版。

许涤新：《风狂霜峭录》，三联书店1989年版。

阳翰笙：《阳翰笙选集》，四川文艺出版社1989年版。

中共汕头市委党史办公室、澄海县委党史办公室等编：《杜国庠同志诞辰一百周年纪念专辑》，澄海县印刷厂1989年印制。

上海市档案馆编：《社联盟报》，档案出版社1990年版。

中国左翼作家联盟成立大会会址纪念馆、上海鲁迅纪念馆编：《左联纪念文集1930—1990》，百家出版社1990年版。

徐素华编著：《中国社会科学联盟史》，中国卓越出版公司1990年版。

《毛泽东选集》，人民出版社1991年版。

中共北京市委党史研究室、中共天津市委党史资料征集委员会编：《北方左翼文化运动资料汇编》，北京出版社1991年版。

文化部党史资料征集工作委员会编:《中国左翼戏剧家联盟史料集》，中国戏剧出版社 1991 年版。

《中国社会科学院纪念中国共产党成立七十周年论文集》，社会科学文献出版社 1991 年版。

中国音乐家协会编:《论吕骥的艺术道路》，沈阳出版社 1992 年版。

朱联保:《近现代上海出版业印象记》，学林出版社 1993 年。

广播电影电视部电影局党史资料征集工作领导小组、中国电影艺术研究中心编:《中国左翼电影运动》，中国电影出版社 1993 年版。

《胡风回忆录》，人民文学出版社 1993 年版。

中共上海市委党史资料征集委员会等编:《上海革命文化大事记（1919—1937）》，上海书店出版社 1995 年版。

《聂绀弩杂文集》，生活・读书・新知三联书店 1995 年版。

《叶籁士文集》，中国世界语出版社 1995 年版。

中共上海市杨浦区委党史资料征集办公室等编:《播种育人战斗——沪东地下党领导的工人夜校》，1996 年印行。

陈辛仁主编:《现代中外文化交流史略》，中国书籍出版社 1997 年版。

《白区工作的回顾与探讨——郑伯克回忆录》，中共党史出版社 1999 年版。

郑伯奇:《沙上足迹》，黑龙江人民出版社 1999 年版。

马飞海主编:《上海革命文化史略》，上海人民出版社 1999 年版。

姚辛编著:《左联画史》，光明日报出版社 1999 年版。

侯志平主编:《世界语在中国一百年》，中国世界语出版社 1999 年版。

《贺绿汀全集》，上海音乐出版社 1999 年版。

《邓裕志先生纪念文集》，中华基督教女青年会全国协会 2000 年出版。

《王尧山文稿选》，上海科学普及出版社 2000 年版。

程季华主编:《夏衍电影文集》，中国电影出版社 2000 年版。

郭惠芬:《新马华文文学的现代与当代》，厦门大学出版社 2002 年版。

孔海珠:《左翼·上海》，上海文艺出版社 2003 年版。

《阿英全集》，安徽教育出版社 2003 年版。

李曙新:《中国共产党哲学思想史》，中共党史出版社 2003 年版。

屈南松、曹树钧等编:《涓流归大海——赵铭彝文集》，中国戏剧出版社 2004 年版。

张静蔚编:《搜索历史　中国近现代音乐文论选编》，上海音乐出版社 2004 年版。

张绍麟等编著:《青岛左翼文化运动》，中共党史出版社 2005 年版。

丁亚平主编:《百年中国电影理论文选》，文化艺术出版社 2005 年版。

《鲁迅全集》，人民文学出版社 2005 年版。

陆炳炎主编:《恽逸群同志纪念文集》，上海三联书店 2005 年版。

伍雍谊:《人民音乐家吕骥传》，中国文联出版社 2005 年版。

《蔡楚生文集》，中国广播电视出版社 2006 年版。

张小红:《左联与中国共产党》，上海人民出版社 2006 年版。

广东省美术家协会编:《黄新波木刻: 1933—1949》，岭南美术出版社 2006 年版。

江西省老年文艺家协会、江西艺术职业学院编:《百年凌鹤: 石凌鹤百年诞辰纪念文集》，中共江西省委党校印刷厂 2006 年印行。

周天度、孙彩霞编:《救国会史料集》，中央编译出版社 2006 年版。

乐美素主编:《世界语者乐嘉煊纪念文集》，中国文史出版社 2007 年版。

艾晓明:《中国左翼文学思潮探源》，北京大学出版社 2007 年版。

刘永明:《左翼文艺运动与中国马克思主义文艺理论的早期建设》，中国文联出版社 2007 年版。

中国社会科学院文学研究所、《左联回忆录》编辑组编:《左联回忆录》，知识产权出版社 2010 年版。

中国艺术研究恽逸群同志纪念文集院音乐研究所编:《李元庆纪念文

集》，文化艺术出版社 2010 年版。

李今山主编：《缅怀与探索——纪念艾思奇文选》，中共中央党校出版社 2010 年版。

许广平：《鲁迅回忆录》，长江文艺出版社 2010 年版。

陈子善编：《海上文学百家文库・92》，上海文艺出版社 2010 年版。

中国电影资料馆、中国电影家协会编：《百年司徒慧敏——司徒慧敏诞辰百年图文纪念集》，中国电影出版社 2010 年版。

《刘良模先生纪念文集》，中华基督教青年会全国协会 2010 年版。

《聂耳全集（增订版）》，文化艺术出版社 2011 年版。

陶柏康、谭力：《中国共产党与左翼文化运动》，上海人民出版社 2011 年版。

张静庐辑注：《中国现代出版史料乙编》，上海书店出版社 2011 年版。

刘小莉：《史沫特莱与中国左翼文化》，浙江大学出版社 2012 年版。

《张闻天文集》，中共党史出版社 2012 年版。

李洪华：《中国左翼文化思潮与现代主义文学嬗变》，中国社会科学出版社 2012 年版。

张大明：《中国左翼文学编年史》，社会科学文献出版社 2013 年版。

高正礼：《民主革命时期马克思主义中国化中的论争》，安徽师范大学出版社 2013 年版。

上海市孙中山宋庆龄文物管理委员会、上海宋庆龄研究会编：《远东反战会议纪念集》，东方出版中心 2014 年版。

金冲及：《一本书的历史：胡乔木、胡绳谈〈中国共产党的七十年〉》，中央文献出版社 2014 年版。

曹树钧：《“剧联”与左翼戏剧运动》，上海人民出版社 2014 年版。

吴海勇：《“电影小组”与左翼电影运动》，上海人民出版社 2014 年版。

崔凤梅、毛自鹏：《左翼文化运动与马克思主义中国化研究》，人民出版社 2015 年版。

中国音乐家协会编:《张曙纪念文集》，人民音乐出版社 2015 年版。

《孙慎曲文集》，人民音乐出版社 2015 年版。

陈红旗:《中国现代作家与左翼文学的互动相生》，东方出版中心 2015 年版。

孔海珠:《“文总”与左翼文化运动》，上海人民出版社 2016 年版。

夏衍:《懒寻旧梦录》(增订版)，中华书局 2016 年版。

向延生:《音乐史学探求录》，北京时代华文书局 2016 年版。

廖曙辉编:《当代岭南文化名家王为一》，广东人民出版社 2016 年版。

王锡荣:《“左联”与左翼文学运动》，上海人民出版社 2016 年版。

乔丽华:《“美联”与左翼美术运动》，上海人民出版社 2016 年版。

陈晋主编:《毛泽东读书笔记精讲》，广西人民出版社 2017 年版。

张广海:《左联筹建与组织系统考论》，浙江大学出版社 2018 年。

周全华:《马克思主义中国化学术史》，广东人民出版社 2018 年版。

中共上海市委党史研究室编:《上海党史资料汇编》，上海书店出版社 2018 年版。

傅修海:《瞿秋白与左翼文学的中国化进程》，人民出版社 2019 年版。

吕澎:《中国现代艺术史》，上海书画出版社 2019 年版。

王思思:《有声有色：左翼电影音乐的文化解读》，上海大学出版社 2019 年版。

乔丽华编著:《鲁迅与左翼美术运动资料选编》，上海书店出版社 2019 年版。

曾志:《一个革命的幸存者：曾志回忆录》，四川人民出版社 2020 年版。

上海鲁迅纪念馆编:《上海鲁迅研究·纪念左联成立 90 周年》，上海社会科学院出版社 2021 年版。

张梦阳:《中国鲁迅学史》，江苏凤凰文艺出版社 2021 年版。

陈彩琴:《“音乐小组”与左翼音乐运动》，上海人民出版社 2021 年版。

丁亚平:《中国电影史》，中国书籍出版社 2022 年版。

吴海勇、沈忆琴著:《荆火: 1933—1935 年中共上海中央局研究》,上海人民出版社 2023 年版。

（二）民国期刊类

《洪水》，1926—1927 年。

《创造月刊》，1926 年、1928 年。

《太阳月刊》，1928 年。

《文化批判》，1928 年。

《无轨列车》，1928 年。

《戏剧》，1929 年。

《新思潮》，1929—1930 年。

《文化斗争》，1930 年。

《大众文艺》，1930 年。

《萌芽月刊》，1930 年。

《拓荒者》，1930 年。

《世界文化》，1930 年。

《艺术》，1930 年。

《沙仑》月刊，1930 年。

《文学导报》，1931 年。

《文化评论》，1931 年。

《文学导报》，1931 年。

《文艺新闻》，1931—1932 年。

《斗争》，1932 年。

《文学》，1932 年。

《读书杂志》，1933 年。

《新诗歌》，1933 年。

《现代》，1932—1933 年。

《世界》，1933 年。

《申报 · 自由谈》，1934 年。

《文报》，1935 年。

《中国农村》，1935 年。

《新中华》，1935 年。

《大众生活》，1935—1936 年。

《生活日报周刊》，1936 年。

《中国语言》，1936 年。

《文学界》，1936 年。

《作家》，1936 年。

《新东方》，1936 年。

《文季月刊》，1936 年。

《中流》，1937 年。

（三）论文类

戈宝权:《鲁迅的世界地位与国际威望》,《福建师大学报》1977 年第 4 期。

吴泰昌:《阿英忆左联》,《新文学史料》1980 年第 1 期。

冯夏熊:《冯雪峰谈左联》,《新文学史料》1980 年第 1 期。

荣太之:《中国著作者协会成立的报道和宣言》,《新文学史料》1980 年第 3 期。

江丰:《鲁迅是中国左翼美术运动的旗手》,《美术》1980 年第 4 期。

郑伯奇:《左联回忆散记》,《新文学史料》1982 年第 1 期。

冯夏熊:《冯雪峰回忆中的潘汉年》,《新文学史料》1982 年第 4 期。

吴黎平:《同国民党文化“围剿”进行坚决斗争的潘汉年同志》,《新文学史料》1983 年第 2 期。

冯乃超:《革命文学论争 · 鲁迅 · 左翼作家联盟——我的一些回忆》,

《新文学史料》1986年第3期。

刘文军:《“左联”成立前党对文化工作的领导》,《中共党史研究》1991年第1期。

楚图南:《鲁迅与党的联系之片段》,《鲁迅研究月刊》2000年第12期。

周学鲁:《“文总”的两件重要文献》,上海鲁迅纪念馆编:《上海鲁迅研究》上海百家出版社2001年。

何兹全:《我所认识到的唯物史观与中国社会史研究的联系》,《高校理论战线》2002年第1期。

郑惠:《胡绳谈三十年代中期上海左翼文化工作的进步》,《中共党史研究》2000年第6期。

朱法娟、张太原:《新中国成立以来的左翼文化运动研究》,《中共党史研究》2008年第2期。

田刚:《关于萧三“莫斯科来信”的几点辨正》,《鲁迅研究月刊》2008年第2期。

卢毅:《论20世纪二三十年代的中国社会性质问题论战》,《徐州师范大学学报》2008年第4期。

肖怿:《二十世纪二三十年代中国南下的革命作家与南洋的关系——洪灵菲、许杰、马宁研究》,2008年硕士学位论文。

何刚:《郭沫若与中国社会史论战研究述评》,《中国现代文学研究丛刊》2009年第4期。

余冰:《在日本出版的〈文海〉》,《寻根》2013年第2期。

徐基中:《媒介、角色与信任:〈记者座谈〉研究》,安徽大学硕士论文2013年。

张元珂:《论左联书刊的出版策略与传播效果》,《中国现代文学研究丛刊》2014年第2期。

刘文军、许敏:《考察中国现代小说早期英译〈草鞋脚〉》,《复旦外国语言文学论丛》2016 年秋季号。

胡道俊:《20 世纪 80 年代以来左翼文化运动研究述评》,《哈尔滨学院学报》2016 年第 11 期。

湛晓白:《二十世纪三十年代汉字拉丁化运动勃兴考述》,《中共党史研究》2018 年第 2 期。

郭帅、李掖平:《左联的国际宣传策略及其历史回响——以“左联五烈士”事件为中心的考察》,《东岳论丛》2018 年第 4 期。

潘婷、忻平:《中国共产党领导下的上海左翼文化运动》,《近代中国》2019 年第 1 期。

邢科:《左翼之网：中国共产党领导的上海出版业——以 20 世纪二三十年代的上海为中心》,《中国出版史研究》2019 年第 4 期。

王锡荣:《左翼文化运动的历史影响论纲》,《上海鲁迅研究》2022 年第 1 期。

郭帅:《中共地下读书会对左翼文学经典化的促进——以〈子夜〉为案例》,《新文学史料》2021 年第 2 期。

王翠艳:《探寻左翼文学运动的“北平路径”与“北平经验”——北平左翼文学运动研究的历史、现状与展望》,《现代中国文化与文学》2021 年第 2 期。

徐文明:《20 世纪 30 年代中国左翼电影在南洋的传播与影响》,《电影理论研究》2021 年第 3 期。

后 记

上海是中国共产党的诞生地、初心始发地、伟大建党精神孕育地，也是中国左翼文化运动发展的重地。为从中国左翼文化运动中汲取实践经验和智慧结晶，弘扬伟大建党精神，传承红色基因，赓续红色血脉，中共上海市委党史研究室在庆祝建党百年之际谋划该专题研究，2021 年底启动该书的编撰工作。在撰述过程中，注重吸收最新研究成果，力求重点突出、详略得当。

中共上海市委党史研究室高度重视本书的编写工作。严爱云主任亲自部署，全力推进，从团队组建、大纲编写、修改审定等各方面给予大力支持和深入指导。王旭杰副主任主持该书后期的编写工作，为确保书稿的进度和质量，多次召开专题会进行研讨，并在审读书稿的基础上对一些重点章节直接进行修改审定。唐洪涛副主任在审读中也提出一些宝贵的意见和建议。本书由市委党史研究室研究二处抽集骨干力量编撰完成，吴海勇处长参与该项目的推进和审稿等工作。撰稿者具体分工如下：陈彩琴撰写前言、第一章、第四章、第五章、第六章、结语，并负责大纲构建、组织推进和统稿等工作；刘玉杰撰写第二章；柏婷撰写第三章。孔海珠、忻平、王锡荣、邵雍、乔丽华等专家学者审读书稿，并提出很多建设性意见。上海人民出版社的编辑，对本书的出版也付出了辛勤努力。在此一并表示衷心的感谢！

左翼文化运动研究涉及领域广、内容多、跨度大，由于水平所限，书中难免有疏漏和不足之处，恳请广大读者批评指正。

编写者

2024 年 3 月

图书在版编目(CIP)数据

红流巨浪 ：上海左翼文化运动 / 中共上海市委党史研究室编 ；陈彩琴，刘玉杰，柏婷编著. -- 上海 ：上海人民出版社，2024. -- ISBN 978-7-208-18994-2

Ⅰ. D23；I209. 6

中国国家版本馆 CIP 数据核字第 2024DU2655 号

责任编辑 刘 宇
封面设计 郭维维 陈广真

红流巨浪:上海左翼文化运动
中共上海市委党史研究室 编
陈彩琴 刘玉杰 柏 婷 编著

出　　版 上海人民出版社
(201101 上海市闵行区号景路 159 弄 C 座)
发　　行 上海人民出版社发行中心
印　　刷 上海商务联西印刷有限公司
开　　本 720×1000 1/16
印　　张 20.5
插　　页 2
字　　数 287,000
版　　次 2024 年 7 月第 1 版
印　　次 2024 年 7 月第 1 次印刷
ISBN 978 - 7 - 208 - 18994 - 2/D・4348
定　　价 88.00 元